纪念中国媒介素养研究 20 年系列著作

彭少健　主编　王天德　副主编

成都市第二十中学校媒介素养课题组特别推出（顾问：胡铃冬）

中学生媒介素养读本

黄爱民　主　编

张开国　副主编

中国广播影视出版社

图书在版编目（CIP）数据

中学生媒介素养读本 / 黄爱民主编. --北京：中国广播影视出版社，2017.7
（纪念中国媒介素养研究 20 年系列著作 / 彭少健主编）

ISBN 978-7-5043-7890-3

Ⅰ.①中… Ⅱ.①黄… Ⅲ.①传播媒介—素质教育—中学—教材 Ⅳ.①G631

中国版本图书馆 CIP 数据核字（2017）第 074406 号

中学生媒介素养读本

黄爱民　主编　张开国　副主编

顾　　问：胡铃冬
策　　划：庞　强　刘　嫒
责任编辑：周　玲
封面设计：宋晓璐·贝壳悦读

出版发行：中国广播影视出版社
电　　话：010-86093580　010-86093583
社　　址：北京市西城区真武庙二条 9 号
邮　　编：100045
网　　址：www.crtp.com.cn
电子信箱：crtp8@sina.com

经　　销：全国各地新华书店
印　　刷：北京市金星印务有限公司

开　　本：710 毫米×1000 毫米　1/16
字　　数：251（千）字
印　　张：14.25
版　　次：2017 年 7 月第 1 版　2017 年 7 月第 1 次印刷

书　　号：ISBN 978-7-5043-7890-3
定　　价：42.00 元

《中学生媒介素养读本》编委会

目　录

总　序

彭少健

王天德

今年是我国媒介素养研究 20 周年。2017 年 5 月 5 日中国广播电影电视社会组织联合会媒介素养研究基地联合浙江传媒学院媒介素养研究所召开了"纪念中国媒介素养研究 20 周年座谈会"。来自中国内地各省、市和香港地区，日本等众多专家学者济济一堂，共同回顾 20 年来我国媒介素养研究的起源与发展、著名人物和他（她）们的学术思想、理论升华和实践经验，以及我国媒介素养研究之路，并出版《纪念中国媒介素养研究 20 周年系列专著》。为此，作此总序，纪念之。

我国媒介素养的研究，追溯到 1997 年中国社会科学院新闻与传播研究所卜卫研究员发表在《现代传播》第一期上的《论媒介教育的意义，内容和方法》一文，至今已整整 20 周年了。20 年来，对媒介、媒介素养、媒介素养教育的研究，成为大学传播学界的重要内容，同时也引起了党政部门、传播领域以及中小学界的极大关注，成为传播学研究的一个重要分支。人民日报也相继发表《媒介素养是门基本功》、《领导干部要提高"新媒体素养"》、《假新闻泛滥，信息时代更考验媒体素养》、《新闻发布会上看媒体素养》、《传统媒体人的新媒体素养》、《公务员应有新媒体素养》、《涵养媒介素养，才有最美和声》等评论文章。以突出的内容和篇幅引导人们对媒介素养研究的关注和对媒介素养实践的关注。实际上，媒介素养研究领域的专家、学者发表了浩如烟海的文章，出版了众多著作，基本形成了对媒介素养研究的框架。如卜卫的《论媒体素养教育的意义、内容和方法》、《学会解读大众广播——国外媒介素养教育概论》、《对媒介素养教育及其研究的反思》，张开的《媒介素养教育在信息时代》、《媒介素养概论》，闫欢与白传之的《媒介教育论》，王天德的《我国网民网络素养现状与开展普及性教育研究》、《大学生媒介素养读本》，张舒予的《视觉文化概论》，宋红岩的《农民工新媒介参与和利益表达》和《新媒体视域下"沉默的螺旋"理论的检视与研究》等专著与重要论文，以及彭少健、王天德主编的《中国媒介素养研究报告》已出版2008、2010、2012、2014、2016五本和年度报告4本书。除这些专著与论文外，还有卜卫的国家社会科学基金课题《传播媒介素养在社会主义精神文明建设中的作用》，王天德的国家社会科学基金后期资助项目《中国网民网络媒介教育实证研究》和国家网信办的《中国网民网络素养现状与开展公民网络素养普及性教育研究》，彭少健的国家广电总局《媒介素养研究》，宋红岩的教育部规划课题《长三角新生代农民工媒介使用与社会认同研究》，张海波的中国教育学会"十二五"重点规划课题《儿童媒介素养教育研究中心专项调研》。所有的专著，论文和课题，影响和引领了我国媒介素养研究的方向和进程。

2003年，在没有官方背景支持下，张开率先在中国传媒大学召开了首届中国媒介素养教育国际研讨会，而后又相继在2009年、2012年、2015年召开了三届国际研讨会。彭少健紧随其后，于2007年在浙江传媒学院召开了第一届中国（西湖）媒介素养高峰论坛，并于2008年，2010年，2012年，2014年，2016年相继召开了六届高峰论坛。这两个全国性会议，搭建起了我国媒介素养研究交流的平台，有力地推动了我国媒介素养研究的互动、合作与共赢。张洁的黑芝麻胡同小学和王天德的夏衍中学的媒介素养教育实验首开了中国的媒介素养教育进校园活动。王天德还相继在长坑小学、夏衍中学等全国14所中小学开展各种形式的支教活动，把媒介素养知识普及到中国西部和东部的中小学。高科的媒介素养师资培训，张海波的儿童媒介素养教育，闫欢、何村的小学媒介素养教育，邱小云的中小学媒介素养教育，臧海群的贫困山区媒介素养教育，南山的受灾群众媒介素养教育，都象一面面红旗，插遍了祖国的大江南北，山山水水。

我国媒介素养研究与实践经过20年的努力，已经开始接近世界先进水平。

在这样的背景下，我们迎来了中国媒介素养研究20周年。我们有必要、有责任对20年的研究成果作一疏理、作一展示、作一检阅，有必要、有责任对其经验进行总结、进行推广、进行扬弃，有必要、有责任对这些研究者进行褒奖、进行研究、进行挖掘。因此，2016年，中国广播电影电视社会组织联合会媒介素养学术委员会决定出版一套系列专著，以纪念之。这套系列专著，今天付锌出版了。系列专著前期共 4 本，分别是《中国媒介素养研究人物史》、《视觉文化与媒介素养研究手册》，《中学媒介素养读本》，《小学媒介素养教育课堂实录》。籍此机会，我们将这套系列专著作一概要介绍，以期读者总摄其纲。

《中国媒介素养研究人物史》是我国首部研究我国媒介素养研究史的专著。它从对人物的研究切入，全景式、概略性地展示了我国媒介素养研究的历史，为我国的媒介素养研究史的深入研究奠定了基础。本书共分列了我国当代媒介素养研究领域的 13 位学者与专家，他们分别是：卜卫、张开、王天德、张舒予、闫欢、何村、南山、高科、张海波、宋红岩、骆中成、刘勇武、杜军。他们分别在不同的专业，不同的岗位上对我国媒介素养或作学术研究，或作实践研究，都对我国媒介素养研究作出了卓越贡献，是我国媒介素养研究领域的翘楚。

卜卫，中国社会科学院新闻与传播研究所研究员。是她最早引进媒介素养概念，并对西方的媒介素养教育开展解读性的研究，是我国早期媒介素养研究的领军人物，20 年的研究成果斐然，成为中国媒介素养研究的奠基式人物，奠定了她在我国媒介素养研究领域的地位。卜卫 1997 年就发表了《论媒介教育的意义、内容和方法》，至今仍孜孜不倦地活跃在媒介素养研究的舞台上。她的学术思想深刻影响了我国媒介素养研究的方向，她的生动的社会实践活动是建构她学术思想的树之根、水之源。她是目前为止我国媒介素养研究领域学术研究与实践推广相结合的典型代表，在我国媒介素养研究领域产生了广泛的影响。她的学术思想为广大研究者所引用、追随和研究，她的以"权利"和"实践"为核心的媒介素养研究思想影响了我国媒介素养研究的方向。

张开，中国传媒大学教授。是我国又一位值得尊敬的媒介素养研究的先驱者。她从 2000 年开始接触并研究媒介素养，是我国较早开展媒介素养研究、具有较大影响力的学者。她的诸多文章和专著对我国媒介素养研究产生了很大影响，她从 2004 年开始组织召开国际媒介素养研讨会，一开就是四届，而且开到了西部兰州和境外香港。是我国第一个最具影响力的全国性交流平台，她的学术思想和学术传播影响和推动了我国的媒介素养研究，是我国不可多得的媒介素养研究的标杆式人物，为我国媒介素养研究的融合以及与世界的接轨作出了重要贡献。

王天德，浙江传媒学院媒介素养研究所研究员。研究重点青少年的媒介素养。他在彭少健的支持下，在全国 14 所中小学开展了媒介素养教育试验，组织了众多大学生开展了媒介素养支教和科普活动，建立了中国广播电影电视社会组织联合会媒介素养研究基地和学术委员会，浙江省媒介素养教育研究会，具体组织了"中国（西湖）媒介素养高峰议坛"六届，成为我国又一个媒介素养研究最具影响力的平台。他在我国媒介素养学术研究和实践研究的结合中有着自己的独到见解和成果，为我国媒介素养实践推广提供了重要样本。

张舒予，南京师范大学教授。她从 2001 年开始思考"视觉文化与信息技术"，并开设了课程。她出版的专著"视觉文化概论"，举起了视觉素养大旗，引起了社会极大关注和各大媒体转载，文汇报为此曾发表书评。之后她又在研究生中开设"视觉文化与媒介素养"课程，该课程相继被评为南京师范大学精品课程、江苏省精品课程和国家精品课程。该项目也是我国最早进入课堂、最早开展推广和实践的媒介素养教育课程。张舒予在媒介素养研究中治学严谨、论证严密、标准严格。在我国视觉素养与媒介素养融合研究中作出了重要贡献。

闫欢，东北师范大学教授。她的媒介素养研究，从对领导干部的研究开始，是我国较早开展媒介素养研究的学者之一，也是我国少有的把媒介素养研究作为自己研究重心的研究者之一。她从美学的视觉出发，把正向心理学中的积极因子融入到媒介素养研究之中，开创了我国媒介素养中的积极素养研究先河，强调个体对媒介积极影响的主动寻求，增添了媒介素养研究的内涵。

何村，黄山学院教授。是我国比较早地从事农村小学媒介素养研究的大学教授，他不辞辛劳奔波在农村推广媒介素养常识。在渤海大学从事媒介素养研究，组建了《媒介素养研究中心》。曾组织大学生宣讲团在锦州市新民乡中心小学，八家子小学等小学开展了媒介素养的宣讲，并在徽州农村开展了"我的可爱家乡"办报活动。同时在休宁临溪中心小学指导小学生创办《小学生报》，通过社会实践提升小学生的媒介素养意识。

南山，四川省社会科学院研究员。他的媒介素养研究，源于上世纪 80

年代中期的四川省青少年犯罪调查的结论：媒介传播的某些信息与引起犯罪的原因相关联，这些信息可以归纳为娱乐，生活和消费的媒介意识范畴。他认为，传播色情、暴力影像信息而诱发犯罪的结论是可以成立的。尔后他又把重点放在突发性事件传播中的媒介素养研究上，撰写了大量文章，推介媒介素养概念，引导正确媒介传播观。是我国媒介素养研究的重要力量之一。

高科，广东省中山市委党校副校长、教师进修学院院长。2010 年在一次媒介素养座谈会上，高科笔下出现了"学生——媒介素养——教师——培训"一组相关联的词组，从此开启了他的媒介素养师资培训之路。他利用教师进修学院培训教师的有利条件，在全市范围内开展了媒介素养师资培训，开发出了第一个媒介素养教育培训课程体系，是国内教师媒介素养培训的先驱，开拓了媒介素养教育新领域。

张海波，广东省广州市少年宫副主任。他连续六年开展《儿童与媒介》的研究，是苹果世代研究第一人。他系统描述作为"苹果时代"的中国 90 后儿童的数字化成长和轨迹及媒介素养状况，在对儿童在线风险和家庭教育现状研究基础上，提出了一整套基于我国儿童数字化成长规律以及教育实践基础上的"三位一体"对策，以及符合我国国情的儿童媒介素养教育的目标，方法和路程。

宋红岩，浙江传媒学院马克思主义学院副教援。她 10 年来，钟情于媒介素养研究，在社会化问题凸现的背景下，她从媒介，媒介素养、媒介素养教育的研究入手，勾勒出我国公民媒介社会的媒介素养现状，特别是对农民工的媒介素养现状的研究、新媒介生成机理和学校德育主体间的耦合现状研究、网络社会中的网络媒介素养现状研究。她的《长三角新生代农民工媒介使用与社会认同》的教育部课题，填补我国新生代农民工的媒介素养研究空白，其成果发表在《新闻传播研究》国内传播类顶尖刊物上。

骆中成，杭州建筑职业学校党支部书记。骆中成原系杭州市夏衍中学副校长，他在夏衍中学任上，2008 年就开展了学校的媒介素养课程教育，10 年来，他领导的中学媒介素养教育成为我国中学媒介素养教育的开山鼻祖，到目前为止，在中学开展媒介素养教育仍不多见。他的中学媒介素养教育经验先后在多届"中国（西湖）媒介素养高峰论坛"上介绍，外去广东介绍和本市教育系统介绍，他的媒介素养教育课程，成为"浙江省第二届精品课程，"他本人也因此成为浙江省媒介素养教育研究会副会长。

刘勇武，浙江省缙云县长坑小学校长，小学正高级教师（教授级）。他20年来默默地耕耘在山区小学。十年来，又默默地耕耘在媒介素养教育的田野里，成为我国山区小学媒介素养教育的典范。长坑小学的生活德育驰名全国小学界，媒介素养教育，尤其近年来媒介德育课程开创了我国小学德育教育和媒介素养教育相结合的新格局，既为德育教育课程打开了新的局面，又为媒介素养课程找到了新的突破口，他的学校因此成为全国教育系统先进集体。他本人也成为小学正高级教师、省特级教师和省劳动模范。

杜军，北京市黑芝麻胡同小学原校长。2008年杜军首次把媒介素养课程引进学校，成为城市小学最早开展媒介素养教育的开拓者。她通过制定课程纲要、确定实验对象、明确参与教师、调整上课方式、加强阶段研调、鼓励共同成长、提供制度保障、给予资金支持、搭建研究平台等环节，使黑芝麻胡同小学的媒介素养教育进入全国视野。

《视觉文化与媒介素养研究手册》是张舒予教授率领南京师范大学视觉文化研究所的年轻教师、访问学者、博士后、博士生和硕士生历经8年时间持续坚持编写并不断补充更新完善的资料性作品。

当前视觉文化与媒介素养的研究日新月异。越来越多的研究者开始关注这个新兴研究领域及其发展，对相关资料信息的需要也日益迫切。《研究手册》将现有"视觉文化与媒介素养"相关研究成果进行了尽可能多角度的有效收集与分类梳理，从基础理论、研究学者、出版书籍、国内外期刊、在线课程、网站平台及软件工具等方面做了目录归类，试图涵盖国内外重要研究概况与成果，进行视觉文化与媒介素养的阶段性资料汇总，以期为该研究领域不同研究志趣的研究者和广大爱好者提供宝贵丰富的原始资料、信息来源、研究参照与方法启示。

《视觉文化与媒介素养研究手册》旨在追溯"视觉文化与媒介素养"的起源与发展，围绕"视觉文化与媒介素养"的成果，以理论研究、分国别的研究概况、研究机构、研究人物、研究著作、期刊杂志、学校课程、在线课程、专题网站、资源平台、软件工具等为维度，进行归类与分析，以此形成对"视觉文化与媒介素养"研究发展的现状梳理与阶段总结的系统全面信息资源，真正成为方便研究者查询使用的研究手册。

研究手册包含的主要内容为：

　　1."视觉文化与媒介素养"的理论研究资料,梳理与"视觉文化与媒介素养"直接相关的理论基础与研究主题;2."视觉文化与媒介素养"在世界部分国家研究的概况、发展历史与现状;3."视觉文化与媒介素养"研究的资源建设概览,围绕"硬件"资源与"软件"资源建设成果进行梳理,"硬件"资源以人、事、物等为主线,分析当前在"视觉文化与媒介素养"研究领域内影响较大的研究学者、研究项目、研究机构、出版著作、期刊杂志等;"软件"资源围绕课程、网站、平台、工具与软件等,梳理与"视觉文化与媒介素养"研究相关的部分国家成熟的在线开放课程、专题网站、资源平台与软件工具等。

　　《视觉文化与媒介素养研究手册》的编撰不仅是资料的详尽收集和细致梳理,同时也是一种深入系统的研究工作。编撰人员主要采用了:1.文献研究法:对国内外收录论文、书籍与论文集等数据库,以"视觉文化"、"视觉素养"、"媒介素养"等为主要关键词进行文献搜索。在各大搜索引擎网站、图书馆的数字资源和 CSSCI 以及全国博硕士学位论文库等,进行上述关键词的网站搜索,获取一手的文献资料素材加以解读、分析与归类。2.调查研究法:制定调查问卷与访谈提纲,使用面对面或电子邮件的方式对"视觉文化与媒介素养"研究方面的重要人物进行访谈,并开展必要的实地调研方式,获取更多研究资料。3.内容分析法:对获取的资料进行逐一的内容分析,圈定有价值的资源进行深度研究。对已被筛选的研究成果进行价值论证,考察是否涵盖了现有的大部分研究成果,并能够在一定程度上代表现有"视觉文化与媒介素养"的发展阶段。如若没有价值,则需要继续搜索有价值的研究成果完善研究内容。4.社会网络分析法:利用 citespace、ucinet 等社会网络分析工具进行对"视觉文化与媒介素养"相关研究进行可视化分析与梳理归类。

　　《视觉文化与媒介素养研究手册》主编张舒予,南京师范大学教育科学学院教授,博士生导师,视觉文化研究所所长。长期耕耘于视觉文化与媒介素养研究领域,创新开发的"视觉文化与媒介素养"课程产生良好影响,评为国家精品课程和国家精品资源共享课程。主持多项国家和省部级科研项目,发表多篇学术论文,在教学科研实践中培养一批优秀的博士生和硕士生,多次获得科研与教学成果奖励。

　　《视觉文化与媒介素养研究手册》编撰工作起始于 2008 年,一直延续至

2016 年底，经历了三个阶段三次更名：从百科全书、百科辞典、最后定名为研究手册。副主编卢锋、肖婉和吴文涛是 2007 级、2014 级和 2015 级博士生，分别担当了三个阶段期间的负责人角色。前后共有 10 届 50 余名博士生、硕士生、博士后和访问学者参与了研究手册的创意设计研讨、资料的收集梳理、内容分类和文字编写工作。

《中学生媒介素养读本》是我国又一本提供给中学生阅读和教师教学参阅的教材。自从 1992 年联合国教科文组织出版了《全球传媒教育的新趋势》以后，媒介素养教育已成为世界潮流。为了顺应这一潮流，将媒介素养教育纳入学校课程体系是我国实施素质教育的重要途径。在中小学开设合理的媒介素养教育课程，对青少年进行系统的媒介素养教育，对提高青少年的综合素质无疑起着很重要的作用。

因此，加大中学生媒介素养课程开发的力度，因地制宜，编写适合中学生知识结构和心理特点的教材读本成为教育工作者的重要使命。本册读本即秉承这一理念，从着眼于系统提高中学生媒介素养入手，帮助中学生形成对媒介信息的批判意识、创造意识、道德意识、法律意识，提高对不良信息的免疫力，培养健全阳光的媒介心理，实现中学生全面健康成长。

当今社会，信息化飞速发展，我们接触的媒介越来越多，如何正确认识、理解和使用媒介对于我们中学生而言既具有必要性，又具有紧迫性；既是一份义不容辞的责任，更是时代所赋予大家的一种使命。

媒介与政治算是一对孪生兄弟，一方面媒介与政治都具有强烈的社会性，任何人都会或多或少地受到二者的影响；另一方面媒介与政治又都具有鲜明的时代性，会随着社会的发展而不断进步，一定程度上代表时代发展的标杆。在信息技术飞速发展的今天，媒介的多样性与便捷性前所未有，它对人们的影响也超乎想象，深入到生活的方方面面，尤其是对人们参与政治生活的影响不可小视。为了顺应这一时代发展，需要认真剖析媒介与政治的关系，需要提高全民在政治领域中的媒介素养，特别是中学生的政治媒介素养。

媒介作为经济营销的重要载体，经过时代的变迁，从古时的飞鸽传书到现在电商时代，媒介在发展、在变化，呈现出越来越丰富、越来越现代化的趋势。媒介为经济发展助力，起着非常重要的作用，但在媒介的发展中也暴露出一些不可小觑的问题，需要同学们具有基本的辨别能力。

　　媒介与教育关系密切，媒介的变革推动教育手段的多样化与生动化。特别是进入互联网时代以来，自媒体下的移动学习、在线学习的兴起、大数据与智慧课堂等在课堂教育中的应用，深深影响着教育与学习方式的转变。在教育教学活动中可供选择的媒介越来越多，每一种媒介都有其自身的优势与不足，无论现代教育媒介还是传统教育媒介，与教育都可以做到有机结合。媒介在教育中能否发挥好作用，关键是看媒介使用与教育内容、教育组织形式、受教育者的个性特征是否吻合。

　　在全媒时代的今天，以网络为首的媒介作为人类社会进步的标志和科技发展的产物，给我们的生活带来翻天覆地的改变。我们清楚的看到各类媒介已经完全融入到我们生活中，与我们的生活密不可分，特别是网络媒介也已经成为青少年学习知识、获取信息、交流思想、开发潜能、休闲娱乐的重要平台。我们的生活依赖各类媒介，享受着媒介带来的诸多便利。但是与此同时，各种媒介所带来的负面影响也冲击着现代文明。如何有效地利用媒介，趋利避害，需要我们每一位青少年朋友正确了解媒介和运用媒介，提高媒介素养。

　　科技的发展引领着媒介技术的革新，媒介技术的革新又推动着社会信息传递的多样化和便捷化。在媒介传递信息的历程中，科技又总是一个重要话题。

　　传播媒介的变化对文学形态的影响是十分明显的。不同时期，我们的媒介传播方式不同，文学的流行程度和流行形态也都呈现出不同的特点。新媒介的出现使得传统的阅读方式受到挑战，我们开始更多的进行网络阅读，于是便有了网络小说的兴盛。媒介的发展让更多年轻人成为流行语言的创造者，让我们的语言打破常规，以更包容和灵活的方式呈现在大众面前，出现了各种新奇的甚至是怪诞的语言形式。同时我们原本"高冷"的文学，尤其是古典文学，在新媒介和新的阅读方式带动下，开始与流行文化相结合，打破藩篱，变得更加的亲切和活泼，获得了新的生命力。所以，新媒介的发展对于文学而言既是机遇也是挑战，关键在于我们要在顺应时代发展的前提下，用好新媒介，提升自我的文学素养。

　　媒介的更新推动着艺术的发展，使艺术的表现力更加生动，更加丰富多彩。同时，艺术作品借助媒介的力量，传播更为广泛，更为持久，产生更为深远的影响。随着艺术的传播方式与渠道的多样化与便捷化，媒介传播中的一些负面因素也会渗透到艺术中来，作为青少年应树立正确的审美观，才能分辨出美丑，拥有一双慧眼，才能去甄别真伪。

媒介与历史是一对孪生兄弟。自媒介问世以来，不论是文字符号、报刊杂志，还是广播电视、互联网，都与历史结下了不解之缘，它们以不同的方式去记录所处时代的历史、报道评论所处时代的历史，为后世了解历史、探索历史真相提供了重要佐证。但不同媒介由于政治立场与价值观的不同、时局变迁的影响、媒体自身的社会资源条件与媒介素养的差异，对历史事实的报道却不尽相同，有些甚至大相径庭。青少年需要对媒介所报道的历史进行正确解读和甄别。

体育是一种有目的、有意识、有组织的社会活动，伴随人类社会的演进而逐步发展，其与媒介的关系也随之日益密切。在现代社会，体育需要媒介，媒介也离不开体育。社会越发达，体育与媒介的关系就越密切。媒介影响着人们的体育意识与行为，缩短了体育活动与人们之间的距离，丰富了社会娱乐内容，改变了人们的生活方式，使体育的社会覆盖面加大。媒介通过体育运动吸引社会注意力，刺激消费，促进了体育产业和体育市场的发展，进而波及到政治领域，在许多重大赛事上插入了不少政治元素。与此同时，媒介宣传也存在着推崇锦标主义，塑造明星功利化，报道娱乐化、庸俗化和虚假化的现象，值得我们警惕。

随着学校条件的改善，现代教育技术设备的更新，各种媒介纷纷涌入校园，丰富了同学们的生活。媒介信息的制作与创造是新时代中学生们必不可少的一个重要能力，而学校开展与媒介相关的社团活动，无疑为莘莘学子提供了展示能力的舞台。与此同时，新媒介的滥用与无序化，也冲击了校园正常教学活动。因此，强化新媒介的管理，构建文明有序的校园通讯网络秩序，成为许多学校面临的重要课题。

着眼于通过典型的媒介案例解读训练来提升青少年的媒介素养也是本书的特点。媒介案例选择具有一定的代表性，地域上有国外和国内；层次上有以传统报刊业为主的的第一媒介时代案例、也有以互联网为主的第二媒介时代案例；内容领域上包括政治类、经济类，意识形态价值观类案例。这些案例涉及到媒介素养中的认知与使用、辨析与批判、制作与创造、道德与审美等内容。

《小学媒介德育课程教学活动实录》是我国山村小学媒介素养教育的第

一本课程教学活动实录。他把媒介素养教育和德育教育结合在一起、融合在一起，形成了一门符合学校教育现状和规律的新型课程。主编刘勇武参加工作22年，一直扎根山区农村学校，致力于生活化德育的实践，在这过程中，他们取得了一些成绩，当然也碰到了不少的困惑与难题。比如：很多孩子放学在家，他们的课余生活大多都是和电视相伴，而且随着社会进步，电脑网络手机等占据了孩子们课余生活的大部分，不可否认，不管是电视、电脑还是手机，包括通过其他媒介接触到的信息，在一定程度上对学校教育可以起到极正面的作用。但同时，由于孩子们的自制力、辨析力等发展的限制，使用不好，更多是带来一些负面的效应，对学校教育起到反面作用，这些现象出现冲击了学校的德育工作。而他们也清楚地知道，在信息社会，这些问题是他们学校教育者所必须面对的。如何使用媒介和运用信息培养青少年独立思考能力，研究根植于中国传统道德文化的现代性表达范式，把媒介素养教育与传统德育相结合，形成媒介德育的建构，培养青少年在媒介领域正确进行道德选择和评价的能力与水平，培养青少年在媒介领域正确进行道德自我培育与自我实践的能力与水平，是他们从2008年开始致力研究与实践的。

在这个过程中，他们认真探索构建课程化、活动化的小学媒介德育体系，在提升小学生对媒介信息的使用以及辨析方面，对媒介德育功能的开发和利用方面，对媒介生活的正向养成和渗透方面进行深入地实践，形成了学校"生活德育教育""劳动德育教育"、"艺术德育教育"、媒介素养教育发展出的"媒介德育教育"、农村留守儿童"幸福生活能力教育"相互融合，相互渗透的三位一体新型德育教育模式，开发了新的德育学科课程体系和课程链条，使学校的德育教育走出了一条德育教育内容网络化、德育教育管理网格化的新路子。

如何在课堂上可以深入实施媒介德育，他们也一直在探索，本课程是长坑小学与浙江省媒介素养研究会共同开发的旨在创设和推广小学生媒介德育的课程。本课程以小学生为授课对象，根据他们的身心发展特点，提供其掌握资讯训练，了解媒介所造成的个人、团体社会化的影响、媒介在自己积累知识中所扮演的角色，掌握熟练使用及思辨媒介内容的能力，以适应未来的"传媒社会"。

他们确定的课程教学目标是：

1. 认识生活中一些常见的媒介，了解一些常见媒介制作技巧与技术，了解不同媒介的表现系统与传播方式，了解日常生活中常见媒介类型与叙事如何产生意义。了解各媒介艺术手段的差异及由此带来的优缺。以自己特有的方式品味各媒介独特的美学形式

2. 初步形成能动使用媒介的概念，认识到媒介内容不等于现实内容，媒介塑造的虚拟现实不等于客观现实，初步了解媒介背后隐藏的传播目的。初步认识媒介讯息背后隐有价值观念，思考自身对媒介的认识，媒介的喜好。对自己媒介使用行为（如电视观看、上网等）有所了解并给予评估，养成良好的媒介使用习惯；能够制作简单的媒介文本等。

3. 初步具备正确解读媒介作品的能力，正确认知媒介内容的再现性，对社会、对他们生活产生的影响，能简单解读媒介再现所潜藏的价值内涵与意识型态，学会区分媒介现实与社会现实，区别事实与虚构。反思自己媒介行为，学会以批判质疑的应对媒介所传播的信息与热点问题。学以致用，指导自己在现实生活中具体行动，多引领传播正能量的信息。

本课程研究的最终实效，将会达到学校、学生、家长和社会的四方共赢，在整体和谐发展中实现"生命教育"的远景。

因为媒介德育课程没有现行具体的教学内容，所以在设定主要教学内容，他们重点参考现行有的媒介素养教育的内容，依托大的媒介教育内容，分年段，分微观、中观、宏观三方面，确定他们媒介德育课程大的内容要点及核心内容，再从中确定媒介德育课程的教育主题，具体内容。具体课程操作中，必须基于小学生对媒介的直观经验，在基础级水平时介绍些概念的简单形式，然后随着学生的成熟和生长逐级探究、发展和延伸的方式来教授。

他们主要探索实践的媒介德育课程具体教学专题：

主题	课时内容要点
媒介德育与影视文化	1. 初识电影电视 2. 为文明观影点赞 3. 从影视认识青春 4. 与诚信牵手同行 5. 我说"身边好人"故事会
媒介德育与动画欣赏	1. 初识3D动画 2. 我说动画世界 3. 结缘动画片 4. 小小动画师 5. 我演动画实践活动

续表

主题	课时内容要点
媒介德育与网络使用	1. 从微信看自媒体 2. 亲情呼唤"低头族" 3. 绿色网络生活 4. 安全健康网上行 5. 演 e 自媒体的精彩
媒介德育与流行文化	1. 认识流行文化 2. 从"跑男"看真人秀节目 3. 我谈流行歌曲 4. 乐享流行游戏 5. 品品身边的流行文化
图片的德育功效	1. 不一样的世界 2. 你的爱，我知道 3. 感悟幸福，快乐成长 4. 认识关爱，心怀感恩 5. 用照片传播最美人物
媒介德育与戏曲赏析	1. 初识传统戏曲 2. 认识脸谱与行当 3. 欣赏戏曲行头 4. 由梅兰芳看角色 5. 画脸谱，唱大戏
媒介德育与广告辨析	1. 初识缤纷的广告 2. 广告里的含金量 3. 辨析真假广告 4. 广告里的爱意——从公益广告 FAMILY 说起 5. 我爱我校公益行
媒介德育与传统阅读	1. 品味网络语言 2. 体味语言传承 3. 妙用表情包 4. 看影视与原著 5. 小绘本，大道理
媒介德育与新闻写读	1. 初识新闻媒体 2. 新闻大比拼 3. 新闻真假辨 4. 新闻里的社会 5. 新闻采写实践活动
媒介德育与报刊分析	1. 走近报纸媒介 2. 报纸的成长史 3. 学会选报读报 4. 我的报纸缘 5. 我的电子报

今天，他们在媒介德育课程化方面的一些做法，汇编成《小学媒介德育课程教学活动实录》这本小册子。在整理这本册子的过程中，他们对他们在媒介德育课程化研究实践的思路做法，又重新梳理了一遍，也发现了下一阶段他们需要改进的很多方面，并对他们总体的实践思路、实践方向、实践路径进行了系统的反思小结，对许多方面重新进行了设计，这可能是他们编写这本册子自己最大的收获。

上述四本书，是 20 年我国媒介素养研究的重要成果，有从人物的视角研究我国媒介素养研究历史进程的，有从知识性的角度解读媒介、媒介素养、媒介素养教育使之成为随身可带的知识性的词典性质的手册的，也有从中小学的角度研究媒介素养教育课程目标、课程内容、课程方法的。总之，这些著作都是我国媒介素养研究的精品力作，对于促进我国媒介素养研究将越来越显示出历史性的作用。同时，将会在我国媒介素养研究中不断创新实践，不断推陈出新，不断修订完善。也希望全国媒介素养研究学者、专家、广大师生、业界人士不吝赐教，以便使这套系列专著更加符合我国媒介素养研究和实践的真谛，更好地为广大研究者和实践者服务。

彭少健
中国广播电影电视社会组织联合会媒介素养研究基地主任、学术委员会副会长，浙江省媒介素养教育研究会会长，浙江传媒学院媒介素养研究所所长，教授。

王天德
中国广播电影电视社会组织联合会媒介素养研究基地副主任、学术委员会委员兼秘书长，浙江省媒介素养教育研究会副会长兼秘书长，研究员。

2017 年 5 月 15 日于杭州

序

王天德

·

　　互联网诞生以后，使传播媒介进入了一个崭新的传播时代。这个时代的年轻人，比较不认同传统的传播手段和传播方式，他们要充当信息选择、接受、使用、传播的主人。在此过程中，又由于新新人类的文化、知识、素养的高低不同，其选择、接受、使用、传播的信息就会不同，就会呈现良莠不分，优劣并存的状态。中学生也会在自己理解、思考和价值观的驱使及推动下使用网络和网络传播的信息。在这种传播环境中，中学生应当理解掌握一定程度的网络传播知识。孔子曾说，"学而时习之"，这里的"学"就是学习，就是读知识，读文本；这里的"习"，就是练习，就是写作业，写文章。孔子的意思就是要经常的读，经常的写。在网络时代，包括中学生在内，都会自觉地在网络上读，在网络上写。网络上的读就是接受信息，网络上的写就是传播信息。我们有责任和义务要让中学生明了，在网络上我们应当读什么，应当写什么。这就是说，应让中学生明白，网络传播中谁在接受，接受什么？谁在传播，传播什么？理解接受和传播中的有效点和规避点。这些都是中学生应当掌握的起码的媒介素养知识，都属于中学生应当具备的媒介素养。

　　媒介素养的起源，目前学界基本公认最早提出的是英国的利维斯和他的学生汤普生，他们首次提出应将媒介素养教育引进课堂。事实上最早出现媒介素养教育萌芽的是法国，是从视觉媒介开始的，标志性的事件是 1917 年至 1928 年间的法国电影运动。这一事件本身不以营利为目的，主要是对默片纯视觉形式的美学形态和表现功能进行不同风格的实验与探索，以对抗好莱坞电影市场的强烈冲击，同时垄断法国的思想领域和意识形态。1922 年

1

法国第一次召开了全国各地区代表参加的全国性电影教育会议。同时，法国国会也讨论了大学培养电影教育工作者的议题。"电影教育"是媒介素养教育的萌芽，也是视觉素养教育的萌芽。"媒介素养"的产生有两个来源：其一，最早的媒介素养教育是从默片纯视觉开始的，也就是说是从无声电影——一种特殊的视觉文化形态的质疑始发的。其二，美国好莱坞电影的入侵，摧毁了法国的百代电影公司和万塞纳胶片厂，使法国电影濒于消亡，美国的意识形态通过好莱坞影片的大肆上映而影响了法国人的价值观和行为准则。为此，德吕克·L发起组织了电影俱乐部运动，以新创立的电影流派——印象派来对抗好莱坞电影对法国电影事业和意识形态的侵蚀。由法国20世纪10、20年代发端的以保护本国意识形态为主旨的电影教育运动，引发了三十年代英国的媒介素养教育运动，并同样以保护主义为宗旨。

虽然世界上对媒介素养的研究已经经历了七、八十年，跨越了若干个阶段，但对我国中学生而言，在西方文化、西方价值观不断地浸透的状态下，保护中学生在吸收西方优秀文化的同时，根植于我国优秀的民族文化和革命传统文化仍然任重道远，保护青少年依然是我们的重要任务。只不过这种保护不是狭隘的、封闭的、束缚性的，而是开放的、改革的、创新性的。

什么是媒介素养？本人认为，媒介素养就是公民通过一定的传播平台和载体，传播和接收的区分、使用、控制、转换、再加工不同质的信息构成所需要的知识、能力、水平、技巧和人文精神；就是受众对媒介素养的认知和使用、辨别和批判、转换和创造、道德和审美能力的辩证统一。在这里，我们应当理解在网络的巨量信息中区分、使用、控制、转换、再加工有用信息和淘汰无关信息需要较丰富的知识储备；应当理解判断信息的真假，认清信息的价值导向，转换和创造新的信息，需要较高的能力和水平；应当理解要对诸多信息进行分析和排列，根据有用性的原则进行整合，最大限度、最快速度地提取信息的有效性需要专门的技巧；应当理解对信息的评价、批判、扬弃，要依靠道德的观念和正向的、积极的、美学的心理作指导。由此可见，媒介素养是一种以媒介为基础的、以信息为内容的、由受众共同演绎的"参与式文化范式"，这个范式的主体是受众，客体是信息，载体是媒介。

从这个概念可以看出，媒介素养是中学生必备的素养。这是因为中学生的生活已经被媒介所包围，被媒介所浸渗。在媒介生存环境下，中学生拥有媒介素养就是拥有媒介接受与传播的未来与希望；缺乏媒介素养，就会成为信息盲人而迷失方向。

提升中学生的媒介素养，重要的是开展媒介素养教育。媒介素养教育说到底是一种实践性的社会活动。作为中学生，就要通过接受教育，提升自身对媒介的体悟、感受、认知，乃至对媒介的分析、判断、扬弃，进行成长式的教育实践。这种教育实践要在对于深刻变迁中的中国社会生活的解释中，对中国特定环境下的中学生媒介素养教育的推广中进行有声有色的社会活动，才能真正获得中学生媒介素养教育的成功。

这种社会教育的成功，这种媒介素养教育推广的成功，在我国已有先例。杭州市夏衍中学、浙江省缙云县长坑小学、广州市青少年宫、北京市黑芝麻胡同小学、宁波市余姚三中、成都市二十中、成都七中万达学校以及金牛实验中学、浙江传媒学院新闻与传播学院、中国传媒大学附属小学，还有中山市教师进修学院媒介素养教育师资培训等，已为我国媒介素养教育的实践推广探出了路子。

成都市金牛区的媒介素养教育是我国近年来绽放的一朵鲜花，他们以成都市《基于互联网背景下中小学生媒介素养教育的研究实践》课题为依托，承载了重要的实验和推广任务。成都市二十中是"四川省首批一级示范性普通高中（原四川省国家级示范校普通高中）"，是全国高级中学常务委员会成员校，并经常与美、日、德、韩等国开展文化交流活动，近年来开展了多形式的媒介素养教育，在这样的学校文化背景下，成都市二十中在成都市金牛教育专家、金牛教育拔尖人才黄爱民老师牵头下，从事媒介素养教育的教师们，以及学校其他的媒介素养教育者们，写作、出版了这本《中学生媒介素养读本》，甚感欣喜，它填补了我国中学媒介素养教育读本的空白，为我国媒介素养教育文库增添了新的宝藏。

2017 年元月于琼海御景湾

前　言

随着信息时代的来临，网络的普及，各种媒介信息通过自身特有的传播途径渗透到了我们生活中的每一个角落，并深深地影响着国人的工作、学习、生活，其中青少年更是成为媒介受众的主体。中国互联网信息中心（CNNIC）先后发布多次《中国互联网络发展状况统计报告》，如 2009 年 11 月统计，我国的网民数量达到 3. 6 亿人，其中 18 岁以下网民所占比例为 33％。2016 年报告显示，截至 2015 年 12 月，中国网民规模达 6.88 亿，互联网普及率为 50.3％，新增加的网民群体中，低龄（19 岁以下）、学生群体的占比分别为 46.1％、46.4％。报告显示网民数量呈快速上升趋势，尤其是青少年群体。在这种信息爆炸的时代里，各种媒介信息铺天盖地，良莠不分、泥沙俱下，从而使社会的育人环境日趋复杂。

而另一方面，青少年心智尚未成熟，人生观、价值观、世界观的正确树立正处于关键时期。面对海量信息，面对真假虚实，如何保持清醒头脑？如何辨别真伪，如何拥有基本的社会责任感，不生产、不传播、不盲从虚假信息乃至流言蜚语，都需要青少年具有一定的媒介素养。虽然媒介素养概念引入中国已经十多年，但时至今日，了解这个领域的人还是很少，甚至对于很多教育工作者来说，"媒介素养"还是一个陌生的名词。而对于青少年媒介素养教育的关注也是近几年的事情，采取行动开展系统的媒介素养教育的地区在中国大陆总体上屈指可数。由此来看，开展并强化青少年的媒介素养教育显得具有紧迫性和必要性。

自从 1992 年联合国教科文组织出版了《全球传媒教育的新趋势》以后，媒介素养教育已成为世界潮流。为了顺应这一潮流，将媒介素养教育纳入学校课程体系是我国实施素质教育的重要途径。从广义上来说，"素养"不仅仅只是包括传统意义上的掌握"听"、"说"、"读"、"写"等能力，在当今媒介和生活形影不离的时代，熟练地认识、使用、分析和评估媒介，应该成为信息时代公民具备的基本素养。清华大学陈昌凤教授认为："媒介素养教育是一个全民的教育，终身的教育，媒介素养课程是一项关涉到公益，关涉到未来的事业，是一项前瞻性的事业。媒介素养教育能帮助广大公民，特别是处在生长发育期的青少年理性地区别媒体真实与社会真实，正确认识媒体的性质和功能，提高对负面信息和虚假消息的辨别能力，并学习如何使用和制作媒介信息，学习如何利用传媒实现自身的发展。"在中小学开设合理的媒介素养教育课程，对青少年进行系统的媒介素养教育，对提高青少年的综合素质无疑起着很重要的作用。

因此，加大中学生媒介素养课程开发的力度，因地制宜，编写适合中学生知识结构和心理特点的教材读本成为我们教育工作者的重要使命。由此，成都市第二十中学在校长胡铃冬带领下，积极参加成都市《基于互联网背景下中小学生媒介素养教育的实践研究》课题研究，本着"情智并育、慧行天下"的教育理念，跟踪媒介教育的时代发展潮流，着力引领区域德育教育，充分利用课题资源，整合相关力量，顺势推出了这一研究成果。

本册读本即秉承这一理念，从着眼于系统提高中学生媒介素养入手，帮助中学生形成对媒介信息的批判意识、创造意识、道德意识、法律意识，提高对不良信息的免疫力，培养健全阳光的媒介心理，实现中学生全面健康成长。

本书共分十二章：

第一章"认识媒介素养"由王毅撰写。介绍了媒介素养定义、媒介发展脉络、重要的媒介素养领域，以及中学生提高媒介素养的途径等。

第二章"媒介与政治"由陈晓蓉撰写。着眼于提升中学生的媒介政治素养。

第三章"媒介与经济"由吴云蕾、刘晓英撰写。介绍经济领域的媒介素养，引导中学生正确识别经济领域的媒介现象、掌握相关的媒介知识。

第四章"媒介与教育"由邓冬华撰写第一、二节，余建珍撰写第三节。揭示了媒介更新与教育发展的关系。

第五章"媒介与生活"由顾娜撰写。信息社会里吃、穿、住、行、用深受媒介信息影响，正确选择、准确辨别、合理使用是生活中媒介素养关注的重要内容。

第六章"媒介与科技"由韩菊、彭富杰、方婕、万根福等撰写。从科技发展引领媒介革新、媒介报道引发的科技话题引导学生进行解读。

第七章"媒介与文学"由陈金梅撰写。揭示网络时代网络语言、网络创作与文学的关系。

第八章"媒介与艺术"由姚娟、郦嘉撰写。着重探讨美术、音乐与媒介的源流及相互影响。

第九章"媒介与历史"由黄爱民撰写。从媒介更新与历史记录、媒体报道与历史事实认知的变迁两个角度探讨媒介与历史的关系。

第十章"媒介与体育"由马云飞撰写。从媒介推动体育的普及化、商业化、生活化,以及媒介与体育的政治化问题等角度,介绍媒介与体育的关系。

第十一章"媒介与校园德育活动"由李琳、黄爱民、张开国撰写。介绍典型的富有特色的媒介社团活动,以及在互联网背景下构建校园新媒介秩序活动的专题报道。本章为中学生呈现出丰富多彩而又秩序井然的校园媒介生活风貌。

第十二章"思维拓展——典型媒介案例解读训练"由张于放撰写。通过对典型的媒介案例解读训练来提升青少年的媒介素养。

全书由黄爱民做了最后的统稿工作。

本书编写由于时间仓促以及水平的限制,难免有错漏之处,望大家在使用过程中提出宝贵意见,以便我们及时加以改进。

编者

2016 年 12 月

第一章 认识媒介素养

☆ *** *★   **内容提示** ★ * *

当今社会，信息化飞速发展，我们接触的媒介越来越多，如何正确认识、理解和使用媒介对于我们中学生而言既具有必要性，又具有紧迫性；既是一份义不容辞的责任，更是时代所赋予大家的一种使命。本章将从以下四个方面，带你走进媒介的世界，初步了解媒介素养的含义、大众媒介的发展和演变过程、媒介素养涉及的多个领域，以及中学生媒介素养现状与提升媒介素养对策等。

第一节 媒介素养的含义

媒介素养的概念属地地道道的舶来品。据相关学者分析，主要有三个层面，即能力模式、知识模式和理解模式。就能力模式而言，指公民所具有的获取、分析、评价和传输各种形式信息的能力，侧重点是对信息的认知过程。知识模式观点认为，媒介素养就是关于媒介如何对社会产生功能的知识体系，侧重点是信息如何传输。而理解模式的观点声称，所谓媒介素养就是理解媒介信息在制造、生产和传递过程中受到来自文化、经济、政治和技术等力量的强制作用，侧重点是对于信息的判断和理解能力。

媒介素养研究起源于 20 世纪 30 年代，我国对媒介素养的关注开始于 20 世纪 90 年代。1997 年，中国社会科学院研究员卜卫在《现代传播》上发表文章《论媒介教育的意义、内容和方法》，逐渐引起传播学界和教育学界的广泛关注，此后研究成果层出不穷。

研究者们对媒介素养定义的探讨有很多。美国媒介素养研究中心 (Center for Media) 于 1992 年给出的定义，即人们面对媒体各种信息时的选择能力（ability to choose）、理解能力（ability to understand）、质疑能力（ability to question）、评估能力（ability to evaluate）、创造和生产能力（ability to create and produce）以及思辨和反应能力（ability to response thoughtfully）。媒介素养的定义在中国本土化研究中也得到了丰富和发展，如在 2014 年联合国教科文组织文化联盟召开的全球媒介信息素养暨跨文化传播大会上，我国媒介素养研究专家王天德首次提出："媒介素养是公民通过一定的传播平台和载体传播和接收的，区分、使用、控制、转换、再加工不同质的信息构成所需要的知识、能力、水平、技巧和人文精神。说到底就是受众对媒介的认知和使用、辨析和批判、转换和创造、道德和审美能力的辩证统一。"这一定义得到国内外研究者的普遍认同和引用。

事实上，媒介与我们的生活息息相关。比如，同学们在贴吧发表言论，用 QQ 空间写心情日志，实际上就是在通过一些传播平台和载体传播信息。又如，我们每天收听校园广播、收看电视、阅读微信消息，实际上就是在接收信息。面对浩瀚如海的信息，我们如何正确地进行区分、使用、控制、转换、再加工呢？这就需要我们正确认识媒介，不断提高自身媒介素养，理性选择可靠而有质量的信息，成为有责任心和独立思考能力的传媒受众。

围绕着"媒介素养"，信息素养、新闻素养、影视素养、视觉素养、广告素养、积极素养、新媒介素养等多个概念应运而生，在不同的专业背景中细化着媒介素养研究，并最终与媒介素养相融合，形成了一个新的研究学科。

第二节　大众媒介的发展和演变

一、大众报业的发展

报纸是大众传播媒介最古老的手段之一，千百年来，报纸为人类文明的进步做出了杰出的贡献。中国是世界上最早出现报纸萌芽的国家之一，早在西汉时期，中国就出现了类似报纸的文书抄本。它是当时官府用以抄发皇帝

谕旨和臣僚奏议等文件及相关政治
情况的刊物，称为"邸报"。发行于
公元887年的唐代"邸报"，是世界
上现存最古老的报纸。19世纪40年
代，传教士拉开了中国近代报刊业
的序幕。第二次鸦片战争后，在中
国的沿海城市陆续出现了一些具有

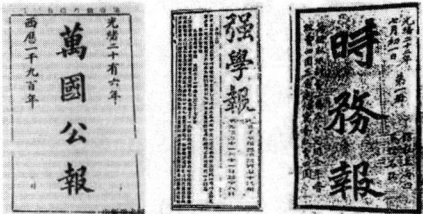

中国近代时期的报纸

新闻性质的近代报纸。1872年4月30日，英国人美查在上海创办《申报》，
它成为中国近代涌现的第一批著名报纸之一。1873年《昭文新报》开创了
国人办报的先例。19世纪末，中国官办、民办报纸逐渐多起来。1895年
（光绪二十一年），康有为、梁启超在北京创办强学会，并出版报纸《中外纪
闻》（又称《万国公报》），它属于早期中国人自己创办的报纸中影响力较大
的，维新运动掀起国人办报热潮。

近代中国报纸的兴起，对于推动中国社会的近代化进程起到至关重要的
作用。报刊的发展在传播新闻、舆论监督，通达民情、立言议政，开启民
智、传播知识等方面对社会生产和人民生活产生了深远影响。可以说，近代
资本主义的产生和发展、社会急剧变化，人们渴求对动荡社会信息的需求、
西方人办报潮流的推动是大众报业出现的主要原因。

知识链接：《邸报》的由来

《邸报》是世界上发行最早，时间最久的报纸。西汉时期，为加强皇权，
汉王朝实行有利于中央集权的郡县制，把全国分为三十六个大郡，在郡下一
级又分若干县，由中央统一管理。各郡在首都长安都设有办事机构，相当于
现在的各省驻京办事处，这个办事处称为"邸"。"邸"内派驻有办事员，负
责将上峰的信息收集起来，写在竹简或绢帛上，通过驿站传送给各郡的太守
参阅。而这一写有信息的竹帛就称之为《邸报》。伴随着古代中央王权的不
断加强，"邸报"也得以很好的发展。到了唐代，由于雕版印刷的广泛运用，
《邸报》的运用就更加数量化、规范化。第一份用纸印刷的报纸，投递这份
报纸的机构，当时叫邮驿，投递人员为唐朝兵部军卒，腰束革袋，带上铃
铛，骑着快马传邮，听到铃声，行人都远离避让。到了明代，中央已有专门
的机构通政司进行《邸报》的编发工作，发行日期和发行对象也日趋稳定，
形成国家性新闻刊物。已经初步具有了现在报纸的某些元素。1638年（明

崇祯十一年），《邸报》开始使用活字排版，报纸的发行量增大，但因战争频繁，交通堵塞等情况，江南一带当天的报纸要个一个月后才能看到。清代《邸报》发行量更多了，后来改名为《京报》，成为广大官吏、学者，甚至平民都能阅读的报纸了。一直出版到清朝皇帝退位，《邸报》才正告寿终。

二、广播影视的普及

报纸的兴起得益于不断发展的印刷技术，而电子科技的革新与发展则带来了全新的电子媒介。广播、电影、电视的先后出现，更深刻地影响着我们的生产和生活。

（一）广播

相对于报纸而言，广播媒介具有自己的技术特点和传播优势。一是传播速度更快、更及时，二是广播传播能够突破文字阅读能力的限制，走进更广泛的大众。二战期间，广播不仅成为最重要的新闻传播工具，而且也是最重要的政治宣传和动员工具。美国总统罗斯福 1933 年的"炉边讲话"就是其中最著名的例子。1926 年中国人自办的第一座广播电台——哈尔滨广播无线电台正式开播；1928 年南京国民政府筹备的中央广播电台在南京开播，标志着我国第一座全国性广播电台成立。

（二）电影

1895 年，由卢米埃尔兄弟制作的电影《火车到站》、《工厂大门》在巴黎公映，标志着世界电影的诞生。

中国第一部荣获国际大奖的
影片《渔光曲》

电影在发明之后不久就传入中国。电影在中国的放映经历了从无声到有声，从黑白到彩色，从进口片到国产片的发展阶段。1894 年，中国第一次在上海徐园"又一村"放映电影。1906 年，北京丰泰照相馆拍摄了中国第一部电影——京剧《定军山》，演员为中国著名京剧表演艺术家谭鑫培。民国时期，国产电影取得快速发展，涌现出一批著名的影片、导演和演员。

新中国成立后，中国电影一度遭受过重大挫折；改革开放后继续快速发展，目前已成为国际上有影响力的电影大国之一。

早期中国系列优秀电影、演员及导演

（三）电视在中国的发展和普及

作为一种公共传播工具，电视在 20 世纪 30 年代进入实际的使用阶段。1958 年，北京电视台开始试播，标志着中国电视事业的诞生。目前，我国已经建成了从中央到地方、从对内到对外的多系列、多层次、多语种、多形态的广播电视传播网络，电视节目内容广泛、形式多样，民众的文化生活也更加丰富多彩。

三、互联网的发展

简单地说，互联网是一个由各种不同类型和规模的、独立运行和管理的计算机网络组成的世界范围的巨大计算机网络——全球计算机网络。互联网在中国的发展起始于 1986 年，1993 年中国第一条互联网专线正式开通，2008 年年底，中国网民规模达到 2.98 亿人，截至 2014 年 12 月，我国网民规模达 6.49 亿人。互联网发展进入全民时代，正密切影响人们生产、生活的方方面面。

四、新媒介发展趋势

（一）媒介融合

所谓媒介融合，是指在数字化技术和互联网技术的支持下，不同媒介形式互相交织、重新构建，呈现出多功能一体化的发展趋势。20 世纪晚期以来，媒介的融合在规模、范围和深度上都达到空前的程度，表现出一种大融合趋势。它包括技术融合、平台融合、运营融合、组织融合等多个层面的融合。

（二）传媒集团

在跨媒介横向整合的同时，媒介集团还积极寻求同行业的垂直整合。为此，它们往往跨越地域限制，组成跨媒介、跨区域的超级传媒集团。在更大范围的市场竞争中，能够利用数字信息产品高投入、低成本复制和媒介转换、高回报的特性，来扩大竞争优势。在媒介政策上，20世纪80年代后期以来，以美国为首的国家在世界范围内掀起了放松管制的浪潮。国营和公营媒介机构纷纷私有化，为超级传媒集团扫清了障碍，使其全球性扩张更为便利。

（三）媒介文化

早在电子媒介时代，梅罗维茨（Joshua Meyrowitz）的媒介情境论和波德里亚的拟像化理论就指出，人们生活在媒介信息所构造的环境之中。数字时代，尼葛洛庞帝（Nicholas Negroponte）更是以数字化生存来描绘人们对媒介的信赖。手机等移动媒介的兴起使人们彻底陷入一个非真实的生存环境之中。人们的世界观、价值观、审美观和生活方式等等，都处于这个由大众媒介信息所编织的拟像化世界里。在波德里亚看来，媒介将一种新型文化植入日常生活的中心，这是一种置于启蒙主义理智与非理性对立之外的新文化，即媒介文化。

第三节　媒介素养的多种领域

媒介素养包括传统媒介素养与新媒介素养，是受众使用所有媒介时应具有的扬弃能力，即既要有正向、积极的吸取信息的能力，又要有评析和辨别信息的能力。而呈现在媒介中的信息表现形式不同，有的是新闻，有的是影视，有的是广告；承载信息的载体也不同，有的是电视，有的是报纸，有的是杂志，有的是互联网媒体。这就需要我们对与媒介素养紧密相关的新闻素养、影视素养、信息素养、广告素养等有所了解。

一、新闻素养

新闻在大众生活中扮演着重要角色。新闻素养是指能够通过不同的媒介平台去寻索、认识、分析、善用和监察新闻的能力。新闻素养（News Literacy）是一项重要的媒介素养。

"新闻真实"作为新闻学的一种职业理念，实现它需要关于判别事实、表现事实、利弊权衡等诸多原则的运用。这些原则产生于新闻实践并且必须在最新的新闻实践中不断检验和修正。专业新闻工作者的工作就是理性地筛选与排列新闻，通过他们这一带有神圣性质的工作，记录社会生活，让新闻成为人民行为的依据。

我们已经生活在一个全民新闻时代了，人人都可以发布新闻，但事实的真相反而难以辨别了。为了辨别真相，也是为了避免被操纵，"新闻素养"就应该成为公民素养的一部分，全民都要掌握必要的新闻知识。这种素养不同于一般意义上审视传统大众媒体的"媒介素养"，现在是自己如何面对涌到眼前的新闻信息，包括自己如何发布新闻。原来仅仅为专业新闻工作者掌握的职业知识，至少部分地要转变为全民知识，这叫"自觉的新闻消费与新闻评价"。这就好比，即便我们不会人人成为数学家、物理学家、化学家，我们也要学习数学、物理和化学，因为这些知识有助于把握生活方向。

二、影视素养

随着互联网的发展，影视媒介更以"载体膨胀"的方式侵入到新媒体领域，影视的传播途径不再局限于电视和电影院，出现了移动传媒、电脑网络视频、手机视频等多种传播方式，影视内容以被拆分成独立的"视频"单位进入传播环境。

传播技术的现代化、传播对象的全民化、传播内容的消费化是影视媒介的三大传播特征。人们在享受媒介技术的进步所带来的感官刺激的同时也正一步步地走进了媒介制造的陷阱。因此，需要对大众进行影视媒介素养教育，使其看清影视媒介传播的本质，具备对影视媒介信息的鉴赏能力、批判能力，能有效地、主动地使用影视媒介，为自己的生活和工作服务。

实际上，从社会发展的长远眼光来看，影视媒介素养教育必须成为面向全体社会成员的通识教育。随着媒介接触群体日益多元化、民间化，每个社会成员都变成了媒介消费者，每个人都必须学会了解媒介、使用媒介，而媒介素养教育也要走出象牙之塔，走进社会普通民众当中，让普通民众也能了解：作为一种传播媒介的电视电影是什么？有什么特点？生产流程是怎样的？谁在控制着节目的生产和传播？使自己成为媒介的主动驾驭者而不是被动的接受者，能够制作媒介产品，利用媒介参与社会事务、行使自己的权利、发出自己的声音。

知识链接：*声音蒙太奇*

自有声电影问世以来，由于对声音潜在功能的不断挖掘，顺理成章地又出现了声音蒙太奇一说。所谓声音蒙太奇，可以理解为声音的剪辑，但这只是表层认识，它的深层含义其实是声音构成。声音分为画内音和画外音两种。电影声音蒙太奇，就是声音、时态和空间的各种不同形态的排列和组合，可能创造出以下几种相对的时空结构关系：时间非同步关系、空间同步关系、空间非同步关系、心理同步关系、心理非同步关系。

三、信息素养

信息素养（Information Literacy）是基于对文献信息的检索与利用而提出的概念，是利用大量的信息工具及主要信息源使问题得到解答的技能。信息素养包含了技术和人文两个层面的意义：从技术层面来讲，信息素养反映的是人们利用信息的意识和能力；从人文层面来讲，信息素养也反映了人们面对信息的心理状态，或说面对信息的修养。

媒介素养与信息素养有交叉关系，但二者所关注的角度是不同的。媒介素养强调对大众媒介（媒体）所发布的信息及制造的产品的批判性解读能力，信息素养更注重对文献信息及知识信息的检索与利用能力。随着媒介技术的发展，传统的印刷文献可以转换为数字化文本和数据库；而大众媒介，特别是互联网所生成的无数信息碎片，也成为搜索引擎可以利用的内容资源，还可以通过运算程序形成"大数据"，从而转换为知识信息。

四、广告素养

广告素养，是媒介素养的重要组成部分，指大众解读广告、思辨广告、欣赏广告进而利用广告提高生活质量、完善自我、重建社会广告文化品位的能力，是所有人都必须具备的基本生存素质和社会经验。

广告素养教育，是一种全民的教育，特别是对青少年，提升他们的广告素养，有积极的意义。首先在这个不良广告不时出现，虚假广告并不少见的媒介时代，增强广告素养可以使消费者理性思考，确保自身的利益。公众广告素养的提升，无疑对广告的质疑和批判就会增加，维权意识增强、维权行动增多，从长远来看这有助于广告业更加健康、良性的发展。其次，可以通过开设广告素养的通识教育课程或借助社会调查实践来提高广告素养。第三，有必要加强传媒在提升广告素养中所应起的作用。现代社会传媒业十分发达，对人们的影响也日益显著，而广告是传媒业核心的收入来源。为此，传媒不应只负责刊播广告而不做其他解释与评述，而是也应承担起社会责任，发挥其在提升广告素养中所应起的作用。

上述多种类型的媒介素养，被广泛渗透于政治、经济、教育、生活、科技、文学、艺术、历史、体育等领域，为我们的知识学习与拓展提供了广阔的空间，也为我们的实际生活提供了行动指南。

第四节　中学生媒介素养现状与提升媒介素养对策

一、中学生媒介素养现状

（1）中学生接触媒介的目的性比较明确，在接触媒介的过程中呈现出一种较为主动、积极地利用媒介资源的态度。

到中学阶段，中学生自我意识有了进一步的发展。大众媒介作为信息媒介，能够让学生便捷地获取丰富的信息资源，满足其成长需要。因此，许多中学生被吸引到这一能满足自己求知欲望的平台。而处于这一时期的学生除了进入认知发展的新阶段、渴望获取更多的新知识外，还渴望摆脱老师和家长的控制走向自主与独立。在冲突与碰撞中，他们可能会以盲目、消极接触媒介的方式来表达自己的叛逆，他们希望通过娱乐缓解紧绷的神经。所以他们这种积极主动利用媒介资源的态度是需要加以正确引导的。

（2）中学生具有一定的分析批判媒介及其信息的能力和认知媒介道德规范的能力，这些能力在不同性别的学生身上差异不大，而不同文化程度学生则有明显差异，中学生的媒介素养尚属自发的、低层次的媒介素养。

大众传媒总是以自身的需要和动机为出发点来传播各种信息。受自身利益的驱动，一些不良传媒会制作对个人和社会都无益的垃圾和废品来迎合少数人的低级趣味，其中不乏色情、暴力等庸俗内容，给社会带来极大的污染。北京师范大学教育学部教授、博士生导师，北京师范大学公民与道德教育研究中心主任檀传宝在《大众传媒的价值影响与青少年德育》中指出："相对于其他任何发展阶段，传媒的道德影响力在青少年时期是最突出的。作为青春期最重要的道德影响源之一，大众传媒在青少年品德发展中发挥着重要作用，成为影响青少年品德发展的关键性外在因素。"调查研究表明，女生在接触媒介时相较男生而言自控力更强，较少出现行为失范的现象。而初、高中学生对比，高中生在接触媒介时的行为失范现象比初中学生严重，高中生接触媒介的状况没有初中生好。总之，处于低层次媒介素养阶段的中学生还不能完全有效地辨别媒介信息的价值，不能充分有效地认识和利用媒介资源。

（3）家庭、学校给中学生提供良好媒介指导的力度不够。

家庭和学校在对中学生进行必要的媒介指导方面或多或少存在缺位现象。卜卫在《媒介与儿童教育》中谈道："关于媒介使用的教育，根本目的是帮助孩子了解媒介及其信息对自己的意义，了解自己的需求，并学会利用媒介满足自己的需求，以帮助自己健康成长。"因此，学校和父母要积极帮助孩子拨开笼罩在媒介周围的重重迷雾，指导孩子找到正确、适合的利用媒介的方式和方法，为孩子的健康成长提供保障。

二、提升媒介素养的建议与对策

（一）转变传统观念，积极参与媒介德育新课程学习

媒介素养教育是针对信息时代多种媒介对人的影响而提出的一种教育思想和方法，是素质教育的新模式，也是信息时代德育的新课题。江西师范大学思政教育专业博士点学术带头人李康平在《德育发展论》中指出："如何在网络文化的自由空间里使人们形成正确的世界观、人生观、价值观和道德观，是摆在现代社会人们面前的崭新课题。"因此，我们只有转变观念，早日把媒介素养教育引入素质教育和德育中，才能对症下药、有的放矢，达到增强德育教育实效的目的。

（二）注重借鉴，学创结合

国外许多国家和中国香港、台湾地区的媒介素养教育已实践了多年，积累了不少宝贵的经验。比如，重视培训媒介素养教育工作者、把媒介素养教育纳入全国或部分地区中小学的正规教育课程与施行"社会参与模式"的媒介素养教育的做法都值得我们学习和借鉴。我国的媒介素养教育，可将它们

有机结合：由政府安排，有计划、有步骤地培训教师，提高教师实施媒介素养教育的水平和能力；制定相关政策，将媒介素养教育作为一门独立的课程纳入各级各类学校的教学计划当中；充分整合、利用各种社会资源，包括政策资源、资金资源和文化资源等，促进媒介素养教育项目的推广和实施，具体可通过社区、学校及其他社会团体举办各类短期的培训班、发放相关的研习手册来推行；组织媒介素养教育志愿者深入社区、街道或青少年活动场所及其家庭，开展媒介素养宣传、推广和培训活动；加大对网吧、电子游戏厅的管理力度，还青少年一片蓝天……当然，我们在借鉴别人经验的时候，必须立足于自己的实际，做到学创结合，走具有自己特色的媒介素养教育之路。

（三）多渠道、多途径地开展媒介素养教育

我们以活动为桥梁，确保媒介素养教育向学生的生活世界回归。生活是教育的中心，生活决定教育。家庭、学校、社会联手，共同营造媒介素养教育的良好氛围。媒介素养教育是一项复杂的社会系统工程，需要全社会共同参与、分工协作。家庭、学校、社会是媒介素养教育过程中相辅相成、不可分割的三个方面。其中，家庭是中学生媒介素养教育的基础，学校是主阵地，社会则是二者的补充和扩展，它们共同构成一个整体，缺一不可。

（四）加强自我修养、自我教育

中学生是学校媒介素养教育的主体，大家的主动性、自觉性的发挥程度直接关系到媒介素养教育实效的高低。在各种教育活动实践中，我们鼓励大家通过多渠道强化自我修养和自我教育，把外在的影响内化为自己的品质，从而把科学接触和运用媒介变为同学们自觉自愿的行为。这样，大家的媒介素养才能处于高层次高水平的状态，媒介素养教育育人为本的理念也才能得到真正的体现。

总之，媒介素养教育是一种终身教育，理应贯穿人的一生。我们在推行媒介素养教育时，必须在终身教育理念的指导下，合理衔接各个阶段，达成总体上的统一性和连续性。只有在终身教育的理念下，媒介素养教育才能真正得以深入，也只有在终身教育的理念下，媒介素养教育才能真正提升人的素质，促进人全面发展和可持续发展。

思考题：

1. 想想以下材料体现了报刊怎样的社会功能？

［**成都商报**］消息：成都 11 所高校图书馆免费对外开放

四川大学、电子科技大学、西南交通大学、西南石油大学、成都理工大学、西华大学、西南民族大学、成都信息工程学院、成都大学、成都工业学院、四川大学锦城学院 11 所高校首批开放。市民可在开放图书馆的高校免费办理借阅证，外借图书必须依照图书馆的借阅规定并缴纳押金。

对于许多人来讲，毕业后最大的愿望，莫过于再去大学图书馆泡一泡。这个愿望终于可以实现啦！

2. 中学生需具备哪些媒介素养？

参考文献：

［1］王天德 .《大学生媒介素养读本》［M］. 高等教育出版社，2016.

［2］彭少健，王天德，吴吟 .《中国媒介素养研究年度报告》2014［M］. 中国广播影视出版社，2016.

［3］卜卫 .《媒介与儿童教育》［M］. 新世界出版社，2002.

［4］檀传宝等 .《大众传媒的价值影响与青少年德育》［M］. 福建教育出版社，2005.

［5］高平平，黄富峰 .《传播与道德》［M］. 湖南大学出版社，2005.

第二章　媒介与政治

内容提示

媒介与政治算是一对孪生兄弟，一方面媒介与政治都具有强烈的社会性，任何人都会或多或少地受到二者的影响；另一方面媒介与政治又都具有鲜明的时代性，会随着社会的发展而不断进步，一定程度上代表时代发展的标杆。在信息技术飞速发展的今天，媒介的多样性与便捷性前所未有，它对人们的影响也超乎想象，深入到生活的方方面面，尤其是对人们参与政治生活的影响不可小视。为了顺应这一时代发展，需要认真剖析媒介与政治的关系，需要提高全民在政治领域中的媒介素养，特别是中学生的政治媒介素养。

古希腊哲学家亚里士多德说过，"人是天生的政治动物"，意思是说，人是天生离不开政治生活的。只是随着年龄的增长和阅历的增多，人们参与政治生活的范围和深度会发生变化。中学生正处于由儿童向成人的过渡期，独立意识增强，自我意识容易膨胀，以致感性有余而理性不足。面对日益更新的传媒和不离不弃的政治生活，我们该如何适时改变自我，顺应社会发展？该如何利用传媒为自己参与政治生活服务？解决好这些问题，核心是要厘清媒介与政治的关系，提高政治领域中的媒介素养。

第一节　媒介与政治的关系

一般来说，媒介与政治是同时诞生的，属于同一历史时期的产物。二者有着共生与交互的关系，媒介的发展推动政治的进步，政治建设和民主进步又为媒介的发展提供良好的政治生态环境和制度保障。

一、媒介发展推动政治进步

（一）传媒推动体制革新

大众传媒的发展拓展了公民的政治参与度，有效推动了政治体制革新。近代以来，中国大众报业的发展，在介绍西方民主思想，推动民主宪政的建立方面，作用尤为突出。鸦片战争后的《申报》、维新变法期间的《时务报》和《国闻报》，辛亥革命期间的《民报》和《浙江潮》，新文化运动时期的《新青年》和《晨报》等社会政论性报刊相继问世，对西方文化、民主自由思想、民主宪政的鼓吹，促使国人了解到了中西方社会制度的明显差异，启迪了民众的觉悟，促进了民众的觉醒。伴随这些大众报业的发展与广泛报道，中国的近代化先后经历了洋务运动、维新变法、辛亥革命、新文化运动等，中国近代化发展历程一浪高过一浪，社会变革不断走向新的阶段。其中资产阶级维新派与资产阶级革命派在利用报刊媒介推动政治变革方面尤为突出。维新派借助《时务报》、《国闻报》等报刊宣扬西方进化论、天赋人权、自由平等等观念，主张用君主立宪制取代君主专制，推动了维新变法，促进了社会的思想启蒙。资产阶级革命派利用《民报》、《新潮》、《浙江潮》等报纸杂志，集中宣传民主革命思想，高举"三民主义"旗帜，引领中国人民推翻清王朝的封建君主专制统治，建立了资产阶级民主共和国——中华民国。从君主专制到君主立宪再到民主共和是人类社会的进步，更是政治体制的飞跃。

同样今天，我们国家也不断通过媒介传播报道来促进制度更新，管理体制的完善。新闻舆论监督是一把反腐的利剑，党和政府从上到下高度重视。有关方面曾经总结出这样的反腐败机制模式：网络曝光→媒体报道→形成舆论→启动调查→惩处贪官→健全机制。网络问政、媒体报道，极大地推动了包括官员财产申报制度在内的反腐体制的完善。几年前媒体报道的"表哥杨达才"，就是其中典型一例，通过舆论监督，揭示腐败案件，进而推动了官员财产申报制度的完善。因此，有人说传媒是政治体制革新的"催化剂"。

阅读材料：《民报》

《民报》是中国同盟会的机关报。1905 年 11 月创刊于东京，是一个大型月刊，革命派在海外的主要宣传阵地，创办于辛亥革命时期。孙中山为其撰写发刊词，提

民报"第一号"

出了"三民主义",即以"反满"为中心的"民族主义"、以建立共和政体为中心的"民权主义"和以土地国有,平均地权为中心的"民生主义"三部分组成。该报的创办及其宣传,壮大了革命派的声势,也壮大了同盟会的队伍,成为进步舆论的中心。

阅读材料:"表哥杨达才"

2012年8月26日凌晨,陕西延安境内发生重大车祸致36人死,2人重伤。陕西省安监局局长杨达才视察事故现场微笑的照片引发网友对他进行了人肉搜索,网友从这位官员身上"搜"出了各种名表,被网友们称为"表哥"。9月1日下午,湖北三峡大学在校生刘艳

杨达才受审

峰向陕西省财政厅寄送政府信息公开申请表,申请公开杨达才2011年度工资。9月5日,杨达才再被曝眼镜价值10万以上。微笑局长为官员财产公示制添了把火。2013年9月6日陕西省西安市中级人民法院公开宣判杨达才受贿及巨额财产来源不明一案,最终被告人杨达才以受贿罪和巨额财产来源不明罪,数罪并罚判处有期徒刑14年,并处罚金5万元。随后,国家对《官员财产申报制度》进行了改进和完善。

(二)传媒宣传政府价值观与政策主张

政府一般要借助一定的传播平台推送政策主张。在传播平台的利用上往往不拘一格,形式多样。从电影、电视,到报纸杂志等,都可以作为政府的价值观念、政策主张的宣讲工具。一是电影电视的艺术渲染,如美国电影《拯救大兵瑞恩》就曾竭力宣扬的美国价值观,宣扬个人英雄主义,及对个体生命的尊重和对自由的追求。再如国产电视剧《二胎》,是国内首部关注双独子女养育二胎的电视剧,因其紧跟国家放开生育二胎的政策而备受关注。二是广播电视通过新闻舆论频道的直接宣讲,如电视中的《新闻联播》、《焦点访谈》,广播中的《新闻报道》等,此类报道往往具有及时性、针对性和严肃性。三是网络媒体的传播。如"新华网"、"人民网"等,这类平台对政策的推送具有宣传效率高,宣传资源易优化,宣传成本低的特点。2016年我国网络宣传工作会议强调:让党的主张成为网络空间最强

音，让党的理论创新成果和实践成就成为网络空间高扬的主基调、主旋律。

大众传媒从多角度宣传政府的理念和主张，因此有人说传媒是政府的"喉舌"。

（三）传媒监督政府行为

没有监督的权力，必然导致腐败，监督是政府健康发展的必备条件。政府要接受来自内部的相互监督和来自外部的各种监督，而多数监督都需要借助传媒。大众传媒的发展拓宽了百姓监督政府的渠道，也提高了监督力度，有利于实现权力在阳光下运行。英国大法官丹宁勋爵认为："媒体在司法活动中扮演非常重要的角色，可以监督每一次审判是否公正、公开。"比如舆论高度关注的"嘉禾拆迁案"、"贵州省六盘水市副市长当众撒谎欺骗督查组案"等都是传媒积极问责行政的表现，从而使违规违法官员得到及时处理，错误行政行为得到纠正。

传媒监督无处不在，一些极为隐蔽的事件也会适时曝光。原日本厚生劳动省副大臣宫路和明，在2002年1月参加某大学医学部的入学考试时，违反规定，将这名考生的准考证号透露给了校方，后被大众传媒曝光，结果宫路被迫辞职。因此，有人说，传媒是政府及官员头上的一面"镜子"。

阅读材料："嘉禾拆迁案"

"谁影响嘉禾发展一阵子，我影响他一辈子。"一句"霸道"口号让偏僻的湘南嘉禾县成了2004年社会关注的焦点之地。2003年7月湖南郴州市嘉禾县为帮助一家企业在当地搞商贸城开发，专门出台所谓"四包"、"两停"政策，以行政命令的形式，要求公职人员负责各自亲属的拆迁工作，如不能按要求拆迁的话，将被暂停工作、停发工资，甚至是被开除或下放到边远地区。至今已有160多人受到牵连。国务院办公厅早就下发过《关于控制城镇房屋拆迁规模、严格拆迁管理》的通知，要求制止和纠正城镇建设和房屋拆迁中存在的急功近利、盲目攀比的大拆大建行为。

"嘉禾拆迁案"

嘉禾拆迁中的问题经上访群众反映，传媒的监督，相关责任人均受到党纪法规的处理，及时纠正了政府的违法违纪行为。

（四）传媒反映人民心声

我国政府是人民的政府，必须坚持为人民服务，对人民负责。为此，政府必须了解民意、体察民情。而传媒就是搭建在政府与百姓之间的桥梁，通过传媒尤其是大众传媒能及时反映人民心声，维护人民权益。比如，2012年中秋、国庆双节期间，中央电视台新闻频道推出了《走基层访百姓心声》特别调查："幸福是什么？"并在《新闻联播》、《朝闻天下》、《新闻直播间》等多个栏目连续9天集中播出，切实反映群众心声，引起社会各界的广泛关注。可见，传媒也是人民的"传声器"。

二、政治环境影响媒介发展

传媒尤其是大众传媒的发展需要强大的物质、技术和社会环境。我国民主政治的进步，激发百姓参与政治生活的热情，积极表达个人诉求，探寻表达出口，从而推动传媒的发展。良好的政治环境建设还能为传媒的发展提供制度保障和政策支持。比如，有人把武昌起义后半年称为"报界的黄金时代"，这就与当时的政治环境密不可分。1912年以孙中山为首的南京临时政府通过立法手段建立与西方国家接轨的自由新闻体制，保障人民的言论出版自由权利，极大地推动了中国近代报刊事业的发展。

袁世凯窃取革命胜利果实，建立了封建军阀独裁统治后，为了巩固反动统治，他钳制新闻事业，出现震惊中外的"癸丑报灾"。这一时期被称为"报界的黑暗期"，严重阻碍了传媒的发展。

总之，有序、进步和充满民主氛围的政治环境是媒介良性发展的助推器，而无序、落后和充斥着专制色彩的政治环境则是媒介发展的一大障碍。

阅读材料："癸丑报灾"

1913年袁世凯巩固了对全国的统治后，首当其冲地对国民党系统的报刊和其他反袁报刊进行了大扫荡。京、津、鄂、广、湘等地的国民党报刊相继被查封，有的报刊主笔被捕，一些不能直接被查封的报刊，例如在租界内出版的，袁便禁止这些报

部分被查封报刊图

纸在租界外发行，迫使其停刊。还有一些报纸因言辞激烈，导致发行人被杀。更有甚者如《民立报》编辑救瘦蝉，仅仅因为写了一篇悼念宋教仁的挽联即被枪决。据统计，到1913年年底，全国继续出版的报纸只剩下139家，和民国元年的500家相比，锐减300多家，少了2/3，在这种血腥残酷的肃清中，中国新闻事业受到了前所未有的重创，民国初年报业的自由繁荣之景终如昙花一现，这段发生在农历癸丑年的新闻史，被命名为"癸丑报灾"。

三、滥用媒介消耗社会资源

媒介对政治是一把"双刃剑"。一方面，传媒的发展和广泛运用，迅速扩大政治参与者的规模，提高参与力度，公众适度使用媒介能为他们更好地参与政治生活服务。另一方面，如果公众滥用媒介，发布不良信息，易致事端频发，甚至影响政治稳定，导致社会发展失范。如小道消息的传播会影响政府的正常工作，特别是政府形象。政府在舆论面前，不得不随时辟谣，疲于应付，甚至消耗公共资源来化解危机。在国外，传媒常常被不同政见者用以对骂、揭短，散布政治谣言，进行政治煽动，诋毁甚至攻击政府，导致政治局面动荡不安。比如，被形象地称为"驴象之争"的美国总统大选。4年一届的美国总统选举中，传媒常常是民主党和共和党为争夺选民的主阵地，利用传媒拉开广告大战，其中一部分是攻击其他党派候选人的"抹黑"广告，另一部分是宣扬本党候选人的"贴金"广告。2004年两大政党在选战中用于"抹黑"广告的花销已达1.6亿美元，"贴金"广告花销为1700万美元左右。

阅读材料："驴象之争"

19世纪70年代，在美国的《哈波斯周刊》上，曾先后出现了政治漫画家托马斯·纳斯特的两幅画，分别以长耳朵的驴和长鼻子的象比拟美国民主党和共和党。后来，纳斯特又在一幅画中同时画进了象和驴，比喻当时的两党竞选。自那以后，驴和象就逐渐成为美国两大党的象征，两党也分别以驴、象作为党徽的标记。每到选举季节，海报和报纸铺天盖地是驴和象的"光辉形象"，竞选的会场上也时常出现充气塑料做的驴和象。驴象之争就成了美国政治竞选的形象描绘，也是美国两党制的喻词。

"驴象之争"

第二节　提升媒介素养，理性表达诉求

一、把握层次、循序渐进

中学生政治媒介素养是中学生政治素养与媒介素养的有机融合，是中学生借助一定的传播平台尤其是新媒体了解、辨别、接受、传播和生成信息特别是社会政治信息时，所需要的政治理论知识、政治思维能力和正确的政治立场。这一定义可以从以下三个层次来理解：第一层次是中学生借助传播平台尤其是新媒体了解政治信息，关注国家发展动态；第二层次是能理性对待传播平台上关于政治信息的各种评论，主动加以区分，选择接受正确的信息；第三层次是正确运用传播平台表达合理的政治诉求，为国家发展建言献策。这三个层次是一个由低级到高级的发展过程，第一层次是基础，第二层次是能力，第三层次是运用；从中学生现状看，第一层次参与人数最多，具有了解政治现象的热情，第三层次参与人数相对较少，需要具备较强的政治思维能力和正确的政治立场。传媒的普及速度和教育的发展趋势都将推动第三层次的发展。下面我们不妨来具体分析一下中学生三个层次的政治媒介素养：

（一）点击扫描好围观——多用眼看信息

中学生活泼好动，好奇心强，易于接受新事物，乐于关注新现象，了解社会新动态，他们是信息爆炸时代信息传播的新兴角色。手机持有者的低龄化和智能手机的发展，既为中学生关注社会创造了前所未有的便利，又对中学生心智发展产生了重大影响。越来越多的中学生从关注游戏冲关体验、明星追捧、八卦新闻转变到关注国家发展和国际交流上。校园课堂也不仅仅是要求文化知识的传授，还要求学生平时多看报纸、电视新闻，关注主流媒体的导向，了解国际国内的发展变化等。学生关注的信息层面往往丰富多样，诸如消费指数的变化、"北上广"的就业形势、国家政策和国际交流、延迟退休政策、官员财产申报制度、G20峰会等。但通过调查发现，很多学生处于浏览、围观状态，或发布一些无厘头的评论，对信息认识多停留在表象上，缺乏理性分析和深度思考，即更多的是用眼睛看信息。

知识链接：G20

G20

20国集团，又称 G20，它是一个国际经济合作论坛，于 1999 年 12 月 16 日在德国柏林成立，属于布雷顿森林体系框架内非正式对话的一种机制，由原八国集团以及其余十二个重要经济体组成。峰会旨在推动已工业化的发达国家和新兴市场国家之间就实质性问题进行开放及有建设性的讨论和研究，以寻求合作并促进国际金融稳定和经济的持续增长。按照以往惯例，国际货币基金组织与世界银行列席该组织的会议。2012 年 6 月，在墨西哥举行的 G20 峰会上，中国宣布支持并决定参与国际货币基金组织增资，数额为 430 亿美元。2015 年 11 月 14 日至 16 日，土耳其安塔利亚举行二十国集团领导人第十次峰会。2016 年 9 月 4 日至 5 日在中国浙江杭州举办二十国集团领导人第十一次峰会。

（二）分析判断重修复——多用心剖信息

传媒的发展尤其是自媒体的兴起最大限度地体现了公民的话语权，可以说人人都有麦克风，人人都是金话筒，人人都是记者也都是新闻传播者，人人都可以为自己代言。因此，面对一个政治现象可以迅速引发轰动效应，无数张看不见的嘴滔滔不绝，公说公有理，婆说婆有理。各种评论信息良莠不齐，这直接考验着参与者的知识储备、辨别真伪和情绪管理的能力。中学生自我意识膨胀，易冲动的心理特点更容易迷失在海量信息中。可喜的是在家庭和学校的双重指导下，不少中学生能运用自身的知识储备，理性分析政治现象和各种评论，辨别真伪，做出正确的判断，不盲从，不跟风，不乱传。并随着素养的不断提升更能修复自己的认知，真正达到用心剖析信息。

2012 年因钓鱼岛事件全国各地发生了多起抵制、砸毁日货事件。面对这种情况，中学生该怎样通过传媒表达爱国观点？"一个中学生应该怎样保护钓鱼岛"的大讨论在天涯论坛、凤凰网论坛和百度贴吧等知名论坛上悄然拉开。

阅读材料：保护钓鱼岛（以下评论摘自天涯论坛）

网友 1：好好学习，学好本领，报效祖国，抵制日货。

网友 2：不买日货，写篇文章，抒发感情。

网友 3：中学生啊，可以在课桌上刻画日本国旗，用圆规戳，每天戳一百遍！

网友 4：帅哥啊，不要想太多。你知道为什么有钓鱼岛问题？为什么香港保钓人士登岛？为什么抵制日货？为什么中国政府采用拖延的对策？都是被利益集团策划的，其中的关系太深，你不懂。还是好好读书才是真的。祝你学习进步。为你的爱国之心而感到高兴。

网友制作"保护钓鱼岛图"

网友 5：好好学习。少年强则国家强。

网友 6：多关注这方面的新闻，带动大家，让大家都加入到这个团体里来。相信是中国人都会加入，了解中日之间历史。但是，打砸日货等行为是坚决不可取的，那些都是咱中国人花钱买来的，砸坏了不就等于砸咱自己的东西？所以啊，理性爱国！

上述网友的评论，都表达了爱国情感，但有的感性冲动、无厘头，有的理性冷静，有的关注现象，有的分析入骨……通过冷静分析网友的观点并结合生活实际，明白爱国没有时间、地点和形式的限制，在平凡的岗位上，做好自己的本职工作也是爱国。

再比如媒体报道的"G20 杭州峰会傲娇的美国"，2016 年 9 月 4 日至 5 日在杭州举办二十国集团领导人第十一次峰会，外媒报道美国总统奥巴马抵达杭州时发生了一点小插曲。这一事件及相关信息迅速在各大网站推送，各方人士纷纷参与，有专家点评、与会人士分析、中国驻美记者的观点、国际关系学者的研究等，一时间杭州 G20 峰会的焦点都指向了傲娇的美国，美国的国际地位和中美关系也被扒了个彻底。发帖跟帖的民众不在少数，但和专业人士相比，民众表达更多的是感慨和愤怒，弹指间也泄露了冲动、鲁莽和不文明言辞，还有些知识性的错误和国际笑话。要能理性全面地认识这一现象需要关于 G20 峰会、国际礼仪和国际交流的知识储备，当然更少不了专家的分析和指导。经济全球化和互联网大大缩短了国家之间的心理距离，了解国际关系和一些国际规则，增长一些国际交流的知识，提升国际政治素养也是每一位中学必须面对的课题。

阅读材料： G20峰会奥巴马抵达杭州时的小插曲

奥巴马抵达杭州

G20峰会奥巴马抵达杭州当天，《华盛顿邮报》以一篇"奥巴马中国之行一开始便遭坎坷，反映出当前关系"为题的报道称，中方没有在奥巴马"通常出现"的"空军一号"舱门处安排舷梯。在停机坪处，白宫摄影记者在"通常的位置"准备拍摄奥巴马抵达镜头时，中方有人"叫喊着"让他们离开。一名白宫官员交涉说，"这是我们的总统和我们的飞机"。中方官员说，"这是我们的国家"；这名官员试图阻止美国总统国家安全事务助理赖斯及其副手罗兹走向飞机前部，中方官员还试图阻止12名美国记者进入习奥会现场。除此之外，《纽约时报》还报道中方不允许美国白宫记者加入随行官方车队等等。更有一些媒体断然做出中国"在混乱的欢迎仪式中"、"有意冷落"奥巴马的结论。

这个有关接待的插曲一定还有当事方的另一种版本。另一种说法是，中方当然为"空军一号"前舱门准备了舷梯车和红地毯，但美方助手抱怨舷梯车司机不会说英文，没法理解美方给出的安全指示，临时决定奥巴马由并不"通常"的机腹小金属舷梯门出机。尽管如此，中方还是从机腹小门外到奥巴马座驾处铺上了红毯。赖斯和罗兹遇阻一事是因为他们作为贵宾没有从"空军一号"前舷梯下机，而是从通常为工作人员使用的后舷梯下机，却又未事先通知中方。与双边访问的惯例不同，G20是一个多边国际会议，那些白宫记者团的记者们要遵守本次会议关于记者安检和记者用车的规矩，更不必说没有有效证件，是不能坚持进入各种近身采访场合的，否则便是违规。"国际规则"，这是近年来美国在教训中国时使用最多的词汇之一。然而，一些美国媒体炒作这一插曲的做派让人感到了几许虚伪和霸道，夹杂着偏见与成见的痼疾。

（三）建言献策话参与——多用智表主张

党的十六大提出建设社会主义民主政治、发展社会主义政治文明以来，我国人民参与社会建设的积极性空前高涨，这也为中学生积极参与政治生活营造了一种良好的社会氛围。电子政务的发展如雨后春笋，政府"双微"时代的到来都给中学生为政府建言献策提供了契机。中学生通过学习对我国的政治制度、政治建设、公民的权利和义务等都有一定程度的了解，他们有了参与政治的知识储备，同时大众传媒的普及又为他们及时了解社会现象提供了方便，为国家建设建言献策，表达政治诉求搭建了桥梁。

阅读材料：政府"双微"时代

2013年10月15日，国务院办公厅发布《关于进一步加强政府信息公开、回应社会关切、提升政府公信力的意见》，明确指出各地区、各部门应积极探索利用政务微博、微信等新媒体，及时发布各类权威政务信息，尤其是涉及公众重大关切的公共事件和政策法规方面的信息，充分利用新媒体的互动功能与公众进行交流。截至2014年9月，

政府微博微信

经腾讯微博平台认证的政务微博已超过180000个，其中党政机构微博115174个，党政官员微博69576个；经腾讯微信平台认证的政务微信已达到6000个。58家中央机构开通微博，29家中央机构开通微信。

"双微"联动，已成为网络政务的发展趋势。2013年，"雾霾"成为年度关键词。这一年的1月，4次雾霾过程笼罩30个省（区、市），在北京，仅有5天不是雾霾天。有报告显示，中国最大的500个城市中，只有不到1‰的城市达到世界卫生组织推荐的空气质量标准，与此同时，世界上污染最严重的10个城市有7个在中国。近年来"雾霾"这一社会问题引起了社会各界的共同关注，关注雾霾人人有责。2015年两会上，北京中学生提出的《减少雾霾天气建议案》备受与会代表的关注。

阅读材料：中学生提案治理雾霾

北京市月坛中学的高二学生李艾和同学李想、陆绯，提交的名为《减少雾霾天气，大力推广有利于环境质量提升的措施》的建议，再次得到了各方面的关注。全国人大代表和全国政协委员们也纷纷对该建议做出了高度评价，许多家长和学生也对针对她们的提案提出了看法。来自北京市化工附中的一名高中生表示，在网上看到这个新闻后，感觉很高兴。因为有像他一样

的高中生朋友，向两会代表委员叔叔阿姨们提出了这个保护环境的好措施，应该向她们学习。而且表示作为一名高中生，更要加入他们倡议环保的行列中，为环境保护贡献出力量。来自北京市北苑中学的一名高中生表示，她是从微博上收听到这个消息的，她觉得中学生是未来国家的主人，每一个人都有义务更有责任去保护身边的环境。在今后的生活中，自己更要注重环保，从一点一滴做起，并呼吁身边的同学、老师、家长一起去加入节能环保的队伍中来。

青少年既是当今信息时代的主角，更是国家建设的后备军，培养和提高中学生政治媒介素养是一项系统工程，需要家庭、学校和社会共同努力，需要从思想到行动，认识到实践逐步推进。

二、坚持原则、全面思考

在这个信息大爆炸的时代，人们既能通过新旧媒体迅速获得巨量信息并能及时传播信息，也能通过自媒体快速表达观点，老师、家长和学生都必须充分认识到这个时代特点。而具有一定的法律知识、人文精神和政治媒介素养是顺应时代发展的必备条件。认识指导行动，中学生只有具备了这些条件，才能更好地参加社会实践，才能透过现象认识本质，才能正确辨别各类信息并正确传播，优化整合线上线下资源信息，为社会尽责，为时代服务。基于此，中学生应强化两个认知：

（一）懂法守法

新媒体具有超强的开放性、及时性和互动性等特点，信息的传播者和内容都相当复杂。如果没有法律约束，极有可能出现混乱，甚至危害个人和国家利益。为此，国家已出台相关法律法规，不少于 20 部，比如《互联网信息服务管理办法》、《信息安全等级保护管理办法》、《电子认证服务密码管理办法》、《电信网络运行监督管理办法》、《互联网文化管理暂行规定》、《网络游戏管理暂行办法》、《互联网上网服务营业场所管理条例》、《中国互联网络域名注册暂行管理办法》等等。2013 年 9 月 9 日，《最高人民法院、最高人民检察院关于办理利用信息网络实施诽谤等刑事案件适用法律若干问题的解释》公布。这个共 10 条的司法解释，主要规定了八个方面的内容。该《解释》对利用网络诽谤他人构成诽谤罪的两个要件"捏造事实诽谤他人"、"情节严重"分别予以明确界定。《解释》规定"情节严重"的情形有："1. 同一诽谤信息实际被点击、浏览次数达到 5000 次以上，或者被转发次数达到 500 次以上的；2. 造成被害人或者其近亲属精神失常、自残、自杀等严重后果的；3. 两年内曾因诽谤受过行政处罚，又诽谤他人的……"在此前后，公安部门在打击网络谣言犯罪方面频频出手，重拳打击了包括"秦火火"、"立二拆四"、"网传高考试卷丢失案"等系列网络造谣传谣案在内的网络造谣传行为，引起了社会巨大反响。因此，中学生强化开展相关的法律法规教育活动，普及法律知识，增强法律意识，是十分必要的。要做到懂法守法，避免因无知给自己和他人甚至国家带来损害。

阅读材料： 网传高考试卷丢失

据了解，聊城三名男青年为了高回复率，2013 年 6 月 6 日晚 22 时 18 分、22 时 36 分，7 日中午 12 时许，在百度贴吧先后发表三个相同内容的帖子，帖子称捡到 2013 年高考全国卷综合试题。该信息发出后迅速传播，引起了社会关注。经查，该信息为虚假信息。警方很快锁定发帖人赵某、张某、邢某的踪迹。民警在香江大市场某网吧将正在上网的赵某传唤到网安大队。随后，另两名发帖人与 7 日全部到案。经查，发帖人赵某、张某、邢某对其网上发布虚假信息的违法行为供认不讳。8 日，东昌府警方根据《中华人民共和国治安管理处罚法》相关规定，依法对其处以行政拘留 5 日的处罚。

（二）全面思考

中学生在处理各种信息时一定要坚持原则、理性思考：

1. 权利与义务相统一

我国宪法规定："中华人民共和国公民有言论、出版、集会、结社、游行、示威的自由。"同时也规定："公民必须履行宪法和法律规定的义务，不得信谣传谣，在网上发布虚假信息，不得发布有损国家、集体和他人正当利益的言论。"因此，公民在利用开放性平台时既要增强权利意识又要树立义务意识，不能为了个人权利放弃应尽的义务。

2. 形式和内容相结合

中学生的身心特点让他们很容易关注事物的表象，容易被独特、新颖的形式吸引而忽视事物的内容和本质。因此，中学生在面对新媒体时不能只重形式或被形式欺骗，而应该坚持接受、传播、生成积极的，充满正能量的内容。

3. 从碎片化到体系化

传媒传播的大多是碎片化的信息，如果仅仅根据接触到的零散而肤浅的信息做出结论，势必会犯以偏概全，以点带面的错误。因此，一定要引导中学生善于整合信息，深入分析，形成体系，还原事物全貌，坚持从碎片化到体系化的原则。

知识链接：碎片化

"碎片化"（Fragmentation）一词，在20世纪80年代常见于"后现代主义"的有关研究文献中，原意是指完整的东西破成诸多零块。如今，"碎片化"已应用于政治学、经济学、社会学和传播学等多个不同领域中，代指零碎不完整。

三、顺应时代、意义重大

由美国引发继而席卷全球的"信息高速公路"，催生了通讯领域的大变革。美国一位专栏作家曾说："信息时代地球变平了，地球变小了，地球变热了。"意思是说，信息时代，地球上没有五大洲四大洋之分，没有高山峻岭、沟壑众横之别，信息传播路径一马平川，信息技术拉近了人们之间的距离，直径12756千米的地球已变成了一座小小的村庄——地球村。一条小小的信息可以瞬间传遍全球。作为人类特有的活动，政治具有很强的复杂性和敏感性，政治信息特别容易吸引眼球。

地球村

随着政治与信息技术的深度融合，人们就必须适应这一现状，改变传统的思维模式，丰富已有的知识，提升综合素质。政治媒介素养就是这个时代公民不可或缺的一种能力和素质。中学生要成为社会的一名合格公民，承担起国家和民族赋予的使命，就应未雨绸缪，积极学习，勇敢应对时代的挑战。近年来，越来越多的中学生通过传媒参与政治生活，社会影响也不断扩大，正体现了这一时代的发展趋势。

知识链接：信息高速公路

信息高速公路就是把信息的快速传输比喻为"高速公路"。所谓"信息高速公路"，就是一个高速度、大容量、多媒体的信息传输网络。其速度之快，比目前网络的传输速度高 1 万倍；其容量之

信息高速公路

大，一条信道就能传输大约 500 个电视频道或 50 万路电话。此外，信息来源、内容和形式也是多种多样的。网络用户可以在任何时间、任何地点以声音、数据、图像或影像等多媒体方式相互传递信息。

中学阶段是人生中知识储备的高速期，能力和素质培养的加速期，也是形成正确的世界观、人生观、价值观的关键期，更是由儿童向成人转变的过渡期。提高政治媒介素养能帮助中学生甄别各种政治信息，选择并运用有利于个人成长的积极信息，在分析、甄别、选择、接受和内化信息的过程中培养辨别真伪、善恶、荣辱的是非观念和能力，主动适应社会，促进自身健康成长。

今天的中学生是明天国家建设的主力军。梁启超先生在《少年中国说》中讲到："少年强则国强，少年智则国智，少年富则国富。"通过提高中学生的政治媒介素养，进一步激发他们参与政治的热情，借助媒介完善他们的知识体系，通过媒介从多角度了解政治信息和社会问题，并甄别、筛选、接受、内化信息，创造新信息。这些情感、知识和能力都是国家建设者必备的素养。因此，培养一代具有家国情怀、拥有丰富知识和处理复杂政治信息能力的建设者接班人，是我们民族复兴的关键所在，也是青少年责任担当的内在动力。

阅读材料：《少年中国说》节选

梁启超曰：造成今日之老大中国者，则中国老朽之冤业也；制出将来之少年中国者，则中国少年之责任也。使举国之少年而果为少年也，则吾中国为未来之国，其进步未可量也；使举国之少年而亦为老大也，则吾中国为过去之国，其渐亡可翘足而待也。故今日之责任，不在他人，而全在我少年。少年强则国强，少年智则国智，少年富则国富，少年独立则国独立，少年自由则国自由，少年进步则国进步，少年胜于欧洲，则国胜于欧洲，少年雄于

地球，则国雄于地球。美哉，我少年中国，与天不老！壮哉，我中国少年，与国无疆！

青少年心理尚未成熟，世界观、人生观和价值观正在形成中，他们易受所在集体和环境的影响。根据这一特点，应探索多种途径和渠道来提高其政治媒介素养，其中毋庸置疑学校是教育的主阵地。学校可以将专题报告、专业辅导与学科渗透教育相结合，坚持短期培训与常态化教育相结合，集中培训与个别辅导并行。在学校形成一种良好的媒介素养教育氛围，同时主流媒体、社区街道文化、家庭教育也要与学校教育保持高度一致，才能使教育效果最大化。

思考题：

1. 从"面对面"到"键对键"，"网络问政"提升了公民监督政府的热情和能力，你能举出"网络问政"的实例吗？

2. 请根据传媒的发展趋势，描绘一下未来人与人之间、政府与公民之间、国家与国家之间的关系？

第三章　媒介与经济

★彡　**内容提示**　☆ ★

　　媒介作为经济营销的重要载体，经过时代的变迁，从古时的飞鸽传书到现在电商时代，媒介在发展、在变化，呈现出越来越丰富、越来越现代化的趋势。媒介为经济发展助力，起着非常重要的作用，但在媒介的发展中也暴露出一些不可小觑的问题，需要同学们具有基本的辨别能力。

　　最早的媒介的主要用途是沟通，如今的媒介已经涉及了各行各业。互联网传播等新媒体发展带来了巨大的经济效益。经济离不开媒介的传播，媒介离不开经济的支撑。以日新月异的传播途径和渠道为推动力，媒介与经济都在不断前行。

　　20世纪80、90年代，当全球媒体市场正在不亦乐乎重组并购的时候，互联网悄然兴起并发生爆炸式的成长，而且在不经意间诞生出一支媒介经济中的新市场力量：网络媒体。市场变化来得如此之快，传统意义上的媒介经济正遭遇来自网络经济的挑战。媒介经济市场已不再仅仅是传统意义上的媒体组织和企业（传统媒体）的天下，新兴的基于互联网应用的媒体组织和企业（网络媒体）从此成为推动媒介经济发展的一支重要力量。随着互联网技术的发展，网络媒体也层出不穷，凭借其不断创新的商业模式，在自身不断完善发展的同时，也对传统媒体的生存与发展构成越来越大的威胁与挑战。我们不妨给媒介经济下一个简单的定义——指由媒体的信息传播活动所引发的相关经济活动和经济现象，那么，由互联网时代重构的信息传播活动以及网络媒体参与市场竞争所引发的相关经济活动和经济现象，我们称之为新媒介经济。

第一节　传统媒介与经济营销

　　传统媒介相对于近几年兴起的网络媒介而言的，传统的大众传播方式，即通过某种机械装置定期向社会公众发布信息或提供教育娱乐平台的媒体，主要包括报刊、通信、广播、电视等传统意义上的媒体。

　　媒介与经济的紧密关联很大程度上是通过广告实现的。在19世纪大众报纸诞生的最初日子里，它的创办人的商业动机便将它与广告结成了天然盟友，媒介与经济也从此密不可分。

　　20世纪，随着电子媒介的普及，人类社会的经济生活便步入了广告时代。20年前施拉姆曾假定：如果排除广告作用，电台、电视台将不复存在。这一假定道出了一个常识：媒体靠广告收入而生存。施拉姆的假定完全可以颠倒过来：如果失去媒介，广告也将不复存焉，广告一旦消失，我们无法想象现代经济活动包括企业经营计划的制订、公众消费行为的选择、跨国公司的海外市场开拓等会是怎样一种局面。广告一经诞生，便迅猛发展，迅速占据了各大传媒的显要位置。我们从可口可乐的广告变化就可见一斑。

　　阅读材料：从可口可乐看广告的发展

可口可乐广告

　　1940年美国造出了世界上第一台电视，并于1941年播放了第一条商业电视广告。也是世界上第一则电视广告。当时的电视广告内容十分简单，仅是一支宝路华的手表显示在一幅美国地图前面，并搭配了公司的口号旁白："美国以宝路华的时间运行！"这则广告宝路华仅仅花费9美元。广告不断发展走来，如今的广告费用再也不是9美元，以可口可乐公司为例，一百多年来，广告费投入年均达1.84亿美元。

　　大众传播媒介每一个重大发展带来了世界的重大变化，电子媒介的产生和发展给我们的社会生活带来了前所未有的变化，它影响着我们的经济行为，改变了我们的经营理念。它提高了信息的生产能力，使信息的传递更快捷、信息的获取更简单，从而发展了我们的经济，也丰富了我们的生活。20世纪国内家喻户晓，甚至走出国门，占领海外市场的海尔集团就是凭借强大的广告效应推动促进了企业的迅猛发展。

阅读材料：海尔的媒介广告

众所周知，一个成功的企业离不开成功的媒介广告。海尔集团作为中国市场上的电器龙头，长期以来保持着领头羊的姿态，广告起到十分重要的作用。纵观海尔的多则广告来看，海尔将创意、质量、生活、人性等多种元素融合，或创新的让人眼前一亮，或人性化的让人倍感温馨，达到了广告所追求的效果。海尔集团是中国大陆最大、也是世界上十大综合家电厂商之一。创立于

在报纸、广播、电视等媒介中的海尔形象广告

1984年，发家时主打产品是海尔冰箱，22年来持续稳定发展。目前在中国的市场占有率为第一，领先于西门子。2010年12月9日，世界权威市场调查机构欧睿国际（Euromonitor）发布的全球家用电器市场调查结果显示：海尔品牌在大型白色家用电器市场占有率为6.1%，名列全球第一。简单了解了海尔的发展史后，我们可以知道，一个小小的集体企业，从亏空147万发展到如今营业额超千亿元的世界四大白色家电制造商，这固然与求实务实的企业文化分不开，但是在竞争力如此强大的今天来看，如果没有优秀的广告起推动促进作用的话，海尔冰箱就会像放在橱窗里的展览品一样，静止而没有生机。

海尔的广告宣传在线观看-搜狗影视

爱奇艺 4:31	酷6 1:00	土豆 4:00	爱奇艺 6:55
【搞笑】海尔在泰国的广告 揭露一只……	海尔以旧换新广告宣传配音	多媒体动画广告宣传片 海尔国际信息……	海尔企业宣传广告——理念篇

查看全部视频>>

海尔广告宣传片

当然，广告之于消费者，甚至之于某些领域和群体，也是不可不信、不可全信的，不良企业利用广告欺骗消费者、欺骗大众和国家集体，造成巨大损失的，也屡屡出现；针锋相对的良知者也拿起媒体的武器进行着坚决的反击与斗争。2002年轰动一时的"蓝田股市事件"就是一个明证。

阅读材料：蓝田股市事件

2002年中国经济年度人物颁奖典礼上，一位儒雅、文静的女性知识分子走上颁奖台，她就是被称为"与神话较量的人"——中央财经大学财经研究所研究员刘姝威。她用区区600字，粉碎了一个股市帝国的神话！为国家挽回的经济和政治损失不可估量。刘姝威是在偶然的情况下，意外地卷入了后来震惊全国的"蓝田事件"的。自1996年上市以来，以5年间股本扩张了360倍的骄人成绩，创造了中国股市神话的蓝田，净营运资金已经下降到1.27亿元。也就是说："蓝田已经没有创造现金流量的能力了，它完全是依靠银行贷款维持生计。"由此，刘姝威得出结论：这是非常危险的，对蓝田危险，对银行更危险！（中国蓝田总公司始建于1980年7月，曾经在1998年抗洪救灾时，在中央电视台的新闻联播之后，斥资2亿元的费用，长时间地插播"野藕汁"、"野莲汁"的广告，给广大电视观众留下了深刻的印象。它仿佛是中国农业企业的典型，一个以养殖、饮料和旅游为主的企业。在不到10年间，它就创造了总资产规模增长近10倍，总资产达220亿元的奇迹。据说是有希望进军世界500强的大型企业。一个内地欠发达地区，以农副产品起家，且创造了不可思议的效益的企业，的确创造了中国农业的"动人神话"。）刘姝威，最后只有借助媒体的力量，公布了她长达2万多字的《蓝田之谜》，详尽剖析蓝田股份，彻底戳穿了虚假的"蓝田神话"。2002年，戏剧性的一幕拉开了，力量对比发生了微妙变化。刘姝威成为媒体聚焦的中心，得到了舆论的有力支持，蓝田事件彻底地曝光在世人眼前。因涉嫌提供虚假财务信息，蓝田公司的10名管理人员被拘传，生态农业（原蓝田股份）被强制停牌，随后，蓝田股份有限公司的起诉被法院驳回。一个文弱、普通的知识女性，面对前所没有的恶势力，她不可能不害怕、不悲伤、不委屈。但是，处于背水一战的刘姝威还有一个信念支撑——那就是当国家利益受到侵犯时，一个学者应有的良知和责任与义务。

第二节　新媒介与经济营销
——"电商时代"的到来

新媒体是有别于传统媒体，在新的技术支撑体系下出现的媒体形态，如数字杂志、数字报纸、数字广播、手机短信、移动电视、网络、桌面视窗、数字电视、数字电影、触摸媒体等。

其催生的典型新媒体经济是：个人网站、企业网站、门户网站、政府网站、各大官方微博、名人微博、博客等。

举个很简单的例子，帮助大家理解下新媒体经济。在旧媒体时代想在媒体上打广告发布自己的信息，都是需要花钱的。而在新媒体传播技术的支持下，各大机构，企业甚至是政府、个人都能利用这些新媒体传播来宣传自己，推广自己，扩大影响，开拓市场。这些都是在新媒体的平台上免费自己能够完成的。这些广告也成为多少人、多少集体止不住的"诱惑"，进而通过新媒体完成交易，催生了电子商务，进入了"电商时代"。

现如今我们已然进入了电商时代。什么是"电商"？"电商"是"电子商务"的简称。电子商务是以信息网络技术为手段，以商品交换为中心的商务活动；也可理解为在互联网、企业内部网和增值网上以电子交易方式进行交易活动和相关服务的活动，是传统商业活动各环节的电子化、网络化、信息化。

一、网络营销之"微商"

网络营销是电子商务的一种产物，也就是我们日常所见的，如快捷支付、网上购物、微信营销等，都属于电商范畴。"微商"营销正是一种越来越深入人们生活的便利方式。

微商，英文名称 WeChat Business。其作用是基于微信生态的社会化分销模式。它是企业或者个人基于社会化媒体开店的新型电商，从模式上来说主要分为两种：基于微信公众号的微商称为 B2C 微商，基于朋友圈开店的称为 C2C 微商。微商和淘宝一样，有天猫平台（B2C 微商）也有淘宝集市（C2C 微商）。所不同的是微商基于微信"连接一切"的能力，实现商品的社交分享、熟人推荐与朋友圈展示。从微商的流程来说，微商主要由基础完善的交易平台、营销插件、分销体系以及个人端分享推广微客四个流程组成。现在已从一件代发逐渐发展成服务行业自己存货自己发，有等级的区分，等级越高利润越大。

微商作为一种新兴的新媒体营销方式，方兴未艾，势头强劲，横扫各阶层、各领域网民。对于这种新兴新媒体营销方式，同学们，你们了解多少呢？让我们一起来看看微商的现状吧。

阅读材料：微商的现状

微信招代理的广告

近年来微信营销开始兴起，我们不禁感慨微信的朋友圈真的变成了购物圈了吗？朋友圈充斥了各种广告，卖面膜、卖奶粉、卖小吃、卖衣服，生活的方方面面，只要你能想得到它都有。甚至作为微信营销的产生物，有很多人的职业都是微信代理。他们的工作就是不断地刷屏推销所卖的产品。一定程度上方便了我们的生活，却也令我们苦恼着：满屏的广告、假货的充斥，甚至是不断打扰我们的生活。

依托媒介发展起来的微商日益壮大，越来越多的商家在微信里卖东西。为什么选择微信这个平台呢？无非是以下几个原因：

（一）代购带来的便利和多样性备受青睐

选微信的朋友圈中的代购有的是个人直接代购，国外的商品因为一些税收的原因或是因为汇率，使价格上会有优惠，还有一些国外比较畅销的商品国内没有售卖，所以代购的确方便了我们的生活，节约了时间和金钱，方便快捷的买到我们所需，并且从代购中我们可以把握一些流行的动向，非常适合现在比较快节奏的生活。

（二）微商中依托个人信任带来的商机

媒介中发展起来的一部分经济，有些甚至是熟人经济。例如朋友圈一般是熟人，彼此的信任度很高，基于信任的交易发生频繁，商机满满。即使在买卖的过程中出了问题也很好解决，当然，不断存在的质量问题甚至是安全隐患也给微商发展带来不少隐患和阻碍。而这些质量问题甚至是安全隐患常常因为抹不开面子被熟人们慢慢消化了。

（三）时间成本有明显优势

对于大多数人来说，一天刷朋友圈的时间多逛淘宝的时间多还是去实体店购物的时间多？毫无疑问当然是前者，所以在朋友圈中推送的商品得到了更多的关注度，仅是每天刷屏并保持优质的刷屏内容，在朋友圈的营销无疑是一种洗脑，久而久之就会发现总有一款适合自己的商品。很多人都说一开始想屏蔽的东西，发展到最后甚至考虑要不要买；同时，相同的时间在网上浏览、比较、选定购买的商品往往大大多于逛实体店购买的商品。媒介带来了沟通和商机。

（四）媒介的覆盖面广的优势无可匹敌

在营销学有一个定律，就是用户数量决定营销效果，而事实的确如此，微信 6 亿的注册用户，每天 3 亿的活跃量，并不是每个软件都有这项优势。哪个企业或营销推送人员能不为之心动呢？媒介就像一个拿着金碗乞讨的孩子，让谁都觊觎他的价值。

（五）营销成本低

成本低？我甚至可以说是免费。就微信软件本身的使用是免费的，它产生的费用只有流量费用，而且微信账号注册都十分容易，打造属于自己的品牌符号，可以在微信上塑造成自己期许的形象。并在微信平台上实现和特定群体的文字、图片、语音的全方位沟通、互动。基本上不需要什么费用。那么，通过微信开展的微信营销活动的成本自然也是非常低的。微信支付十分快捷，相比起淘宝更快捷，操作也更为简单，淘宝开店需要身份注册，还需要一定的押金，而微信只需要一个微信号，并且设定一个微信号没有任何成本。虽然只是媒介带来经济效益的冰山一角。但随着新媒体的发展势头，所带来的效益将是现在的我们都无法预料的。

（六）营销定位准确

微信营销的定位准确包括两方面，第一包括微信此款软件本身具有定位功能（LBS 基于位置服务）[①]，所以第一方面就是它可以在空间上定位比较准确的用户位置，比如根据用户的地理位置可以知道用户本身具有的一些特点，二是销售的同时根据微信好友的年龄、性别、购买能力进行准确的营销定位，可以根据用户决定卖的商品。

（七）营销方式多样生动

微信营销无论是相对于传统媒体还是新媒体营销，微信营销方式则更加多元，微信添加好友的功能有摇一摇，漂流瓶，附近的人，二维码，朋友圈

[①] 基于位置的服务，它是通过电信移动运营商的无线电通讯网络（如 GSM 网、CDMA 网）或外部定位方式（如 GPS）获取移动终端用户的位置信息（地理坐标，或大地坐标），在地理信息系统（外语缩写：GIS；外语全称：Geographic Information System）平台的支持下，为用户提供相应服务的一种增值业务。

等，每一种增加好友的方式都是一种推广也是一种营销的方式。不仅拉近和用户的距离，使营销活动变得更加生动，也是营销的方式更加多元化。例如：随着近些年媒介传播的多样化，直播如雨后春笋一般，带来的经济效益不可小觑。

（八）营销形式亲民利民

微信营销最大的优点是亲民而不扰民，微信用户在接受信息的同时可以根据自己的意愿选择接受与否，微博公众用户每天只能群发一次消息，一次最多八条，而微信却完全没有限制，有着无法比拟的优越性，同时也给用户带来了更大的选择空间。

（九）用户购买者的真实性

无论是微博还是博客里面的粉丝中存在着太多的无关粉丝，很多粉丝甚至属于休眠状态，他们并不是真正的消费群体，微信中用户群都是真实存在并且是有价值的用户群。而现在实体店也是如此，依托新媒体及媒介的发展，实体店迎来了新时代的转型——微信支付、线上营销、微信推广等方式，不仅丰富了购物者的购物体验，方便人们的日常生活，也为实体店聚集了大量有价值的用户，电商时代也在改变着我们的传统生活。

二、网红背后的经济效益

"网红"是"网络红人"的简称。"网络红人"是指在现实或者网络生活中因为某个事件或者某个行为而被网民关注从而走红的人。他们的走红皆因为自身的某种特质在网络作用下被放大，与网民的审美、审丑、娱乐、刺激、偷窥、臆想以及看客等心理相契合，有意或无意间受到网络世界的追捧，成为"网络红人"。因此，"网络红人"的产生不是自发的，而是网络媒介环境下，网络红人、网络推手、传统媒体以及受众心理需求等利益共同体综合作用下的结果。

其实网红并不是全新的概念。此前，以芙蓉姐姐、犀利哥、凤姐等为代表的一代网红，就曾经引起所谓的眼球经济，只是当时并没有被挖掘出更多的商业金钱价值。而现今，随着移动互联网时代的到来，网红步入了全新的阶段。有评论认为他们具有较高的传播效率，以及极强的营销价值和品牌传播杠杆，网红经济已经成为一种经济现象。

根据百度百科的解释，网红经济是以一位年轻貌美的时尚达人为形象代表，以红人的品位和眼光为主导，进行选款和视觉推广，在社交媒体上聚集人气，依托庞大的粉丝群体进行定向营销，从而将粉丝转化为购买力。

让我们来看看网红们的巨大能量。

阅读材料：2016 年第一网红

还记得她吗？网红届的一股清流，就是这个说自己是集美貌与智慧于一身的女子。生活中是一名中央戏剧学院导演系学生。以毒舌幽默的风格成为网红界的最大惊喜，网络评价为"2016 年第一网红"。深受广大网友的追捧。2016年 4 月 21 日，papi 酱的网络视频广告

papi 酱在直播

贴片招标会召开，拍卖最终以 2200 万竞拍成功，拍卖所获得的净收入全部捐给母校中央戏曲学院。

虽说这笔收益的去向是题外话，但是网红背后的经济效益，冰山一角已经令人瞠目。在自媒体时代，"网红"选择"BAT"① 旗下的核心产品"帝国"中行走，打造专属锥子脸；而如今，在互联网＋时代，"帝国"开始接手"网红"，孵化无数张"锥子脸"——"网红经济"的概念由此而生。

网红这种新业态才刚刚起步，但它到底能走多久、走多远，除了取决于其内在的发展逻辑外，也取决于其在整个社会精神文化领域的角色定位。从这个角度说，这个商业链条需要一次及时的道德校准和净化，相应的监管机制也亟须建立。

三、实体店的"电商时代"

传统实体店受到网络经济的巨大冲击，左冲右突，举步维艰，它们也在寻求改变与突破，积极引入网络营销，拓宽销售渠道，这些变化给消费者带来便利与便捷，很大程度上缓解了新媒体经济的冲击。其中，遍地开花、深入到居民生活各个角落的红旗超市就是一个典型，积极革新，跟上日新月异

---

① 指百度、淘宝和腾讯。

的科技与新媒体的步伐，多品种、多方位的销售方式和销售项目的创新，使红旗超市历久弥坚，在市场经济的战场上越战越勇。

阅读材料：红旗超市也在悄然改变，它加入了快捷支付、充公交卡等许多便民服务。

传统便利店以距离近为特点，定位准确，一直是个很大的市场，红旗连锁是成都发展起来的商业连锁企业。媒介发展的今天传统便利店红旗也逐渐在转型，所涉及的业务包括时下最热门的电子商务。务实线下根基的同时，也利用媒介开展一些便民服务，公交卡充值服务本身不赚钱，但是能大幅度增加成交机会。精细的服务不仅能够提高社区居民的体验以及黏性，使得社区便利店成为社区居民的"小助理"。创造出潜在的经济效益。媒介在我们的生活上已经发生着潜在的变化。一时间仿佛各行各业都能在争相乘坐上媒介这艘快艇，电商不只是淘宝京东。如今我们买菜买水果的基本日常都能从网上解决，媒介给生活带来了无限的商机。

四、电子商务版图在不断扩张

阅读材料：淘宝村的诞生

江苏省睢宁县沙集镇东风村原本是一个以收废品为主的穷村，被戏称为"破烂村"。2006年3月，80后孙寒辞去移动公司客服经理工作，回到东风村开起了网店，他把手头积攒的30张面值100元的充值卡，以每张95元的价格挂在淘宝网上，"没想到一个晚上就卖光了"。之后，村民纷纷效仿孙寒，开起了网店，一跃成为睢宁县名噪一时的"明星村"：1180户，经营2000多个网店，几年来交易额已突破10亿元。

江苏省睢宁县沙集镇东风村

东风村的成功说明，网络与媒介沟通区域间的联系，也带去商机。一些闭塞的村庄因为网络改变生活甚至是命运。像材料中只要能够培养出千千万万个孙寒似的媒介明白人，"无中生有"出一个产业、形成完整的产业链，使农民就地城镇化，过上城镇生活，并非遥不可及。江苏省丰县的实践同样证明了这个道理。

几年前，丰县先后创办了"中华果都网"、"唐安果园网"等，吸引了大量农户加入，先后与全国几十个省的客商建立了长期的供货关系，特别是由农民唐怀海创办的"唐安果园网"几年累计销售果品两千余吨，成为丰县赫赫有名的网络致富能手，起到了极好的示范作用。农村城镇化、农民市民化渠道多元，需要的样板也必须多样，因此，各地应该积极培养、及时发现不同类型的好典型，加以总结推广，形成示范效应。

电子商务不断发展。但是如果仔细地观察会发现，能够一直发展下去的必然是那些真正认识到电子商务本质，从运营理念、产品开发、到客户服务都做到了位的店铺才能长青。

五、大数据时代到来

最早提出"大数据"时代到来的是全球知名咨询公司麦肯锡，麦肯锡全球研究所给"大数据"的定义是：一种规模大到在获取、存储、管理、分析方面大大超出了传统数据库软件工具能力范围的数据集合。麦肯锡称："数据，已经渗透到当今每一个行业和业务职能领域，成为重要的生产因素。人们对于海量数据的挖掘和运用，预示着新一波生产率增长和消费者盈余浪潮的到来。""大数据"在物理学、生物学、环境生态学等领域以及军事、金融、通讯等行业存在已有时日，却因为近年来互联网和信息行业的发展而引起人们关注。

大数据产业正在成为新的经济增长点，将对未来信息产业格局产生重要影响。当企业的信息不再是一座孤岛，那么企业就不会对海量的数据束手无策，很多时候当企业想办法将一座信息孤岛打破的时候，又一座信息孤岛又产生了，大数据技术的发展，将帮助企业负担起处理这些数据的重要任务，想要将数据转化为企业的业务需求，建造数据的相关性是不可缺少的。对于数据的理解，将数据作为企业资产的一部分，数据有可能帮助企业找到新的收入来源，数据分析的过程不仅仅是一个数据处理的过程，在数据分析的过程中还是要建立科学的数据分析文化。当然，大数据是把双刃剑，只有正确运用，才能发挥积极作用。

阅读材料：大数据时代的正能量与负能量

大数据时代的宣传图片

一个女孩的怀孕除了她自己，有可能最先知道的是淘宝。原因是这样，根据她消费的产品我们可以判断一些这个消费者的属性，从而了解她的喜好、消费习惯甚至是最近的生活。众多商家可以搜集到这些资料从而针对所需提供相应服务。不过这个行业在发展阶段，很多都在杂乱生长。比如当你买家具留下的电话，接下来半年中你可能被疯狂的家具推销电话而困扰。

大数据时代说白了还是离不开媒介，有人曾简单地解释大数据到底是什么——在海量信息中筛选自己需要的信息，并加以分析利用。但是大数据时代已然来了，不好好利用有可能会被时代淘汰。

大数据和经济相辅相成的成长是必然的。经济增长方式是"生产要素的分配、投入、组合和使用的方式"。经济发展方式的内容比经济增长方式更加丰富，既关注经济增长速度、经济增长的效率和稳定性，还关注收入分配、创新能力、资源利用与生态环境等方面的内容。大数据时代新生产要素的加入，改变了生产要素的格局，同时依托互联网，延展了资源配置的平台，改变了传统资源的投入、组合和使用方式，加快了经济增长方式向集约化转变的步伐，也促进了经济发展方式的转变。

第三节　媒介与经济关系的未来探析

随着计算机网络与新技术的发展与运用，互联网这一强势媒体逐渐进入人们的日常生活并取代了其他媒体的某些功能，它更加迅速及时，方便快捷，信息量更加充足，使用起来更加方便，并且与受众的双向交流更强。这样使得传统媒体市场遭受侵蚀，当今的媒体市场的竞争结果出现"大者恒大，小者恒小"的马太效应。但传统媒介短时间内不会消亡。就从报纸、广播、电视、互联网、手机这五大主要媒介在未来媒介格局中的地位来说，未来媒介格局呈现这样一种新局面，报纸、广播这些弱势媒体在应对互联网强大攻势的同时，只能通过整合利用这些新生资源来走出自己的特色发展道路，在未来媒介格局中占得一席之地，而电视媒体在一定时期内依然是最具号召力，覆盖面最广的强势媒体，互联网保持强劲势头的同时也要面临稚嫩"新生"的挑战，手机作为信息终端被使用，将在未来市场上占据重要地位。

由此，未来的媒介格局以及媒介与经济的关系仍然存在着一些未知因素。

一、传统媒介会不会没落

关于这个问题其实有两个问号。传统媒介在没落吗？肯定有同意的声音。举例说明，现在还有多少人在看纸质报纸？还有一个问号是传统媒介还能带来经济效益吗？首先传统媒介在转型，它们在紧跟时代的步伐。拿电视举例，电视现在拥有云端、网络等等。他们在保留传统媒体的舒适度的同时也在融入时代的意义。舒适度？比如同样追一部剧有人会倾向于电视，因为电视屏幕大，看着舒服，也因为多年的习惯。电子书和纸质书，有人会选择纸质书，因为它所带来的纸张体验是电子屏幕无法给的。所以传统媒体在保留原有优势的基础上不断转型，有很大的发展空间与前景。

说回报纸，报纸首先得承认它的阅读人数肯定与它发展巅峰时刻没法再比了。政府事业单位还都是报纸的阅读群体。读者数量减少的同时，读者的素质和知识水平却没有在降低。报纸将来甚至可以成为一种高端消费品。就如曾经的黑胶唱片一样，很多人曾觉得它会消失，但如今的黑胶唱片小众而又高端。所以报纸将来会成为一种奢侈品也不是全无可能。虽然未来的事难以预测。但是传统媒介在转型这是有目共睹的。而且也因媒介的冲击不断优化。

总之，经济发展是媒介传播的催化剂和推进器，决定着媒介传播的技术手段和传播水平。而媒介传播反过来又会推动经济的交流能力和影响力，促进经济的快速发展。传统媒介将会在转型突破中走出一条新的路径。

二、新媒体传播在促进经济发展的同时会带来哪些问题

现如今，新媒体在为我们带来讯息便捷的同时也将风险与挑战留给了全社会。在新媒体环境下，负面信息通过世界范围的数据库充斥网络平台，虚

假低俗信息以及侵权等行为的广泛传播，严重影响着新媒体的健康发展。因此，必须采取有效对策，完善法律机制，规范市场秩序，建立起良性发展模式，从而积极引导新媒体健康发展，为构建社会主义和谐社会服务。

作为一种依托数字技术平台进行传播的现代化媒介，新媒体仅用了数十年的时间便获得了传统媒体近百年才慢慢拥有的受众。也正是这样的发展速度，在为我们带来信息便捷的同时，也产生了不少新的问题。而这些问题所产生的负面作用，随着新媒体的广泛传播，也变得不容忽视。我们以微商营销为例就可以看到其严重性。

（一）售后服务产品保障与维权难以落实

因为微信代购大部分都不是直接代理，是通过一级一级代理，连接了货源与客户，所以当商品出现问题追寻货源就十分不易，当商品是假货或是质量有问题，维权就十分艰难，因为微信整个交易过程并没有任何保障。微信的营销如果想要更为正规必须是一个有始有终的销售链条。这一现象，也见诸其他网购平台，如淘宝、京东等，产品售后服务的质量，取决于卖家的信用，而非制度，买家维权十分艰难。

防范建议：对于贵重物品最好在线下购买，或选取信用较高的网店，如天猫专卖店等。

（二）支付及信息安全存在风险

瑞星公司发布了《2016 年上半年中国信息安全报告》，对 2016 年 1 月至 6 月的病毒、恶意网址、移动互联网及企业信息安全做了详细的分析，并对下半年的信息安全趋势做出了预测。数据显示，上半年，瑞星"云安全"系统共截获病毒样本 2312 万个，病毒总体数量比去年同期上涨 20.17%。安全专家表示，无论是国家、还是企业、甚至是个人都正在遭受数据泄露的风险，数据泄露问题应该得到每一个人的高度重视。报告期内，截获手机病毒样本 198 万个，与 2015 年同期相比暴涨了 155.15%。据瑞星分析显示，28% 的移动用户支付环境存在风险，其中最主要风险是连接了不安全的 WiFi。

防范建议：在不安全的 WiFi 下，不要进行线上支付，定期对手机电脑进行杀毒。

（三）大量垃圾信息可能导致微信功能失效，经济效益受损

微信的阅读环境相比起微博比较私密，频繁推送的商品信息就是一种信息垃圾，会让人难以接受，反感，甚至被屏蔽，达不到任何的营销效果，当用户一打开软件被各种商品信息刷屏的时候，微信这款软件将何去何从，如果有一天打开微信的朋友圈变成生意圈，微信就不再是一款交友通讯软件。微信本身的隐私性的保护使它的互动感降低，只有共同好友才能看到，但是对于微信营销来说，每个互动都是顾客渴望看到的。

（四）税收问题

以海外代购为例，如果是海外进行代购，怎样合理纳税？如果不进行纳税，属于走私，触犯法律。非海外代购的普通的商品交易也常常不纳税，这是否会扰乱正常的交易市场，令人担忧。

（五）个人隐私安全存在隐患

注册不需要实名制，用户无法对其他用户有真实的了解，但是网上的交易时很容易泄露出自己的相关信息，很多网络诈骗也根据微信存在的安全问题进行网络诈骗，而且很多手机软件可以定位，用户所在的位置也比较容易泄露，手机维码的扫描比较方便，但同时容易一些诈骗信息也容易传播。

防范建议：当亲人朋友问你借钱时，需要给对方打电话确认，以防对方账户被窃取。

（六）"大"不重视，"小"不正规

我们不难发现很多知名商家企业并没有把微信营销作为主要的推广宣传方式，他们并没有重视起这个营销平台，很多企业都有微信的公众号，但是却没有真正的实质性的信息发布，很多大型企业和商家的微信公众号都属于半沉睡状态。而微信营销中真正活跃的反而是一些小的商家，他们虽然充分利用这个平台却没有正规化。从而使微信营销也很多漏洞，这说明新媒体营销也还在探索阶段，新媒体营销仍在路上。而成长就是一条不断出错的路。

（七）信息传播有阻碍

每种媒介的传播都有自己的局限性。由于受众群不同，对于小范围的精准营销还应付得过来，大范围的精准营销，就会因为缺乏网络体系而难以应对。新媒体的面对人群相对年轻，传统媒体也在渗透，媒介信息传播阻碍重重。

三、未来的发展前景

总的来说，每种媒介都有其优点和暂时无法克服的局限，各媒介既竞争又合作。互联网等新技术的发展促使传统媒介改变自身适应发展，利用这一新媒介提升自身。传统媒介与新媒介从这种共存到蜕变再到新生将成为媒介发展的态势。因此未来媒介发展格局将呈现互相融合又独立的多功能一体化趋势。

（一）商业化体系进一步完善

微信计划在 2015 年 4 月下旬 5 月上旬，让所有经过微信认证的公众账号全部可以自助申请加入，从而成为流量方；这样使许多符合备件的广告能自主进行投放，微信广告自助平台的上线将意味着微信内商业化体系的基本框架出炉在即。目前，微信内公众号已超过 200 万；3.55 亿的微信用户包括国内微信用户和海外的 WeChat 用户。这将足以说明微信营销的发展前景不可估计。

（二）物联网时代的线上营销

物联网时代的到来，意味着用户不出门、只通过手机接入物联网就可以订购任何商品，从而进行买卖交易活动。企业可以通过媒介完成用户使用产品的调研、一线讯息的发布、大数据下的分析用户的购买特点、获知有价值的用户信息等等，企业进行自我完善并且根据用户喜好开发出最受欢迎的产品。

（三）媒介让经济更国际化

微信、网购平台等让中国互联网产品的知名度得到了显著的提高。互联网虽说在理论上沟通了世界，但其实互联网本身却有本土化的特点，中国产品经常无法适应国际市场，中国的一些游戏和应用软件很难走向国际的市场。但是近年来，中国社交媒体平台的快速发展，日趋国际化，使之有望塑造全球社交媒体的未来。

微信除了收取流量费用其余几乎都是完全免费的，微信营销是拓宽营销的渠道，无论是对大型企业还是小型企业或者个人。很多企业并没有认识到新媒体时代下的营销方式在以一种势不可挡的方式在发展。这对企业来说是一辆营销的免费班车。这需要企业和个人对新媒体发展的目前局势和未来前景的定夺。微信广告自助平台的上线同时将要求公众平台账户进行充值才能投放与管理广告，意味着收费门槛的架设。再者，微信不仅扼杀了电信运营商的大量通话收入，而且更加可能会威胁到传统运营商的地位，必然导致微信最终成为收费平台。试图进入微信平台的企业，应当把握良机，为自身产品和品牌提供良好便利的营销服务，而不是等到全面收费的微信再行动。但是不得不说新媒体迅速发展的今天，微信找到了商业的本质，用互联网为用户创造了价值，也希望新媒体时代的到来，让新媒体营销更正规、更健康的发展。营销如果不顾用户感受，强行推送各种不吸引人的广告信息，会引发用户的反感，让商家与客户回归最真诚的人际沟通才是营销的王道。

（四）媒介的评分让人们对陌生人产生信任

2015 年 1 月 5 日，中国人民银行发布了允许 8 家机构进行个人征信业务准备工作的通知，被视为是中国个人征信体系有望向商业机构开闸的信号，腾讯征信、芝麻信用等位列其中。芝麻信用，是蚂蚁金服旗下独立的第三方征信机构，通过云计算、机器学习等技术客观呈现个人的信用状况，已经在信用卡、消费金融、融资租赁、酒店、租房、出行、婚恋、分类信息、学生服务、公共事业服务等上百个场景为用户、商户提供信用服务。该措施的推广，使得双方在交易过程中，可以通过查询对方信用积分，获取交易方金钱信用等级，从而避免受到欺骗。这对于人际交往间的信任度提升有莫大帮助，尤其是陌生人之间产生信任的媒介和催化剂。

思考题：

1. 媒介对于经济的发展会不会使实体经济完全退出舞台？
2. 谈一谈电商对你生活的影响。

参考文献：

［1］贾文艺，张建华．新经济条件下网络营销的多层次创新［J］．商业时代，2013（25）．

［2］党昊祺．从传播学角度解构微信的信息传播模式［J］．东南传播，2012（7）．

［3］保罗·莱文森，何道宽译．新新媒介［M］．上海：复旦大学出版社，2011．

［4］赵黎．玩转微信实用攻略：史上第一本微信营销实战指南［M］．北京：石油工业出版社，2013．

［5］覃凯．微信在企业营销中的利弊［J］．新营销，2012．

［6］王利影．浅谈微信营销优势及发展前景［J］．理论，2013（9）．

第四章　媒介与教育

内容提示

媒介与教育关系密切，媒介的变革推动教育手段的多样化与生动化。特别是进入互联网时代以来，自媒体下的移动学习、在线学习的兴起、大数据与智慧课堂等在课堂教育中的应用，深深影响着教育与学习方式的转变。

媒介与教育密不可分，从语言、文字的出现，造纸术、印刷术的发明，广播、电视的使用，再到计算机、网络在教育中的普及，媒介的变革促进了教育的发展。随着时代进步与社会发展，在教育教学活动中可供选择的媒介越来越多，每一种媒介都有其自身的优势与不足，无论现代教育媒介还是传统教育媒介，都可以做到与教育有机结合。媒介在教育中能否发挥好作用，关键是看媒介使用与教育内容、教育组织形式、受教育者的个性特征是否吻合。

第一节　媒介发展与教育手段的革新

一、语言为主要媒介的教育阶段

在人类产生之初，人类的生存环境异常恶劣。个人的能力在恶劣的大自然面前显得微不足道，人们不得不选择群居生活。在人与人的交往过程中，人们不得不进行交流和沟通，不得不选择一种表达意见、交换思想、交流信息的工具。在不断的发展演变中，经过漫长的岁月，语言便逐步产生了。

语言的产生推动了教育的出现。人们通过教育活动使人类的生产生活经验和生活常识技巧等得以传承。在这一阶段，语言既是交流的工具，也是一种重要的教育手段与教育内容。时至今日，语言仍然是一切教育内容的主要载体。因此，语言可谓是人类教育的第一媒介。人类也通过教育活动，创造、丰富、发展了语言，形成了种类繁多的语言派别与体系。

语言具有即时性与交互性，但语言又像气体，它所传递的教育信息会随着人的死亡而丧失。同时，教学活动会受到时间和空间的限制，使得教学必须在有限的时间和空间中进行。以语言为主要媒介的时期，使用最多的教学方法是灌输，学习方法主要是靠记忆。

二、文字的产生及对教育的影响

语言的致命弱点，使得人类必须找到一种能够更加长久、不受人类死亡而导致信息消亡的信息传承方式。经过人类长时间的艰苦探索，经过物件记事、结绳记事、刻画记事和图画记事等记录信息的演进，人类发明了文字。

文字是人类的重大发明。文字的发明加快了人类社会进步的速度，人类逐步进入文明社会，人类悠久的文明、灿烂的文化得以保留和传承。文字的出现促进了人类的交流，扩大了人类交往的范围，丰富了人的精神世界，促进了教育、艺术的发展。

文字是人类教育的第二媒介，在教育活动中必不可少。文字的发明，为记载和传递教育内容提供了工具，进一步推动了教育现象和教育活动的出现，推动了学校和教师的出现，教育逐步从生产生活中分离出来，形成独立的社会形态，教育逐步正规化。文字的出现使得人类的生产生活经验不再依靠单纯的记忆，教学方式和学习方式发生了一定的变化；同时文字打破了声音传播的时间和空间限制，使得教育活动的时空范围得到扩大。

三、造纸术、印刷术的出现及对教育的影响

著名教育家苏霍姆林斯基曾说过：学校首先就是书。但现代意义上的书，其实是在造纸术和印刷术出现之后才有的。

文字出现以后，社会和学校逐渐出现了当时的"书籍"——简牍或帛书。简牍的制作过程非常复杂，不便于携带和保持；帛书成本很高，普通人用不起，一经书写不便修改。这些弊端，都阻碍了知识的传播，一定程度上

阻碍了社会的发展步伐。这与人类社会不断地创造知识，不断累积人类文化产生了矛盾。为了解决需求与满足之间的矛盾，人类不断艰苦地探索，一是简化文字，使得便于记录和识别；二是寻找更加适合书写的载体，使得便于制作、携带和保存。

我国东汉时期的科学家蔡伦（公元 61 年—121 年）在总结前人经验的基础上，改进造纸工艺，采用树皮，碎布（麻布），麻头，渔网等为原料制成了质优价廉，便于书写的和保存、质地较细的植物纤维纸。造纸术是我国古代四大发明之一，它的发明大大促进了科学文化的交流与传播，对世界历史发展进程有着深远的影响。

印刷术发明之前，文化的传播主要靠手抄的书籍。手抄费时、费事，又容易抄错、抄漏，既阻碍了文化的传播与发展。人们从印章和石刻等活动中得到启示，经过雕版印刷阶段，我国北宋时期伟大发明家毕昇于 1041 年—1048 年间发明了胶泥活字印刷术，创造了世界上最早的活字印刷术。活字印刷术具有一字多用、重复使用、节约材料的优点，大大提高了印刷的速度，比整版雕刻更经济方便，是印刷技术史上的一次质的飞跃。

印刷术的诞生和发展为知识的大批量复制奠定了基础。1782 年，英国著名的发明家卡特发明了蒸汽机，蒸汽机的出现促进了机械动力代替人力，极大地加速了纸张和书籍的生产。

文字和书籍的普遍存在，使得知识的传播速度加快，大大地促进了知识的平民化，刺激了人们受教育的需求。同时，人们对知识传播的"效率"提出了更高的要求，推动了班级授课制的产生，即今天普遍存在的学校教育形态。

知识链接：班级授课制

班级授课制又称课堂教学，班级授课制是把一定数量学生按年龄特征和学习特征编成班组，使每一班组有固定的学生和课程，由教师根据固定的授课时间和授课顺序（课程表），根据教学目的和任务，对全班学生进行连续上课的教学制度。17 世纪，捷克教育学家扬·阿姆斯·夸美纽斯（Johann Amos Comenius, 1592—1670）在他的著名教育学著作《大教学论》（Didactica, 1632）中详细论述了班级授课制这一新的教学组织形式。后来赫尔巴特完善了这一理论，苏联的教育家凯洛夫最终完善了这一理论。我国最早使用班级授课制是 1862 年。

文字、造纸与印刷术的普遍应用，对教育教学也产生了深远的影响。学习对象的范围扩大了，学习的内容增加了。学校和班级授课制的出现，教育有固定的时间、场所和人员，知识的传递具有长期性和延时性，时空对教育的限制减弱，教师对学生的控制减弱。

四、电子设备出现后的教育

电子设备是人类教育的第三媒介。从 19 世纪初到 20 世纪末的这一百多年里，电子设备从无到有，发展突飞猛进。

在电子设备的发明之初，人们就一直在探索如何将电子设备应用于教育，以促进教育和人类的发展进步。19 世纪 90 年代，幻灯开始进入教育领域，它是最早被用于教育的技术媒介，揭开了电子设备应用于教育的序幕。20 世纪以后，无线电广播、电影、电视等相继被用于教育。后来，这些电子设备也成了学校等教育机构教育设备的"标配"，是教育媒介的"主力军"。

电子设备应用于教育以后，教育发生了巨大的变化。首先，教育手段更加多样。在教育活动中，不仅仅只有书本，电子设备使得利用技术手段直观生动、形象、直观地呈现知识变成了可能。因此，学生获得知识的种类和内容更加丰富，这也扩大了学生的生活世界和学习世界。其次，教育手段的多样化丰富了人们获取知识的来源和途径。学生可以通过教材、书本，也可以通过幻灯片、录音机、电视等教育媒介获取知识。学生可以在学校、课堂上获取知识，也可以在家和课外获得知识。教育的时空限制进一步削弱，知识传播的时空范围进一步扩大。因此，教育对象扩大了，教育也更加注重个性化。这个阶段的教育是以文字和图像为主要的知识载体，人文、社会科学知识为主要的教育内容。媒介的丰富在一定程度上解放了记忆与大脑，因此，教学与学习的方式都发生了深刻的变化。

五、计算机网络的普及

1946 年，约翰·冯·诺依曼发明了计算机。几十年以来，计算机走过了从电子管数字机、晶体管数字机、集成电路数字机到今天的大规模集成电路机的发展历程。计算机体积从大到小，功能由少到多，已经成为各行各业不可缺少的工具。正如前微软总裁比尔盖茨所提出的"网络才是计算机"一样，网络的产生才让计算机发挥了它应有的功能和作用。互联网具有虚拟性、交互性、开放性、共享性、流动性、多元性等特征，它是传播媒介技术的集大成者，它具有传播速度快、传播范围广、记录准确、表达符号丰富、支持双向传播等优势。它的诞生、发展与普及，对教育教学产生了重大影响，使得学习的途径与方式大大增多，学习的内容与资源更加丰富，时间与距离越来越不是教育教学的障碍，信息的传播、复制、加工越来越便捷。

第二节　现代媒介在教育中的应用

进入信息化为特征的知识经济时代，人们的个性化学习需求越来越高，"终身学习"、"活到老学到老"的意识进一步增强，对优质教育的渴望越来越强烈。在此背景下，现代教育媒介为推动教育的变革与发展做出了重大的贡献。

一、当代校园媒介

目前，中学校园媒介资源主要包括报纸、广播、电视和网络四大类。其中报纸、广播和电视是传统的校园媒介，网络则是随着信息时代到来的新媒介形式。它们各有各的优势与局限性。

报纸主要以文字和图片为载体，其优势在于具有保存性，适合深度报道，但会受到版面内容的限制。广播是校园中最早出现的媒介之一，它的优势在于实效性强。但受播出时间等因素的限制，不适合深度报道，信息不易保存。随着信息时代的到来，人们获取知识和信息的渠道、方式发生了变化，对校园广播的关注度也有所减弱。电视的传播形式使信息具有视觉画面感，更能够吸引学生的关注度。现在校园内出现了电子显示屏，其功能和电视是一致的，对电视是一个有益的补充。但电视普及率有限，播出时间受限，实效性较差。网络作为数字时代背景下新型校园媒体形式，它具有容量大、覆盖广和速度快的特征。它在一定程度上结合了其他传播媒介的优势，深受学生的青睐。但是，它在传播信息时犹如一把双刃剑，在提供极大便利的同时，它的虚拟性和超时空性也容易造成信息的繁杂混乱。

二、自媒体环境下的移动学习

除了报纸、广播、电视、网络外，在互联网十分普遍的今天，微博、贴吧、QQ、博客、微信等传播载体也成为当今学生获取和传播信息的常用渠道。这些媒介是以个人传播为主，它们被称为自媒体。自媒体时代，人人都可在微博、贴吧、QQ 等媒体上发布和获取信息，人人都有麦克风，人人都是记者，人人都是新闻的传播者。

中学生在享受自媒体带来便利的同时，信息和生活也受到一定的冲击。如何合理利用自媒体，为我所用，开创一个健康、有序的媒体秩序对中学生而言十分重要。

移动通讯技术的成熟，社交媒体的蓬勃发展，自媒体的普遍使用，智能移动终端的大量出现，为人们获取教育信息、教育资源和教育服务提供了便利，为大众化的移动学习提供了条件。与此同时，教育资源也逐步朝着碎片化、微型化、主题化的趋势发展，教育资源更加开放、共享和多元化。而移动学习能够满足学习者随时随地学习的需要，迎合当今社会移动化、碎片化、即时化学习的需求。其典型代表有微博、手机二维码、微课等。

（一）微博

微博具备了博客、网络的特点，可以发布 140 字以内的文字或者音频、视频、图片等信息，实现信息的即时传播、分享和交流，人们可以"随时随地发现新鲜事"，随时随地沟通与交流。

目前，以美国的 Twitter 为代表的微博教育实践取得了一定的成效，但微博受到文本长度的限制，局限了学习内容的展开。微博的信息较分散，不适合学习连续性的知识。同时，微博的开放性特征，要求学习者具有较强的自觉性和主动性。因此，在利用微博这一教育媒介形态时需要适宜微博的学习内容，采用一定的引导策略促进交流互动，同时通过与其它教育媒介的融合互补。

（二）手机二维码

目前，二维码因其信息容量大、编码范围广、容错能力强、译码可靠性高、成本低易制作、持久耐用等特点被广泛运用，深刻地影响着人们与世界的交流方式。二维码技术与移动通信技术融合产生的手机二维码，开启了移动学习的新视角。

学习者通过手机摄像头扫描印刷在教材或其他载体上的二维码图形来获取教育信息，这里的信息可能是教育资源的链接网址，也可能是教育资源本身，学习者通过点击链接获得该资料的相关扩展知识，这就打破了传统教材的篇幅限制。目前有些教辅资料对于一些问题的解答附有二维码，学生可以通过扫描二维码码查找到该问题的详细解答过程，或者获得微视频，进而学习到老师的讲解。二维码还有一个优势就是精确地提供信息，省去了学习者探索信息的过程，提高了学习的效率。

（三）微课

"微课"是微课程的简称，是指有明确教学目标，内容短小，集中讲解一个问题，时间在 10 分钟以内的小课程，它的核心组成内容是课堂教学视频（课例片段）。

"微课"具备教学时间短、教学内容少、资源容量小、制作方便，便于学生自主学习等特点，受到越来越多的师生欢迎。微课在"翻转课堂"、"智慧课堂"等课堂教学中将起到非常重要的作用。

三、在线学习的兴起

互联网技术的发展与在线学习的兴起，传统教育模式不能满足人们日益增长的多元化的学习需求等因素密切相关。在此之前，诸如一些大学的公开课，网络大学，远程教育等都属于在线学习。

目前，在线学习的平台越来越多，比如 YouTube，YY，腾讯课堂等，但影响最大的还是 MOOC。MOOC（慕课）是 Massive Open Online Course（大规模公开线上课程）的简称。当然，这更多的是针对高等教育和成人教育。

知识链接：慕课在中国

MOOC 课程在中国同样受到了很大关注。根据 Coursera 的数据显示，2013 年 Coursera 上注册的中国用户共有 13 万人，位居全球第九。而在 2014 年达到了 65 万人，增长幅度远超过其他国家。而 Coursera 的联合创始人和董事长吴恩达（Andrew Ng）在参与果壳网 MOOC 学院 2014 年度的在线教育主题论坛时的发言中谈到，现在每 8 个新增的学习者中，就有一个人来自中国。果壳网 CEO、MOOC 学院创始人姬十三也重点指出，和一年前相比，越来越多的中学生开始利用 MOOC 提前学习大学课程。以 MOOC 为代表的新型在线教育模式，为那些有超强学习欲望的 90 后、95 后提供了前所未有的机会和帮助。Coursera 现在也逐步开始和国内的一些企业合作，让更多中国大学的课程出现在 Coursera 平台上。

四、大数据与智慧课堂

随着计算机、通信、人工智能等信息技术的高速发展，技术对教育教学领域会带来新的变化。未来的教室、未来的课堂都将有新的变化。

未来的教室将从普通的单一技术的教室发展成泛技术的技术增强教学环境。未来教室将以人为中心的理念进行设计，努力实现"教"、"学"、"人"的协调统一。未来的教室将具有可重构性与无限延伸性，能够满足不同层次学生、不同教学类型的需求。未来的智慧课堂将基于大数据和云技术，具有智能技术的软件、硬件设备将被安装在教室内。在对学生的课堂反馈评价等方面，基于大数据，可以做到即时、精准、个性化，从而满足学生的个性化学习需求。资源利用方面，充分利用云技术，微课等资源将得到充分地应用。

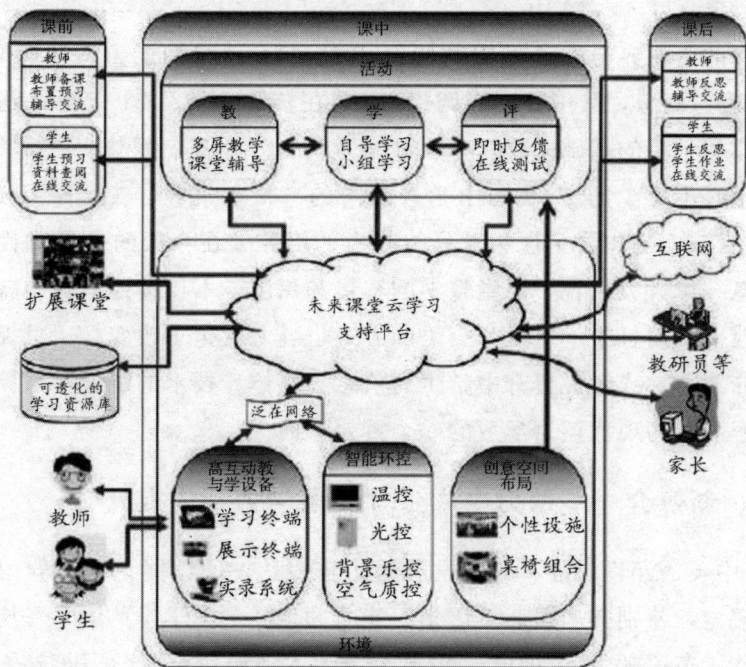

以云支持系统为核心的未来课堂模型

（来源于：王麟，许亚锋等.《未来课堂云支持系统模型设计与功能研究》）

未来课堂的教与学过程将充分体现以学生为中心，充分展现学生的自主性、个性化等学习特征。在教学方面，教学方式将由单向的讲授模式逐步转变为师生互动的交流模式。教师的教学更加强调交互式，建立师生双向互动的教育学习模式，以学习者为中心进行教学和学习，学生进行主动积极地探索。学生对学习内容和学习的方式将有更多的自主选择权，以满足学生的个性化需求。学生可以从多种渠道获取知识，包括比较自由地利用网络、使用平板等电子设备来用于学习。

各种形式的"翻转课堂"或将成为未来课堂的一种重要模式，即教师将赋予学生更多的学习自主权，学生可以选择多种方式在课堂外完成教师讲授内容的学习，在课堂上则主要是教师与学生之间、学生与学生之间交流、讨论，实现知识的内化、理解与掌握。

第三节　媒介在学习中的应用——以英语学科为例

美国的企业界与教育界曾共同提出过"21 世纪型能力"（21st Century Skills）这一概念，其中特别强调指出："在核心学科及 21 世纪课题研究方向上，作为学生的基础成就，'学习能力'和'信息、媒体、技术的能力'的形成是必不可少的。"我国中学教育中的"核心素养"（Core Competencies）教育其实也包含了这些素养与能力的培养。在今天的信息时代里，现代化信息技术大大拓宽了课堂教学的容量和深度，不仅英语教师的教学方式发生了改变，而且中学生学习英语的方式也随之发生了改变。通过提升中学生的媒介素养，或者说提升中学生的信息、媒体、技术的能力，来提高英语学习效率，成为现代英语学习的一个重要方向。

一、新媒介——助力中学生"英语学力"的提升

《高中英语课程标准》对学生英语语言表达、阅读能力等素养的要求有明确的规定，特别突出强调英语学习能力的培养。中学生英语学习能力我们不妨称作"英语学力"，即学生积极运用和主动调适英语学习策略，拓宽英语学习渠道，努力提升英语学习效率的意识和能力。通过课程的学习，学生保持对英语的学习兴趣，具有明确的目标意识，能够多渠道获取学习资源，

有效规划学习时间和学习任务，选择适当的策略与方法、监控、反思，调整和评价自己的学习。随着新媒介（New Media）时代的到来，学生的"英语学力"成为核心竞争力。新媒介尤其是互联网与智能手机的广泛使用为中学英语的自主学习拓宽了学习渠道，提供了大量交互性强的学习平台和学习模式，不仅极大地丰富学生课后学习资源，而且在帮助学生有效规划学习时间和学习任务，选择适当的策略与方法，监控、反思、调整和评价自己的学习方面，也起到了很好的促进作用 。无可置疑，在新媒介时代，过去的"哑巴英语"、"中式英语"等模式就会逐渐退出历史舞台，学生的"英语学力"提升也有了重要的物质技术保障。

二、新媒介——开辟提升"英语学力"新途径

在现实的社会生活中，人们习惯遇到不懂的问题，第一个咨询的是网络"度娘"，课堂学习亦是如此。现在中学生成绩的提高，学习动机的激发，也并非完全缘由教师和学校，还涉及很多其他因素影响，如同伴、家长、甚至大众媒体。所以中学生积极选择新媒介培养英语学习能力，是今天我们学习英语的重要方向。在名目繁多的新兴媒介中，中学生该如何正确选择并有效使用这些新媒介呢？简单说，适合的就是最好的，同学们应主动调适自己的英语学习策略，拓宽英语学习渠道，去努力提升英语自主学习能力。以下两种简单方式可供参考选择。

第一种，以自己在学校课堂学习内容（教材）为依据，选择能辅助完成课堂教学任务的媒介或网络平台。对于课堂学习吃力的学生比较实用。例如，目前比较受欢迎的奇速英语（http：//

奇速英语时文阅读

www. qisuen. cn），主要从兴趣培养，习惯养成和方法指导三方面入手为中学生提供良好的网络学习平台。奇速英语在线云平台有独家原创的学习资源，其中就包含了教材同步板块：课本单词速记及闯关、课时精讲及精练、能力拓展、时文阅读、在线美文、在线题库等。这些板块不仅选材新颖地道，图文并茂，而且交互性很强。从内容上讲，对于消化老师课堂教学内容是很好的补充和完善，从形式上看，比课堂教学内容更丰富，互动性强，不但易于学生接受，还能提高学生学习的兴趣和效率。

第二种，可以选择适当的新媒介来满足自己对英语个性化学习要求。这种类型的网络学习平台也相当多，而且智能手机的广泛使用为这些学习平台提供了物质保障。比如，目前高考、托福等考试词汇要求量都相对较大，而不少的高中生的英语词汇量恰恰积累不够。传统的抱着课本背单词的方法既不方便，效率又不高，远远不能满足学生大量有效掌握词汇的要求。于是效果更好的专门用于学习，积累英语单词的《百词斩》、《扇贝单词》等学习平台慢慢地受到广大中学生的青睐。

《百词斩》是专为广大英语考试者们准备的一款有效的"英语单词大杀器"。它为每个单词精心挑选图片，配以以英文为母语的人士撰写并朗读的例句，使背单词不再痛苦，背下的不再只是孤零零的单词。

知识链接：《百词斩》主要特色

1. 支持离线使用，零流量背单词。

2. 一个单词一张图，利用图形建立单词与真实环境的联系，打造最易记，最难忘的背单词软件。

3. 直接添加好友，既能互相看见学习动态，还能一起冲刺每周排行榜。背单词，不再是一个人。

4. 提供单词 TV 和单词电台，英语老师原创趣味内容深度解读 10000＋个单词，提供更多样的学习方式。

5. 参与美国 SAT 的词汇量评估模型，准确测试单词量，记录你成长的每一步。

6. 锁屏背单词，在锁屏界面即可完美背单词，充分利用每天的琐碎时间。（仅安卓版）

《扇贝单词》（Scallop in Shell words）是另外一款教如何背单词的网上学习平台。扇贝单词上的学习记录，会实时网络同步，你可以在家或者办公室的 PC 上通过浏览器访问扇贝网学习，简单实用，效果明显。

知识链接：《扇贝单词》主要特色

1. 先进的自适应学习算法，系统能够根据使用者的程度和复习结果，动态调整学习材料和方式，帮助用户从易到难循序渐进。扇贝的主要研发者来自欧美和国内一流大学，在教育，心理和计算机领域有丰富经验。

2. 丰富的学习资源，包含权威的例句，有趣的笔记。这些资料和词汇智能有机结合，有效地促进记忆和理解。

3. 扇贝网已经帮助了几十万用户走上了坚持学习的良性循环，不仅提高了英语能力。同时培养了有益终身的学习和生活习惯。

4. 扇贝单词的学习记录和扇贝网完全同步（正因为如此，使用期间需要手机和网络连接）。客户端上主要以词汇复习为主，但是通过浏览器可以使用更加丰富的功能，包括自行添加单词，例句和笔记，选择学习《哈利·波特》，《生活大爆炸》中的词汇，以及阅读原版新闻。

据使用了《扇贝单词》的学生反馈，《扇贝单词》较传统背单词的方法有很大的优势：

（1）方便，随时都可以背；

（2）背会的单词会有记录，不用重复背；

（3）有发音，有派生，还有具体的语言环境，不容易忘；而坚持的理由则是：

（1）打卡30天后成了习惯，改不了了；

（2）看见生词就有想记的冲动，背单词从被动变成了主动，英语学习力大幅度提升了；

（3）词汇量更大了，考试更轻松，有成就感，学习兴趣也更浓了。

以上两款背单词的网络平台，学生使用起来都是非常方便的。

三、新媒介——"英语学力"提升进程中面临新困惑

中学生使用网络平台学习英语，不可避免地会遇到很多问题。比如，网络平台多，不知道如何选择适合自己学情的；盲目跟风人云亦云的；有受不了网络游戏诱惑，把学习作为幌子玩游戏骗家长的；也有学了一段时间不能坚持的，或者不能根据自己学习进度调控学习内容和节奏的等等。如何解决这些问题呢？

首先，具有良好的媒介素养是中学生利用新媒介，培养"英语学力"的前提。随着网络在青少年人群中正日益普及，手机的接触率超过了传统的广播和电视，"拇指族"在青少年中规模也变得越来越庞大。但遗憾的是不少同学主要目的就是娱乐、游戏，欠缺有意识地使用这些新媒介来学习英语，使手机网络呈现出一种泛娱乐化倾向。所以中学生具有良好的媒介素养，不仅能自觉抵制网络游戏等诱惑，还能正确地、建设性地利用大众传媒提供的

资源来开展英语学习，实现语言能力的提升。其次，中学生要会自主选择新媒介，快乐学英语。学习英语可以使用的新媒介很多，常见的诸如电子书、点读笔、学习机等，还包括以上介绍的互联网上各种学习软件和学习平台。这些媒介的使用可以交替互换，根据内容合理调整，有的放矢，根据时间合理安排，见缝插针。再次，在使用媒介的过程中，善于自我调节（Developing Self-Regulated Learners），把自己培养成一个能自律，能自控的学习者，循序渐进，从一而终，实现自我效能的超越（Beyond Achievement to Self-Efficacy）。网络平台要根据自身实际，量体裁衣，自我调控。有了自我节制，学业就自然成功了一半。记住一位大师名言："人与人之间，最小的差距是智商，最大的差距是坚持。"

思考题：

1. 随着科技的不断发展进步，我们所用的教育媒介功能会越来越多，技术也越来越先进。是不是新媒介就一定比旧媒介好？

2. 如果你现在英语学习最头疼的是背了单词总是忘得很快，你会想什么办法去解决呢？

参考文献：

[1] 马治国. 网络教育本质论 [D]. 东北师范大学，2003.

[2] http：//baike. baidu. com/item/班级授课制.

[3] 姜芬芬. 当前大学生安全教育校园媒介资源探讨 [J]. 科教导刊，2013（17）.

[4] 陈卫东，叶新东，许亚锋. 未来课堂：智慧学习环境 [J]. 远程教育杂志，2012（5）.

[5] Barry J. Zimmerman. Developing Self-Regulated Learners.

[6] 田中义隆. 21世纪型能力与各国的教育实践 [M]. 明石书店，2015.

[7] 石井英真. 何谓新时代的学力与学习 [M]. 日本标准股份公司，2015.

[8] 张志安，沈国麟. 一个亟待重视的全民教育课题——对中国大陆媒介研究的惠顾和简评 [J]. 新闻记者，2004（5）.

第五章　媒介与生活

内容提示

在全媒时代的今天，以网络为首的媒介作为人类社会进步的标志和科技发展的产物，给我们的生活带来翻天覆地的改变。我们清楚地看到各类媒介已经完全融入我们生活中，与我们的生活密不可分，特别是网络媒介也已经成为青少年学习知识、获取信息、交流思想、开发潜能、休闲娱乐的重要平台。我们的生活依赖各类媒介，享受着媒介带来的诸多便利。但是与此同时，各种媒介所带来的负面影响也冲击着现代文明。如何有效地利用媒介，趋利避害，需要我们每一位青少年朋友正确了解媒介和运用媒介，提高媒介素养。

一、媒介改变着我们的交流习惯

"忘了从什么时候，我们习惯用 QQ 更新心情；忘了从什么时候，我们开始人手一部手机；忘了从什么时候，我们开始不去话聊只通过状态更新了解对方；忘了从什么时候，不熟的人在网上也会成为好友；忘了从什么时候，去别人空间逛也是一种关心。"一位网友曾经发表过这样一段话。无疑，网络交流带给了我们便捷，扩大了交流范围，累积了比以往交流多得多的信息。由此看来，网络交流方式悄然改变了我们的生活。

今天几乎再也看不到传统的信件，有多少人已习惯了二十四小时把 QQ 挂上？有多少人习惯随时随地刷着朋友圈？以前人们联系主要通过打电话、寄信等方式，而现在轻轻一点手指就可以实现，微信、E-mail、QQ 等网络联络方式已经占据主导地位。

网络交流的特点就在于超时间性、超地域性和沟通双方的互动性。通过互联网，一台电脑或是一个手机可以将任何时间任何地点需要沟通的双方联系起来，传递信息速度之快、方法之便是以往任何工具不能比拟的。网络交流可以贴上表情，可以语音，可以视频，还省去了话费，人与人时间之间的对话有了面对面的感觉。很多本来需要跑腿才能解决的问题，现在"在线传输"就可以做到了。

但是随着网络交流的普及，一些现象又悄然出现，我们不得不去关注：网络中流行一句话"人与人之间最远的距离，不是天涯海角，而是我在你面前，你却在网络里"。人与人之间的亲近或疏远取决于交流双方的情感元素，而情感元素又取决于我们交流方式的多与少。网络以其便捷的优势备受欢迎，从而使我们不可避免地忽视了其他的交流方式，这样人与人间的情感体验就会受到影响。有些学生往往上网对陌生人谈天说地，下线却对亲朋好友冷若冰霜。举一个例子：如今逢年过节，走亲访友的越逐渐减少，取而代之的是游离于千千万万部手机间的拜年短信以及朋友圈、QQ的拜年祝福，这些似乎少了一些朋友或亲人微笑时的和谐，拥抱时的亲切，热语家常时的温暖场面。

同时，我们也要去关注由互联网所引发的人际关系障碍，主要表现为网络孤独症、人际信任危机和各种交际冲突。其典型症状是：沉溺于网络，脱离现实，寡言少语，情绪抑郁，社交面狭窄，人际关系冷漠。由于将注意力和个人兴趣专注于网络，而淡漠了现实生活中的各种关系。聊天室等虚拟社区以匿名或化名方式进行的网络交往无法规范人们言论的真实性，让自己生活在虚幻的网络空间。这种网络人际交往的虚幻特点使得一些同学抱着游戏般的心态参与网上交际，这种网上的人际信任危机可能迁移到他的现实人际交往中，导致现实人际交往中对他人真诚性的怀疑和自身真诚性的缺乏，进而影响与他人建立和发展良好的人际关系。

下面我们看一看网络交友的典型案例：

阅读材料： *女学生网上交友，错把逃犯当大侠*

哈尔滨市某大学法律自考班学生李某，去年初在网上结识了一名叫孙大权的朋友。孙不俗的谈吐很快赢得了李某的好感，两人在网上交谈甚欢，大生相见恨晚之情，12月的一天孙大权突然出现在李某面前，自称在家仗义出手把人打坏跑了出来，现在吃住没有着落。看到孙衣着破旧、面容憔悴，与自己想象中的"白马王子"大相径庭，然而在潜意识里，她却觉得落魄的孙大

互联网时代

权有着《神雕侠侣》中杨过的味道。于是回学校向同学借了学生证，在学校招待所安排孙住了4天。不仅帮其结算了住宿费，还拿钱助其继续逃亡。然而幼稚的李某并不知道，孙大权是一名因多次抢劫被公安机关缉拿的逃犯。事隔不久，孙大权案发被捕，交代了他与女学生李某的交往，今年4月2日李某因涉嫌窝藏罪被检察机关批准逮捕，被迫中断了学业。

阅读材料： 网上陌生人切勿随意相信

某年12月15日下午，李小姐在某网站的聊天室上网时搭识了一位网名为"西风瘦马"的网友，两人谈得颇为投机，相约下午五点半在"新天地"碰头，并相互留下了手机号码。第一次见面，"西风"先生就请李小姐在"新天地"的露娜餐厅吃晚饭。"西风"先生仪表堂堂，谈吐不凡，而且出手大方，给李小姐留下了非常美好的印象，也使她慢慢放松了警惕。饭后，"西风"又请李小姐到"星巴克"喝咖啡，李小姐欣然应允。尽管窗外刮着寒冷的风，但李小姐的心里春意盎然。

"西风"带着李小姐到了"星巴克"，点了两杯咖啡，并抢先买了单。刚喝了几口，"西风"就提出要去洗手间，并将自己的包和手机交给李小姐看管。李小姐在"露娜"已经喝了不少饮料，待"西风"从洗手间回来后，李小姐便也起身"如厕"，并很自然地请"西风"为自己看管一下皮包。当李小姐从洗手间回来时，只见座位上已经空无一人，"西风"和自己的皮包都已不知去向，起先李小姐还以为是"西风"在和自己开玩笑，当发现自己的手机已经被关机时，才明白自己中了"西风"的圈套，皮包、数百元人民币和新买的手机全部被盗，而且，自己对"西风"的情况一无所知。李小姐追悔

莫及，恨自己怎么会如此轻易地相信一个认识不到三小时的"陌生人"。

关于网络交友你不得不知道的几点：

（1）网络的虚拟性、隐匿性使人难辨真伪，对交往对象产生神秘感。网络交友不同于现实世界中面对面交流，交往双方无法通过对方的言语过程进行常规性的观察和知觉，就连一些最基本的信息都虚拟化了，同时从交流情境看，交流双方内在的文化、价值、观念、好恶、姿态以及语言都并没有在真正意义上的显现。对于涉世未深、诚恳轻信、没有防备的年轻人，就可能就此落入不法分子的陷阱。

（2）放松思想道德要求，引发是非。网络环境的特殊性，往往容易导致网上交友无所顾忌，交友双方在虚拟的网络世界里放松了道德规范和自律意识，贪便宜、好奇心、虚荣心、寻求刺激等弱点，在网络交流中暴露出来，结果惹来是非，被人利用，甚至违法犯罪，造成无法挽回的后果。

（3）网络知识匮乏、自我保护意识不强，误入陷阱。在网上，一些居心叵测的敌特分子打着"热情交友"、"寻找知己"的魅惑旗帜，利用网络漏洞和网友网络知识缺乏而策划一场场骗局，不少同学因缺乏网络保密知识，交友中安全防护意识不强，给了不法分子以可乘之机。

关于网络交友我们应该这样做：

（1）树立正确的网络道德观，端正交友态度。首先，要树立正确的人生观和价值观，以社会主义核心价值观的要求严格要求自己。在网上，正是由于心灵空虚、没有人生目标和远大志向，价值观念偏移，才发生的被骗和违法犯罪情况。只有加强思想道德修养，树立正确的人生观、价值观，明是非，知荣辱，才能抵挡得住网络中各种"糖衣炮弹"的诱惑，远离邪恶与罪恶，远离低级趣味。

（2）遵守网规法纪，防止网络违法。遵纪守法是健康交友的重要保障，学法知法是遵纪守法的前提，法律知识匮乏，法纪观念淡薄，是许多人网络涉法的一个重要原因。因此，必须自觉学法，从而做到知法懂法，严格用法律法规约束和规范自己的言行。同时，要勇于护法，敢于和网络违法乱纪行为做斗争。

（3）认清网络特性，提高防范意识。我们应该认清的网络的虚拟性、隐匿性、超时空性特点，自觉破除虚拟网络交友带来的神秘感，化虚为实。网络交友只是众多交友渠道之一，它不是唯一的交友渠道，应将网络交友与其他交友途径结合起来才能正确看待网络交友。在网络交友中，要注意隐蔽真实身份，增加防范意识。要学会辩证地分析，认识网络上的各种信息，对交往对象形成正确认知。

二、媒介改变阅读习惯

轻轻地，指尖一动，翻到哪里读哪里，so easy！如今你只要拥有一部手机或一台电脑，想读什么书就读什么书，电子书、网络杂志、博客……诸如此类的网络阅读平台备受年轻人喜爱，这种网络时代的"屏幕阅读"已经屡见不鲜。"电子阅读"正在以各种形式改变人们的阅读习惯。互联网媒介产生并正在培养着数字传媒时代的阅读文化，它的特点是读者阅读的自主性。网上阅读的最大好处是随心所欲，想看什么基本上都能找到相关的资料，这是我们依靠一般的书籍无法做到的。

根据第十二次全国国民阅读调查显示，我国国民人均每天微信阅读时长为 14.11 分钟，其中，微信阅读接触群体人均每天微信阅读时长超过 40 分钟。此外，数字阅读率首次超过传统阅读率。2014 年我国国民图书阅读率为 58.0%，受数字媒介迅猛发展的影响，数字化阅读方式（网络在线阅读、手机阅读、电子阅读器阅读、光盘阅读、Pad 阅读等）的接触率为 58.1%，由此可见，数字技术和互联网的发展，已经改变了中国人的阅读习惯和思维习惯。

但是在现实生活中较多的青年学生过多依赖电脑网络，而对书本阅读和亲身实践方面的较为弱化，使获取知识方式成了一种"快餐模式"，网络阅读能给读者带来快速阅读的感官刺激，但是也不乏一些读者一味地求新求异而毫无选择地进行阅读。许多家长表示孩子偏爱这种快捷式阅读，往往对网络的读物来者不拒，很容易就沉浸在五花八门的信息中。那么在今天的全媒体环境下我们该如何正确、高效地阅读呢？

首先我们要明确读什么，并坚持自己想要读的，选择非常重要，即把握好阅读的方向。网络一半是天使一半是恶魔，所以我们要学会"择其善者而从之，其不善者而改之"。温家宝总理曾提过这样的希望，他希望我们的国人能够在地铁上读一份报纸，国家领导人对国人阅读的关注说明了阅读与民族的精神素养息息相关。我们应该多读与国家发展、民族精神相关的内容，多读真正对我们有帮助的内容，而不要被扑面而来的五花八门的信息干扰。网络日益发达的今天也有许多积极向上的优秀作品值得我们阅读，如"豆瓣"、"知乎"、"天涯"、"知网"等社交平台上不乏出色的时文、小说、散文、游记、杂文和随笔。所以拥有便捷的阅读平台时我们要对阅读内容加以筛选，要多读经典，多读积极向上、与时俱进的文章，拒绝偏激腐朽的不良读物。

在了解了读什么的情况下我们需要掌握高效的阅读方式，即明确"怎么读"。据调查表明许多年轻人在网上阅读往往只是"浮光掠影"、"浅尝辄止"，长期如此阅读就导致了"提笔忘字"、"执笔难书"的窘状。可见，网络阅读的"独舞"是难以达到阅读的最终目的——形成对阅读材料的理解、领悟和吸收鉴赏。当下我们的阅读不能仅停留在读的层面，阅读的同时要勤动笔、多思考。读书有三到：眼到，口到，心到，遇到不解的地方及时记录，碰到有深意的句子或见解要做读书笔记，还可以反复吟诵、思考将知识化为己有。央视曾经播出两档教育型节目"中国汉字听写大会"和"中国猜谜大会"，节目唤起了大家对汉字文化的学习，提醒人们提高阅读效率强化知识积累。

在科技发达、物欲横流的全新社会我们要有所读，有所不读，精读、细读而不可泛读，这样阅读才能真正成为我们前进的助推器，成为人类进步的阶梯。

三、媒介改变购物习惯

随着全媒时代盛行，"网上购物"应运而生。这种购物方式已经被越来越多的人群所接受，正在全面改变着人们的生活方式。2016年天猫双11购物狂欢节以全天总交易额达到了1207.49亿再次创破纪录，无线交易额占81.87％，交易覆盖235个国家和地区。现在几乎没有人不知道淘宝天猫京东等购物网站，当你想购买商品时，只要打开电脑，通过网络，足不出户便可以购买到世界范围的各种商品，而不需要逐家商店亲自寻觅选购，并且各种商品的性能、质量、价格、直观形象等全部信息一目了然，还可以准确定位到你想要的最优商品，达到少花钱买到最满意商品的目的。

网上购物的特点：一是方便快捷。只要你在网上轻轻一点，送货上门，待在家里即可买到称心的物品，不仅省去了挤车路途的奔波，又避免了商场人流的拥挤；二是经济实惠。由于网上商店免除了房租及中间许多流通环节等费用，成本降低了不少，自然你就能买到比实体店更经济实惠的商品；三是渐成时尚。随着网络技术的日益完善、网上商店的更加规范以及商家诚信度的提升，这种交易方式的优越性会日渐被更多的人认识并接受，"网上购物"早已经成为一种时尚、一种潮流。

但是快捷便利的网购也暗藏着许多玄机，我们必须提高警惕。

阅读材料：低价购买手机扫二维码 三千多元瞬间被转走

10月23日，燕子矶派出所接到市民王小姐报警，称自己在网上买手机，因为扫描二维码被骗走了3812元。

经了解，王小姐早就想入手一部苹果手机，苦于囊中羞涩，就想等到"双十一"有活动时购买。一天，王小姐在上网时看到网页上弹出一则广告，称"双11"将至，原价4988元的iPhone6s现价只要3788，1000抵1500，需要先支付定金，11月11日20点前付清全款后7天内发货。王小姐欣喜不已，没有多想就点进去。进去之后，王小姐发现该网页和其他购物网站的差不多，有很多品牌、款式的手机。王小姐没多想，找到自己想买的iPhone6s之后，就按照页面提示进入支付定金页面，但连续试了几次都没能支付成功。这时，电脑屏幕上显示了一个快要累瘫了的收银机和一行字："喵……您要前往的页面暂时拥堵，请稍等2秒，我们正努力为您加载内容。"王小姐以为是购买的人太多，导致支付通道拥挤，便想等一会吧。没

一会儿，网页突然跳出一个提示框，建议通过扫二维码进行快捷支付。早已被打折兴奋冲昏了头脑的王小姐抢单心切，立马用手机扫了。突然手机收到了一条短信，显示银行卡内的3812元被转走。王小姐傻了眼，赶紧想找客服询问究竟，可是怎么也找不到那个网站了，于是赶紧报警求助。

阅读材料：购买减肥药发现订单异常 告之验证码后被转账

10月20日，栖霞派出所接到报警，一名女士称自己被假的淘宝客服以订单异常为由骗走5000多元。

原来，报警人陶女士有些小胖，一直致力于各种减肥方式。一天她在淘宝上看到一家卖减肥药的店，里面很多人都评价说非常有效。而且最近搞活动买二送一，陶女士一下子就心动了，立马购买了四盒减肥药。拍下付款后，陶女士就接到一个自称是减肥药店铺客服的电话，说她订单失效，必须要退货后重新下单。

陶女士担心对方是骗子，不肯重新下单。为了赢取陶女士的信任，对方让陶女士加她的QQ，并且将订单

异常的截图发了过来，同时还附加了一个网址链接。于是陶女士打开链接，在网页上重新输入了淘宝账号和密码准备再次购物。谁知对方又打电话称订单依然异常，于是陶女士按照对方的要求在网页上输入了银行卡号并将收到的手机验证码告诉了对方。没过一会儿，陶女士就收到了银行扣款短信，卡里的5000多元就这样被骗走了。

关于网购你不得不知道的几点：

（1）警惕网上的违法交易行为。在当前的网上交易中，不乏违反国家相关法律规定的行为，其中主要是需要国家特殊许可方可从事的经营行为，如网上医疗信息、医疗器械、网上销售彩票、网上证券交易等。消费者因从事这类交易而遭受损失的很难得到有效救济，因而消费者网购时应有所识别，首先关注交易行为本身的合法性。

（2）网购前多关注"黑名单"。网上交易有着天然的虚拟性和不确定性，但消费者也可以充分利用互联网获取信息的快捷性，了解卖家的基本情况，其中关注当前网上已公布的"黑名单"是非常必要的。消费者通过关注"黑名单"信息既可以避免网购上当受骗，又可以及时了解当前已出现的侵犯消费者权益的典型欺诈行为。

（3）谨防低价陷阱。网络购物较传统现实购物有先天的低价优势，但低价是有限度的，过低的价格则可能隐藏着陷阱。网上交易中的不法分子往往利用消费者"贪便宜"的心理特点，采取免费赠送、"秒杀"等低价行为吸引消费者注意，然后通过"网络钓鱼"，要求先行支付货款等方式令消费者掉入陷阱，遭受损失。消费者应注意识别正规的网上促销打折行为和欺诈行为，不要盲目追求低价，因小失大。

（4）识别卖家资质。消费者在网购前除了查看"黑名单"以了解该卖家有无已被披露的欺诈违法行为之外，识别卖家资质也是确保网购安全的重要手段。消费者查看网站时一般应了解其交易支付方式是否有第三方支付或货到付款方式；正规网站一般应有免费客服电话；此外，卖家网站下方所悬挂的各种认证标识也是消费者关注的重点，一般合法正规网站所使用的认证标识一定是经过相关机构许可的，且认证标识是链接到相应第三方认证页面的，而且该认证是在有效期内的，如果网站下方标识无法点击查看认证内容或者链接内容不正确的都有可能属于假冒，这类网站应引起消费者的特别注意。

（5）交易支付选择第三方担保支付或货到付款。安全合理的支付方式是保障消费者资金安全的重要手段。在众多的消费者权益受损案例中，不合理的支付方式是导致消费者受损的重要原因。一般正规合法的网站都会为消费者提供第三方担保支付及货到付款的支付方式，相应地，卖家交易过程中要求消费者先付款的一般都存在欺诈违法的嫌疑，消费者应在支付方式上慎重选择，切忌直接向对方先行付款。

（6）学习、掌握基本的安全网购常识。许多网购消费者上当受骗的主要原因是因为自身对网上购物缺乏了解，无基本的网购安全常识，在面对不法分子所采取的低价诱惑、网络钓鱼等手段时无法分辨真假，从而做出了于己不利的行为。因而，消费者在网购之前一定要先通过向熟悉网购的朋友咨询、阅读网友或第三方保障机构提供的防骗常识等之类的资料以掌握基本的网购安全常识，从而避免上当受骗。

四、媒介改变信息传播方式

今天，已经看不见排队买报的人，也很少人再去关注广播何时开播。在过去，人们获取信息的主要渠道是电视、广播、报纸、杂志等，今天人们将更多的注意力集中在电脑和手机上。现在如果要找自己所需的内容，搜索引擎全都搞定，如果想看自己感兴趣的文章，各种微信公号、自媒体映入眼帘。就连曾经的门户网站，传统 PC 网站都开始面临自媒体的冲击，这当中其实体现的就是信息获取和传播方式的巨变。在移动互联网时代，人们可以完全自己选择自己想了解的信息。微博的诞生，使得人们在观看新闻的同时，可以通过评论转发等功能深度参与到事件本身，这对于信息的二次传播具有深远的影响。

网络改变了传统的信息传播方式，新闻事件一发生，网络上第一时间就有图像，有视频，有报道。公众对这些"网络传播"将信将疑，时常在转发之时要求"求证"。微博更多地充当着"爆料"者的角色，记者则不再是新闻的发现者，而是"查证人"。如果说微博满足的是大众广泛的、媒体角度的参与需求，那么微信则满足了大众局域的、精准的参与需求。人们如果喜欢某个微信公号，可以通过订阅的方式，及时接收到自己感兴趣的信息。甚至还可以直接与作者互动，提出观点、意见和建议。因为互联网的接入，信息传播正在从以前的自上而下，变成了如今的自下而上。决定信息和内容的不再是某个人，而是每一个参与到互联网中的用户。

正是由于我们生活中信息传播方式的变化，使得信息传播的严肃性与严谨性问题日渐突出，令人担忧。今天，人们在网络虚拟社区的交往日益频繁。特别是近几年来，随着手机短信、即时通讯工具和微博、微信等新兴媒体的崛起，网络谣言也呈与日俱增之势，插上了"隐形的翅膀"，网络谣言不仅限于特定人群、特定时空、特定范围传播，其传播速度与影响范围呈几何级数增长，危害巨大，后果十分严重，不能不引起我们的高度警惕。

阅读材料：赌鬼造谣村民道听途说传谣

今年 3 月 24 日，市公安部门发现在微信朋友圈、百度贴吧、QQ 群中出现一则信息，称汕头潮南区有一团伙在陈店、仙城、两英一带绑架杀人贩卖器官。散播内容更加以"这个可能是官商勾结和医院配合进行买卖器官，希望有良知的人都把这消息传递下去，并且照顾好各自家人。这是实人实事，千真万确遇害人死里逃生亲自转述，让犯罪分子无法得手……"等煽动性字眼。

发现该情况后，警方高度重视，立即核查相关网民身份，并通报潮南分局开展调查，经潮南分局调查走访证实该信息是谣言，市公安机关当即进行辟谣。同时，对该谣言信息源头进行摸排，经潮南分局陈店派出所民警调查走访，获悉 3 月 20 日晚，有一自称两英镇人的中年妇女去敲仙城镇许厝村民许某家房门求救，称于 3 月 20 日晚自己骑单车在两英镇河浦村被人拖上面包车载至山边一房子关押，至当晚 10 时多趁人不备从房内偷走出来，该房内还关有 4 个老人和 4、5 名小孩的情况。经进一步调查核实，事情真相为嫌疑人陈某娥因参与赌博欠债被债主追债，3 月 20 日晚其外出准备向亲朋借款还债遭拒，其为博取同情而杜撰骑单车外出途中被人拖上面包车载至山边一房子关押的事实，并且在经过仙城镇许厝村时还"自编自导"去敲村民许某家门求救，向许讲述了以上内容。

3 月 24 日上午 9 时许，潮南区两英镇墙新村人黄某贵道听途说后，在未经核实的情况下便将道听途说的情况添油加醋发至百度贴吧；另有潮阳区贵屿镇华美村民陈某鹏在 QQ 群进行传播，引起其他网民转发，造成较大负面影响。3 月 24、25 日，潮南分局先后在两英镇抓获编造散布、传播谣言的嫌疑人陈某娥、黄某贵、陈某鹏。经审查，该 3 名嫌疑人均对编造散布、传播买卖人体器官谣言，造成社会恐慌的事实供认不讳。3 月 25 日，潮南分局根据《中华人民共和国治安管理处罚法》相关规定，对陈某娥散布谣言、赌博的违法行为分别立案作出行政处罚，合并执行行政拘留 20 日、罚款 500 元的处罚，对黄某贵、陈某鹏散布谣言违法行为分别做出行政拘留 5 日、3 日的处罚。

阅读材料：无事生非被教育

1 月 30 日，腾讯微博网民"李某标"发帖称："汕头市人民医院昨天凌晨二点二十一分，因 H7N9 死亡，年龄 31 岁孕妇，孩子还在妈妈肚子里，参与抢救的医生已经被隔离，紧急通知，中央二套电视新闻已播出，暂时别吃鸡肉，鸭肉，特别是鸭爪爪，二十天激素快长，因汕头市到揭阳市 5570 头家禽已感染。收到马上发给你关心的人。"发现相关情况后，警方立即核查网民身份并通报金平分局展开核查。经查，该网民名为李某标，民警通过电话联系让其前往派出所接受调查。该员到所后向民警供认其于 1 月 30 日中午约 12 时在微信群看到相关信息，在未经核实的情况下将信息转发至 QQ 空间和腾讯微博。在民警的教育下，李某标认识到其行为给社会治安造成了不良影响，并保证立即删除 QQ 空间、腾讯微博上的不实信息。随后市公安机关对其作出行政拘留 5 日的处罚。

关于网络信息传播我们该怎么做？

　　面对疑似网络谣言时，要保持理性应对、情感中立、谨慎传播的态度，切勿让自己的善意和正义感被造谣者利用。轻信谣言不仅可能使自己上当受骗，还可能成为谣言传播散布的渠道。对此，我们应该：在官方并未发布正面报道或者回应时，网络上的传言均可能是谣言。要学会辨别网上的信息，不以讹传讹。首先，通过搜索引擎等工具，查看是否有类似的网络谣言，初步鉴别可疑信息，比如类似信息仅仅是地名、受害者、车牌等细节更改或者事件情节类似等等。其次，查看官方网络平台或新闻媒体等权威机构发布的报道，核实是否有相关的内容报道或者辟谣，如无相关信息则要提高警惕，切勿随意转发。

思考题：

网络媒介时代的我们，生活方式有了哪些改变？我们应该注意什么？

参考文献：

[1] 马歇尔·麦克卢汉．理解媒介——论人的延伸［M］．商务印书馆，2001．

[2] 张海波．媒介素养［M］．南方日报出版社，2013．

第六章　媒介与科技

![内容提示]

　　科技的发展引领着媒介技术的革新，媒介技术的革新又推动着社会信息传递的多样化和便捷化。在媒介传递信息的历程中，科技又总是一个重要话题。本章即从物理学、数学、化学、生物学等领域来谈谈媒介与科技的关系。

第一节　物理学与现代媒介发展

一、无线电与广播

　　1864 年，英国科学家麦克斯韦（1831－1879）归纳前人经验，加以自己之创见，建立一组以他命名的方程，预言电磁波的存在，为电磁波传播奠定了理论基础。德国科学家赫兹（1857－1894）以实验证实了麦克斯韦的电磁波预言。1888 年，赫兹进行著名的火花隙放电实验，演示了电磁波传播，测出其速度与光速相等。赫兹为无线通讯奠定了实验基础，为纪念他，电磁波频率（每秒振动次数）的单位定名为"赫兹"。意大利科学家马可尼（1874－1937）20 岁时读到赫兹关于电磁波实验的文章，引起他极大的兴趣，立志献身无线通讯。1896 年马可尼实现了 1.7 公里之间的无线电报通讯，1899 年实现了跨越英吉利海峡的

麦克斯韦

72

51 公里的无线电报通讯。1901 年实现了跨越大西洋 3000 公里的越洋无线电报通讯。无线电的出现，使得人与人的联络更加方便快捷，"不见其人，但闻其声"变成可能，这直接摧毁了限制人们交往的时空身心障碍。随着电磁波的发现与应用，科学家发明了无线电发射和接收装置，人们可以通过天空，无限制地进行信息传播。

广播电台台标

1906 年圣诞前夜，范信达（Reginald Fessenden）在美国马萨诸塞州实现了历史上首次无线电广播。范信达广播了他自己用小提琴演奏"平安夜"和朗诵《圣经》片段。位于英格兰切尔姆斯福德的马可尼研究中心在 1922 年开播世界上第一个定期播出的无线电广播娱乐节目。无线电广播按其调制方式，有调幅广播（AM）和调频广播（FM）；按其服务范围，有地方广播、国内广播和国际广播等。按播送方式分为声音广播和电视广播；按所用无线电波段分为长波广播、中波广播、短波广播、超短波广播等。

在无线电广播中，人们先将声音信号转变为电信号，然后将这些信号由高频振荡的电磁波带着向周围空间传播。而在另一地点，人们利用接收机接收到这些电磁波后，又将其中的电信号还原成声音信号，这就是无线广播的大致过程。

中国目前共有广播电台 273 座，电视台 302 座，教育台 50 个。

二、多种合成技术与电视

第一台电视机面世于 1924 年，由英国的电子工程师约翰·贝尔德用收集到的旧收音器材、霓虹灯管、扫描盘、电热棒和可以间断发电的磁波灯和光电管等，做了一连串试验来传送图像，从而发明了电视。到 1928 年，美国的 RCA 电视台率先播出第一套电视片《菲利克斯猫》（《Felix The Cat》），从此，电视机开始改变了人类的生活、信息传播和思维方式，

液晶电视

人类开始步入了电视时代。电视技术又先后经历了从黑白到彩色、从模拟到数字、从球面到平面发展阶段，技术日益成熟。

现在大家看到的电视大都是液晶电视。液晶是一种介于液体和晶体之间的一种有机化合物，将液晶填充在两片玻璃或透明塑料板之间，当在前后电极间加上电压时，液晶里的晶体就会发生偏转或扭转，使液晶屏的透光率改变，产生像素单元的明暗变化，受控制的像素加上驱动电压，就产生一整辐图像了。但这个图像如没有背光源我们是看不见的，还要在液晶屏后面加上背光源。早期的背光源采用的是荧光管，现在的液晶显示屏的背光源基本都采用发光二极管（LED），发光二极管具有效率高，寿命长，机械强度高，环保的特点。采用发光二极管背光源的液晶电视机也就俗称为 LED 电视机。对于彩色液晶显示屏，还要在每个像素前制作三基色滤光膜，才能产生彩色图像。

有了电视后，电视台也就随之出现了。电视台通过无线电信号、卫星信号、有线网络或互联网播放电视节目，传输各类信息。

电视台台标

中国已拥有由卫星、有线、无线等多种技术手段组成的世界上覆盖人口最多的广播电视综合覆盖网。目前，全国共有电视台 360 家，广播电视台 1300 家。电视节目套数 2058 套，电视人口覆盖率达到 94.54%。我国现有卫星广播接收站约 18.9 万座，卫星系统传输中央、地方电视节目和教育节目共 47 套。广播电视系统拥有国家光缆干线网 3.9 万公里，省级光缆干线网超过 11 万公里，市级以下光缆传输网超过 30 万公里，连通 2000 多个县级网，1000 多个企业网，3000 多个社区，全国光缆总长度超过 300 万公里，有线电视用户高达 1 亿以上。

三、半导体、晶体管与计算机、互联网

半导体是指导电性能介于导体和绝缘体之间的材料。我们知道，电路之所以具有某种功能，主要是因为其内部有电流的各种变化，而之所以形成电流，主要是因为有电子在金属线路和电子元件之间流动（运动/迁移）。所

以，电子在材料中运动的难易程度，决定了其导电性能。常见的金属材料在常温下电子就很容易获得能量发生运动，因此其导电性能好；绝缘体由于其材料本身特性，电子很难获得导电所需能量，其内部很少电子可以迁移，因此几乎不导电。而半导体材料的导电特性则介于这两者之间，并且可以通过掺入杂质来改变其导电性能，人为控制它导电或者不导电以及导电的容易程度。这一点称之为半导体的可掺杂特性。

1947年12月，美国贝尔实验室的肖克利、巴丁和布拉顿组成的研究小组，研制出一种点接触型的锗晶体管。晶体管的问世，是20世纪的一项重大发明，是微电子革命的先声。晶体管出现后，人们就能用一个小巧的、消耗功率低的电子器件，来代替体积大、功率消耗大的电子管了。晶体管的发明又为后来集成电路的诞生吹响了号角。

晶体管

集成电路（integrated circuit）是一种微型电子器件或部件。采用一定的工艺，把一个电路中所需的晶体管、电阻、电容和电感等元件及布线互连一起，制作在一小块或几小块半导体晶片或介质基片上，然后封装在一个管壳内，成为具有所需电路功能的微型结构成电路的基础是晶体管，发明了晶体管才有可能创造出集成电路，而晶体管的基础则是半导体，因此半导体也是集成电路的基础。半导体之于集成电路，如同土地之于城市。

集成电路

计算机的核心处理部件是CPU（Central Processing Unit，中央处理器），现在的智能手机也需用到。目前各类计算机的CPU都是采用半导体集成电路技术制造，它虽然不大，但其内部结构却极端复杂。CPU的基础材料是一块不到指甲盖大小的硅片，通过复杂的工艺，人们在这样的硅片上制造了数以百万、千万计的微小半导体元件。从功能看，CPU能够执行一组操作，例如取得一个数据，由一个或几个数据计算出另一个结果（如做加

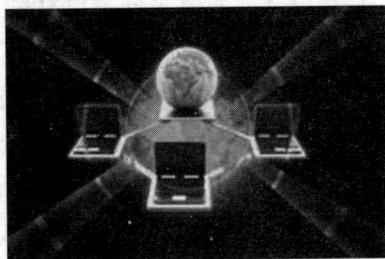

计算机网络

减乘除等），送出一个数据等。与每个动作相对应的是一条指令，CPU 接收到一条指令就去做对应的动作。一系列的指令就形成了一个程序，可能使 CPU 完成一系列动作，从而完成一件复杂的工作。

互联网（Internet），是由一些独立的和具备信息交换能力的计算机互联构成，以实现资源共享的系统。互联网始于 1969 年美国的阿帕网，是网络与网络之间所串连成的庞大网络，这些网络以一组通用的协议相连，形成逻辑上的单一巨大国际网络。计算机在网络方面的应用使人类之间的交流跨越了时间和空间障碍。计算机网络已成为人类建立信息社会的物质基础，它给我们的工作带来极大的方便和快捷，如在全国范围内的银行信用卡的使用，火车和飞机票系统的使用等。可以在全球最大的互联网络——Internet 上进行浏览、检索信息、收发电子邮件、阅读书报、玩网络游戏、选购商品、参与众多问题的讨论、实现远程医疗服务等。

无线网络上网可以简单地理解为无线上网，几乎所有智能手机、平板电脑和笔记本电脑都支持 WiFi 上网，是当今使用最广的一种无线网络传输技术，实际上就是把有线网络信号转换成无线信号。手机如果有 WiFi 功能的话，在有 WiFi 无线信号的时候就可以不通过移动联通的网络上网，省掉了流量费。

无线网络传输速度非常快，可以达到 54Mbps，符合个人和社会信息化的需求。WiFi 最主要的优势在于不需要布线，可以不受布线条件的限制，因此非常适合移动办公用户的需要，并且由于发射信号功率低于 100mw，低于手机发射功率，所以 WiFi 上网相对也是

WiFi

网络已覆盖

WiFi Service Area

最安全健康的。但是 WiFi 信号也是由有线网提供的，比如家里的 ADSL，小区宽带等，只要接一个无线路由器，就可以把有线信号转换成 WiFi 信号。国外很多发达国家城市里到处覆盖着由政府或大公司提供的 WiFi 信号供居民使用，我国也有许多地方实施"无线城市"工程，使这项技术得到推广。

综合以上我们常用的媒介，我们可以看到物理学为各种媒介产生提供了最重要的理论支持和硬件技术。可以说没有麦克斯韦等的电磁场电磁波理论，就没有广播；没有电学光学的理论和技术就没有电视；没有量子力学的出现就不会有半导体晶体管和集成电路的发明，也谈不上计算机和互联网了。所以，物理学为我们今天信息传播奠定了最坚实的理论和技术基础。

第二节　运用数学知识解读媒体报道中的数据信息

无论是代表传统媒体的报刊、广播、电视，还是代表新媒体的网络平台、电脑、手机、自媒体等，都在不断向我们传播报道着各种信息，其中数据信息时常被引用。作为学习数学知识多年的我们，往往会对这些报道中多次出现的一些数据信息比较敏感，比如"2016 年春运全国旅客发送量将达到 29.1 亿人次"中的"29.1 亿人次"；"2016 央视猴年春晚收视率 30.98"中的"收视率 30.98"；"2015 年，全年国内生产总值 676708 亿元"中的"676708 亿元"等等。这些数据都是怎么得来的，和我们学过的（或即将学习的）数学知识又有怎样的联系呢？我们不妨通过对上述三个例子中数据的来源或产生方法做简单梳理，帮助大家在以后的生活中，更好地用已掌握的数学知识去解读媒体报道中的数据信息，做到知其然还要知其所以然。

一、关于春运流量的统计

根据媒体报道：2016 年春运从 1 月 24 日（农历腊月十五）启动，3 月 3 日（农历正月廿五）结束。国家发展改革委、交通运输部、公安部、安全监管总局四部门于春运前联合发出通知，要求各地认真做好 2016 年春运工作。《通知》指出，经相关部门会商预测，2016 年春运全国旅客发送量将达到 29.1 亿人次，春运客流继续保持增长态势，但增速放缓。

2016 年 3 月 3 日，为期 40 天的春运圆满结束。2016 年春运期间全国旅客发送量超过 29.1 亿人次，比去年同期增

春运期间火车票售票场景

长 3.8％。春运期间，铁路客运量 3.26 亿人次，同比增长 10.8％；道路客运量 24.95 亿人次，同比增长 3％；水路客运量 4260 万人次，同比下降 0.6％；2016 年春运期间，民航运送旅客 5309.3 万人次，同比增长 8％。

从上述引用的新闻可以看出，春运旅客发送量有春运前的预测值和春运后的统计值两个值，两者实际上是一致的。为什么呢？其实要得到春运后的统计值，是一件很简单的事情，只需要各地分别统计春运期间的铁路、公路、水路、民航的实际售票情况即旅客发送情况，再汇总即可。而预测值是国家发展改革委、交通运输部、公安部、安全监管总局四部门结合前一年的春运旅客发送量和本年内铁路、公路、水路、民航运送能力的提升部分，再利用大数据的工具，考虑到游客出行特点及变化综合评估得出的预测数据。该数据能帮助各地各部门提前做好充分的春运准备，有很强的指导意义。而且，在真正春运开始后，国家各部门还会根据旅客购票情况作一些宏观调控，比如：铁路部门可能会增开一些临客列车等。但这些调整不会对最终旅客发送总量的统计造成影响。

二、关于春晚收视率的统计

央视网消息（新闻联播）：根据中央电视台官方公布的数据，2016 猴年央视春晚的多屏直播收视率达到了 30.98％，比去年的 29.60％提高了 1.38 个百分点。

收视率 PK

央视索福瑞

央视春晚的收视率一向很高，在受众规模如此之巨的情况下，这个比例是怎么得到的呢？我们一起来了解一下相关知识。收视率是指一定时段内收看某一节目的人数（或家户数）占观众总人数（或总家户数）的百分比，即：收视率＝收看某一节目人数/观众总人数。也就是说，要得到春晚的收视率，必须先统计出在央视春晚时间段内收看央视春晚的观众人数和所有观看电视节目的观众总人数，两者相除即可。而从实际情况来看，如此巨大的统计工作显然是不可能完成的。那么我们在新闻中看到的春晚收视率到底是怎么得到的呢？其实啊，国内现在的电视收视率（包括春晚收视率）主要是由央视—索福瑞媒介研究有限公司（CSM）——一家专门的收视率调查公司调查得到的。该公司按照样本分布选定一些用户（全国各地约 6.11 万余户样本家庭），付费安装一些"监测设备"，用来记录用户的换台情况，定期搜集这些数据做出收视率统计。也就是说，央视春晚直播期间，CSM 公司根据"检测设备"即时反馈的数据，统计出样本家庭中收看央视春晚的观众人数和所有打开电视收看电视节目的观众总人数，两者相除产生样本家庭中的央视春晚收视率，并用"样本估计总体"的统计学原理，就把该数据作为最终反映全体受众群体的收视比例，也就是我们最终看到媒体报道的收视率。虽然收视率本身只是一个简单的数字，但是在看似简单的数字背后却是一系列科学的基础研究、抽样和建立固定样组、测量、统计和数据处理的复杂过程。

三、关于 GDP 的统计

根据媒体报道：周二（1 月 19 日）上午 10 点，中国 2015 年 GDP 数据出炉，中国去年经济增速创下 25 年来新低。统计局数据显示，中国 2015 年全年 GDP 总量为 67.67 万亿元，增速为 6.9％，这是 1990 年以来的最低增速，彭博新闻社统计的经济学家对去年经济增速的预期和前值均为 6.9％。

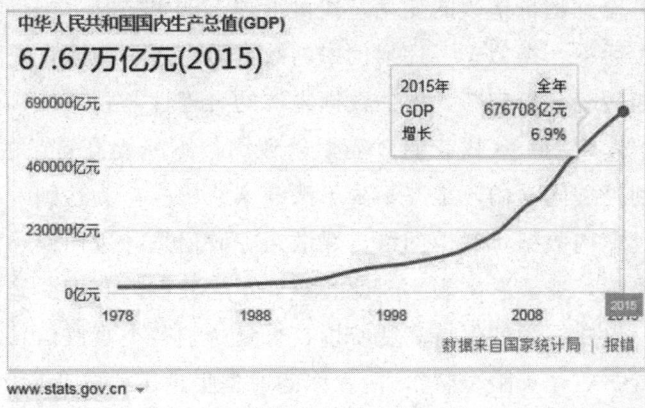

中国 GDP 变化趋势图

国内生产总值（GDP＝Gross Domestic Product）是指一个国家（国界范围内）所有常驻单位在一定时期内生产的所有最终产品和劳务的市场价值。GDP 是国民经济核算的核心指标，也是衡量一个国家或地区总体经济状况重要指标。自改革开放以来，我国的 GDP 增速始终处于世界前列，到 2015 年，我国的 GDP 总量在各国中已稳居第二，仅次于美国。那么，我国的 GDP 总量和增速的数据是怎么得到的呢？

首先我们需要了解，GDP 核算有三种方法，即生产法、收入法、支出法，三种方法从不同的角度反映国民经济生产活动成果，理论上三种方法的核算结果相同。而我国国家统计局发布的 GDP 数据是以生产法为基础核算的结果。用生产法核算 GDP，是指按提供物质产品与劳务的各个部门的产值来计算国内生产总值。生产法又叫部门法，这种计算方法反映了国内生产总值的来源。

按生产法核算国内生产总值，可以分为下列部门：农林渔业；矿业；建筑业；制造业；运输业；邮电和公用事业；电、煤气、自来水业；批发、零售商业；金融、保险、不动产；服务业；政府服务和政府企业。把以上部门生产的国内生产总值加总，再与国外要素净收入相加，考虑统计误差项，就可以得到用生产法计算的 GDP 了。

也就是说，我们可以用一个简单的公式来表达 GDP 的统计方式：

GDP＝劳动者报酬＋生产税净额＋固定资产折旧＋营业盈余。简单理解为，在实际统计的时候，上段中提到的各部门按上述公式分别统计相应的 GDP，再汇总也就得到了最终国家统计局发布的 GDP 数据。再与前一年的数据对比，考虑到物价指数的变化，便可得到 GDP 增速。

在实际生活中，类似于上述案例中的数据信息还有很多，在看到这些数据时，大家能适时分析判断，评估数据来源的合理性与正确性，运用学过的数学知识去解读它们，这样我们才能学以致用，不断提高自己的媒介素养。在这里要特别提醒同学们，也有不少不法商家或机构，为达到一些不可告人的目的，通过虚构数据，利用网络传媒散布虚假信息，进而误导观众或消费者致其上当受骗，造成恶劣影响，此类案件不乏其例。我们在谴责这类商家和机构同时，也要同学们保持高度警惕，自觉辨别各类真假信息，运用自己所学知识练就一双"火眼金睛"，使媒体的数据报道不再让我们困惑。（资料来源：百度百科之"2016 年春运"、"收视率"、"国内生产总值"）

第三节　科学认识媒体漩涡中的化学物质

作为国民经济支柱产业之一的化学工业及相关产业，在为人类的物质文明做出重要贡献的同时，一些化学工业也对环境和人类的健康带来一定程度的危害。随着媒体、网络日益发达，信息社会的发展，有关环境污染和食品安全等热点问题不断见诸报端及网络媒体，加之个别不法之徒唯利是图，掺杂有毒化学物质来营销商品，如媒体报道的苏丹红鸭蛋、三鹿三聚氰胺毒奶、塑化剂、镉大米、毒跑道等充斥市场，损害民众的身心健康，些网友曾这样调侃："活到今天，我们仍然是一枚健硕滴（的）充满热情滴（的）吃货，得感谢各种'毒'的放过之恩！"与此同时，一些民间网络，QQ微信，利用这些事件大肆渲染，以讹传讹，脱离了科学正确的轨道，又造成了社会另一种恐慌，不少民众对化学物质多有忌惮甚至误解，如排斥校园塑胶跑道、反对建设"PX项目"等。我们应该怎样理性对待这些媒介传闻呢？如何用书本上的化学知识看待媒体漩涡中的化学物质呢？我们首先从"毒跑道"说起。

近年来不少的学校升级改造，使用塑胶跑道替代原有操场材料，但是由于缺乏监管体制，塑胶跑道的质量堪忧，一些不良商家采用有毒材料施工，给使用跑道的师生身体带来很大的伤害。两年的时间里，全国多地学校发出"异味跑道、异味操场"的疾呼。央视财经《经济半小时》记者深入这场舆论漩涡，揭开了一个令人震惊的黑幕——"塑胶跑道"竟是"废轮胎、废电缆"做成的！中国之声《全国新闻联播》报道，部分学校塑胶跑道存在冒用检验合格报告、使用不良原材料等问题。毒跑道事件报道后，随即各地的毒跑道先后被铲除，事件相关责任人被党纪政纪处分，或移送司法机关处理。

从化学角度看：

1. 跑道有以下几种分类：

塑胶运动场地根据使用的材料和铺装结构的不同，可分为预制型塑胶跑道（全塑型塑胶跑道）、复合型塑胶跑道和混合型塑胶跑道。第一种太贵，第二种质量太次，最后一种是国内最常见的塑胶跑道。

2. 从化学角度，专家分析出了以下五种常见的添加物，每一种都是导致毒跑道的诱因：

（1）溶剂，常见于单组分聚氨酯胶水中。溶剂价格远低于聚氨酯本身常用的乙酸乙酯、二甲苯等。一般来说溶剂挥发性高且有刺激性气味，对人体有害。

（2）游离态 TDI，TDI 最早应用作为跑道胶水配方中的异氰酸酯原料。TDI 挥发性高、毒性大在国内已经被列为剧毒品。某些生产厂家由于技术落后仍采用 TDI 作为胶水原料，且生产过程中对游离态的 TDI 单体没有进行处理，是造成 TDI 伤害甚至中毒的主要原因。

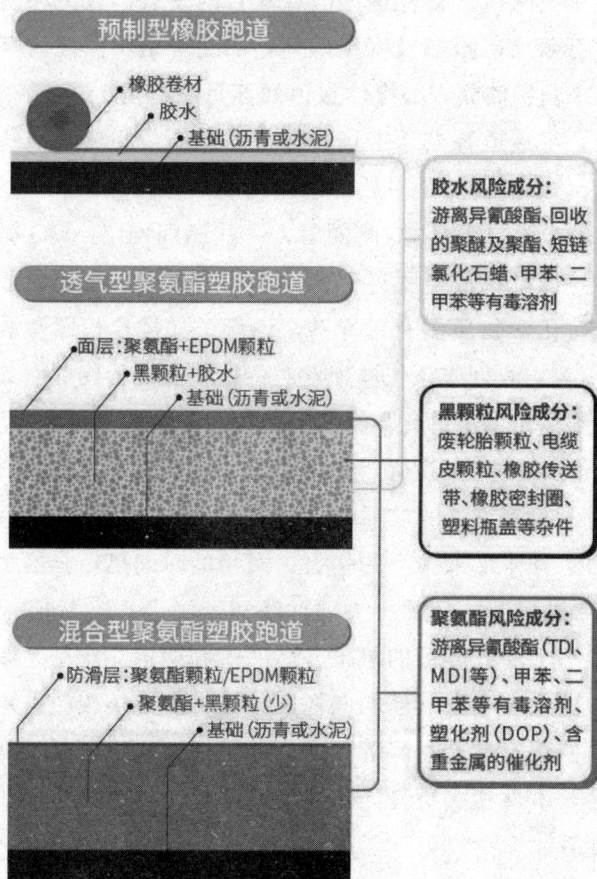

跑道成分的分类

（3）增塑剂，俗称塑化剂，在塑胶跑道弹性体和胶水中经常使用，增塑剂价格远低于聚氨酯本身常见的塑化剂有氯化石蜡，DOP 等，大多数会对人体产生伤害。增塑剂虽然挥发性较小，但其经常和人体接触以及渗透到底层土壤中，对人体和环境都会造成破坏。

（4）MOCA，是作为聚氨酯弹性体中最常见的胺类扩链剂。早期在聚氨酯弹性体运动场地中大量应用，在国内由于成本和技术等原因，某些厂家还大量使用 MOCA 作为配方中主要的扩链剂。

（5）其他添加剂，如有机重金属类催化剂。可能对人体造成中毒，以及污染土壤和地下水。

以上的各类毒性物可以通过化学分析的方法进行有效的检测和标定，如固含量检测、红外图谱检测、元素分析等测试方法。

"其实，化工材料多少都存在一定毒性，只要把有毒物质界定在某一个不会对人体、环境造成危害的限量，就属于环保产品。"[①] GBT14833－2011 国家标准中对跑道有毒物质都做了限量，只要符合国家标准的塑胶跑道，一般不会危害健康。

目前符合生产标准的厂家使用的是合格的聚氨酯颗粒，而近期曝光出的塑胶跑道，多是黑心商家受利益驱使，大量使用回收聚醚、工业毒石蜡、催干剂等垃圾类原材料，施工中技术不规范，大量使用稀释剂（如甲苯、二甲苯等味道重、毒性大的稀释剂、天那水、汽

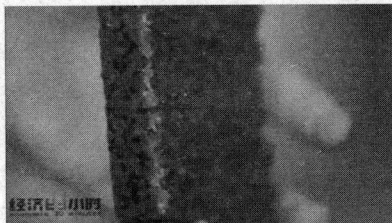

标准跑道横截图

油），加入便宜的无机填料，最终降低塑胶材料成本，制作一些毒性大、污染大的非达标产品。这些有毒物质一旦超标，将会导致头昏、呕吐、昏厥，甚至是癌症，对人类、动植物和环境会形成伤害。而且，这种劣质跑道铺上后，有害物质可能几年内都无法挥发干净，尤其炎热天气或强紫外线照射下，加速释放有味道气体，毒害校园和大气。除此以外，毒性和人体接触跑道的时间、浓度大小也有关系，一般短时间接触身体的免疫功能会代谢掉一些有害物质。但如果长期不自觉接触，就有可能造成慢性中毒。至于家长们担心的白血病问题，根据新闻报道的症状，患白血病的可能性并不大。流鼻血也很可能是有毒化学物质释放的刺激性气体，例如氯化氢，氨等，造成学生鼻部黏膜刺激，毛细血管充血，破裂造成的。

从网民初时的愤怒、痛心到后来的思考、争辩。两年时间，毒跑道话题

---

① 李嘉义，《人民日报》，2015 年 4 月 23 日。

在网络舆论场变得炙手可热。从毒奶粉事件、地沟油再到今天的毒跑道事件，网民关注的热度与媒体调查的深度明显呈螺旋上升态势。随着揭露一层层地进行，舆论压力也越来越真实，政府与社会团体也会相应而动。从化学的角度科学分析毒跑道真正的毒性来自于哪里，对于治标治本更为需要。塑胶跑道有问题是事实，可搞清问题到底出在哪里，需要通过科学的方法。因为媒体的过度报道，很多学校已经开始铲除塑胶跑道，恢复成水泥地或煤渣跑道，且不说浪费问题，但这真的更有利于学生的安全和健康吗？塑胶跑道的问题，到底是因为使用了废旧的塑料，还是因为胶水有问题，或者施工有问题，需要科学的验证和解读，而不是各路媒体想当然就能确定的"真相"。

又如另一化学物质——对二甲苯（PX），是化工生产中非常重要的原料之一，其产量是衡量一个国家化工化学水平的重要指标。"PX"大家可以简单地理解为它是棉花的替代品，是主要的纺织原料。前一段时间在网络媒体上该项目一度闹得沸沸扬扬，一些地方政府出于经济发展的需要，筹建上马"PX"项目，由于老百姓对这一项目的污染程度与化学性质了解不多，加上个别媒体的渲染夸大，引起了所在地老百姓的惊恐与抗议。而事实情况是怎样的呢？我们来看看清华大学化工系的学子们的表现就知道了。2014 年 4 月 2 日到 4 月 4 日，从百度百科中查询出对二甲苯（PX）这个词条关于毒性的描述被人由"低毒"改成了"剧毒"，清华大学化工系的同学们发现之后，"自发昼夜捍卫'PX'低毒属性这一科学常识。经过几天的拉锯战，词条被反复修改 36 次，最终锁定为'低毒化合物'的准确叙述①。这个过程不仅有利于澄清社会误解，回击不良媒体的不负责任的传播，更体现了年轻人在现代媒体面前的及时担当，捍卫真理的可贵。

在巨量的信息中区分、使用、淘汰相关信息，判断信息的真伪和价值导向，快速度、大限度地提取信息的有效性并进行整合，以及对信息的评价、扬弃等都要用道德的观念和正向积极的心理。选择总是有代价的，事情总是会有利弊，从来没有只有好处没有坏处的十全十美的选择。媒体关注"毒跑道"、关注"PX 项目"本无可厚非，甚至是基于责任的担当，但应避免走入极端，人为制造"谈塑胶跑道色变"、"谈 PX 项目色变"的非理性氛围。愿年轻的我们能够用科学的视角关注社会，让所有的认知回归正确的跑道！

① 王硕，《京华时报》，2015 年 1 月 29 日。

第四节　科学认识媒体报道中的生物技术

　　"转基因食品"、"细胞克隆"、"生物芯片"等当代重要的生物科学技术，常常出现在各类媒体中，甚至一些技术一度被媒体炒得沸沸扬扬，或因其技术先进、市场前景广阔，或因其技术存在局限、负面因素突出，而被媒体及世人广泛关注。就拿"转基因食品"来说吧，目前媒体报道较多，加之个别媒体为了噱头，将道听途说未经验证的消息也公布出来，让受众不明就里，莫衷一是，影响了大家对这些前沿科学技术的正确判断。

　　下面我们来详细了解一下这一技术。

　　"转基因"是指利用分子生物学手段将人工分离和修饰过的基因导入生物体基因组中，使其生物性状或机能发生部分改变。这一技术被称为转基因技术，在中国亦称为"遗传工程"、"基因工程"。经转基因技术修饰的生物体常被称为"遗传修饰过的生物体"（Genetically modified organism，简称 GMO）。以转基因生物

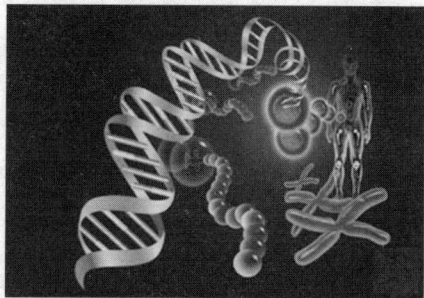

转基因技术

体直接作为食品或以其为原料加工生产的食品就是转基因食品。

　　转基因议题在中国已经引起了广泛论战。针对转基因技术的科学研究以及转基因技术本身，人们并无疑问。但是，当转基因技术应用于人类食品并

转基因食品

进行商业化推广后，它已不再是一个纯粹的技术或科学研究问题，而变成了经济、哲学与伦理问题了。其实，从转基因技术从试验室里诞生开始，科学家们便对转基因作物的环境安全性和食用安全性两方面进行了大量研究。在转基因作物商业化应用的十余年间，全世界各国的科学机构或者管

理机构都没有发现 1 例食品安全事件与转基因技术相关。即便如此，公众的疑虑依然难消。

民以食为天，以这个最基本的生存需求为议题的讨论，每个人都是利益相关者。绝大多数民众凭借媒体信息形成对转基因食品安全性的判断。媒体对以转基因食品为核心的议题讨论充分体现其"环境监测"的功能。大众媒介行使着公众的知情权，向公众传递有关科学发展的最新信息，公众也由此认识科学世界。由于人们对这样的高科技技术持谨慎的态度，又缺乏了解转基因真实情况的渠道，这就产生了大量转基因相互矛盾的报道。如"郎咸平谈转基因水稻"、"普兹泰事件"等就是明显例子。

阅读材料：郎咸平谈转基因水稻

郎咸平是中国著名的财经专家，其在经济学领域获得了许多光彩夺目的经历和头衔，但他在 2010 年 2 月 20 日，做客广东卫视"郎眼财经"时，大谈转基因。该节目借郎咸平和资深媒体人石述思之口，对转基因现象做了一些评价，主要观点有"转基因食品致癌"、"中国消费转基因大豆油的区域是肿瘤发病集中区"、"美国人自己不吃转基因作物"等。随后的一星期，郎咸平又在另一档财经栏目里对话题做了名为《转基因食品，你敢吃吗》的后续报道。

郎咸平的节目一经播出，在生物学学界引发了巨大争议。科普作家方舟子就郎咸平的"转基因危害论"发表了一封致国家广电总局的公开信，称郎咸平的相关言论涉嫌造谣，"科学问题上继续误导公众、传播谣言"，"在社会上产生了极其恶劣的影响"，并涉嫌污蔑、曲解及攻击陈君石等院士学者。此公开信得到了包括中国农业科学院副院长刘旭、中国科学院院士何祚庥、中国工程院院士范云六在内的 760 名院士、教授、学者的联名支持。

从郎咸平被生物学界内专家联名声讨可以看出，作为公众人物，在大众传媒上的言论必须具备相关背景知识，经得起行业内专家的推敲，否则失实的言论影响更坏。比如，郎咸平在节目中说："我可以大胆地讲一句话，将来我们研究任何农产品的转基因，百分之百的专利都是别人的，咱们只能做一些周边的专利，百分之百大专利都是别人的，因此我们只要走上转基因道路，就是受制于人。"事实上，目前我国批准的转基因水稻为我国科学家自主研发，其核心技术如抗虫基因和转化方法等均拥有自主知识产权，所获得的专利在中国知识产权总局的网站上点击关键词均可检索到。

阅读材料： 普兹泰事件

1998 年 8 月，苏格兰罗威特研究所（Rowett Institute）的基因研究的资深学者阿帕德·普兹泰博士（Arpad Pusztai）应邀出席一档收视率很高的电视节目《行动中的世界》，在节目中，他介绍了自己的一项实验：用两种没有在市场上销售过的转入了植物凝血素的转基因土豆喂养老鼠，发现"这些食用

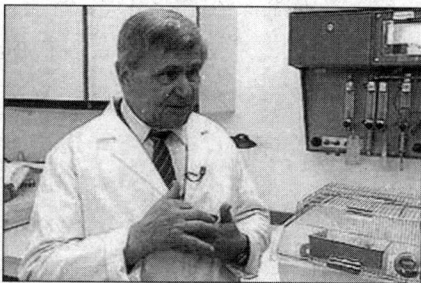

阿帕德·普兹泰

了转基因土豆的老鼠出现了轻微的发育迟缓现象，免疫系统也受到影响"。随即，他发表了一番令人震惊的言论，他向电视机前的观众陈述道："食用转基因食物会导致轻微的生长缺陷，对免疫系统也有影响……至少，在得到更可靠的科学证据前，我本人是不会吃这类东西的。"转基因方面的顶级专家却说自己不会食用转基因产品，无疑是一颗重磅炸弹，一时间，全世界都对此议论纷纷，研究所甚至就此发布了新闻通稿，强调："一系列严谨认真的研究都印证了普兹泰博士的担忧。"

英国皇家学会对"普兹泰事件"高度重视，组织专家对该实验展开同行评审。1999 年 5 月，评审报告指出普兹泰的实验存在严重错误，主要包含六个方面：不能确定转基因与非转基因马铃薯的化学成分有差异；对试验用的大鼠仅仅食用富含淀粉的转基因马铃薯，未补充其他蛋白质以防止饥饿是不适当的；供实验用的动物数量太少，饲喂几种不同的食物，且都不是大鼠的标准食物，欠缺统计学意义；实验设计差，未按照该类试验的惯例进行双盲测定；统计方法不恰当；实验结果无一致性。通俗地讲，该实验设计不科学，实验的过程错误百出，实验的结果无法重复，也不能再现，因此结果和相应的结论根本不可信。

不久之后，普兹泰宣布他是在尚未完成实验，没有发表数据的情况下，就贸然通过大众传媒向公众传播其结论是非常不负责任的，他将提前退休，并不再对其言论负责。

中国农科院植物保护研究所所长吴孔明认为，对于像转基因这种新生事物，非常有必要对其进行深入研究。科学的态度就在于及时发现问题并提出解决方案。吴孔明说："但科学研究必须符合规范，任何的科学结论也必须

建立在能站得住脚的科学证据基础上。"因此，在报道一项新研究或者新观点时，传播者必须慎之又慎。

面对众说纷纭的媒体，我们应保持有什么样的态度呢？

一是广泛收集材料，寻找有说服力的证据；二是依循科学方法，判断媒体报道的严谨性；三是坚守道德本真，不以讹传讹。对"转基因食品"的看法，我们要多一些辩证思维，全面看待。与任何一种新事物面世一样，转基因产品我们同样要多角度来评判，从有利的角度来看：一是转基因技术可增加粮食生产、减少生产的投入，有助于解决世界范围的粮食问题。二是转基因农作物具有抗病虫害、抗除草剂的特性，可减少杀虫剂、除草剂的使用，有利于环境保护。三是转基因技术可以通过利用某些基因，增加食物品种，改善食物品质，使食物更加可口。四是转基因技术可准确地生产人类想要的动植物品种，克服传统嫁接及杂交技术的不确定性。此外癌症等顽症的治疗亦可望取得突破。

而另一方面，我们也要有清醒认识：一是转基因技术使不同物种的基因相互融合，而对其后果却无法控制，因而可能造成基因污染，引起生物安全上的问题。二是转基因食品可能存在毒性问题，对人的负面影响可能有很长的潜伏期，而其对人体的长期影响尚难以确定。三是某些人对转基因食品存在过敏反应。四是转基因食品的营养作用、对抗生素的抵抗作用、对环境的威胁等问题尚未得到证实或解决。五是一些实验已经表明了转基因食品的负面影响。

到目前为止，转基因食品尚未能从科学原理上被证明完全无害或确定有害，因为科学技术手段还未能达到确切地了解和控制插入基因的位置、表达状态和全部影响。作为热爱科学的我们，只有持续关注，正确解读媒体报道，才不至于被误导蒙蔽。

思考题：

1. 媒体报道常常出现不少的的数据统计信息，你能解析它的来源或产生方法吗？

2. 当媒体发布"名嘴"、"名家"、"名著"观点时，我们能否不加区别的全盘接受？

第七章 媒介与文学

　　传播媒介的变化对文学形态的影响是十分明显的。不同时期，我们的媒介传播方式不同，文学的流行程度和流行形态也都呈现出不同的特点。新媒介的出现使得传统的阅读方式受到挑战，我们开始更多的进行网络阅读，于是便有了网络小说的兴盛。媒介的发展让更多年轻人成为流行语言的创造者，让我们的语言打破常规，以更包容和灵活的方式呈现在大众面前，出现了各种新奇的甚至是怪诞的语言形式。同时我们原本"高冷"的文学，尤其是古典文学，在新媒介和新的阅读方式带动下，开始与流行文化相结合，打破藩篱，变得更加的亲切和活泼，获得了新的生命力。所以，新媒介的发展对于文学而言既是机遇也是挑战，关键在于我们要在顺应时代发展的前提下，用好新媒介，提升自我的文学素养。

　　在科技如此发达的今天，资讯的获取和信息的传播变得比以往任何时候都要快速和便捷，同样也就使得以往只掌握在少数人手中的知识和信息变得广为人知。从一个孩子学会使用电脑在网上搜索相关信息开始，以往仅仅是受过相关教育的人才能掌握的知识就不再神秘，因为通过网络搜索，我们似乎就可以得到一切想要的信息。以往老师可以

网络连通世界

调动自己的阅历和知识储备，在课堂侃侃而谈，或许只是文本作者一件小趣事，或者是与之相关的知识链接，就能让不知道的学生心生敬佩。而现在，

这些内容只要在网上一搜，基本都能够找到，比课堂上老师讲得更多，更有趣。而新媒介的影响在文学上的体现同样很突出。

第一节 媒介发展对文学的影响

传播媒介的变化对文学形态的影响是十分明显的。文学传播的发展史其实很大程度上和媒介的发展史是可以重合的，主要分为口语传播时代，文字传播时代，印刷传播时代，电子传播时代，信息时代五个阶段来研究。

在印刷传播时代，我们虽然将"洛阳纸贵"传为一段佳话，但是这也在一定程度上反映了因为传播媒介的限制，导致文学无法在普通民众中得到更广泛的传播的局限性。曾经，虽然我们有众多为人称道的大文豪、大诗人的存在，但是并不是人人都能够接触文学、接触诗歌，从而享受文学作品带来的愉悦。这当然有社会发展水平低下，民众文化层次较低的原因，但是媒介传播能力和范围的影响也是不可否认的。

我们清楚地知道，在历史上，文学的传播形态有过口口相传，有过手抄传播，也有过印刷传播和电子传播等。中国文学史上，新文学的出现和兴起就是与近代报刊业的崛起有关。曹聚仁先生曾经评价过："中国的文坛和报坛是表姊妹，血缘是很密切的"，其实我们可以不夸张地说，正是报纸杂志这种媒介传播形式的崛起，才有了古典文学的终结，也才使得中国文学发展进入了新的阶段。我们甚至可以说，因为传播媒介的变化，使得更多的有志的文学青年能够以更直接更有效的方式去表达自我的文学主张和社会祈愿，才促成了新文化运动时期众多的新的文学题材和文学样式的产生。

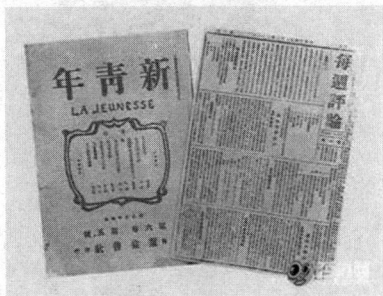

《新青年》杂志

在印刷传播之后，文学传播也随着广播的出现一起进入了电子传播时代，在这种传播形态之下，人们可以不通过阅读来达成文学欣赏的目的。因为静态的文字变成了动态有声的语言，忙碌的人们可以在伴随状态下，一边做其他事，一边收听广播。电影和电视改编的文学作品甚至可以将人们对文学作品中的各种想象通过画面的形式展现在人们面前。

报纸、杂志、广播、电视、电影、图书、网络等大众传播媒介是现代社会生活的重要组成部分，它们维系着整个社会的政治、经济、文化等活动。任何一个时代，媒介的发展都能带来巨大的革新与变化。与欧美国家相比，新媒体在中国起步时间较晚，而且起步之时力量弱小，但是其发展速度惊人。作为一种全新的现代化传播方式，新媒体只用了短短不到 10 年的时间就接近了报纸、广播和电视用数十年、上百年才拥有的受众群。

但是传播媒介发展到今天，我们的文学传播已然进入了网络传播时代。这对于传统的纸质文学阅读来说，无疑是一个巨大的挑战。在网络传播时代，网络文学中，最兴盛也最具代表性的文学样式就是网络小说。因为网络的发展，电脑和手机都能够轻松上网，浏览网页，而网络小说内容浅显，情节简单，对于受众的文化层次的要求不高。正

网络阅读是发展趋势

是因为受众的文化水平较低，网络小说更能够获得此类不追求文学韵味，只注重情节简单精彩的阅读群体的认可和欢迎。只要你接受过一定程度的教育，或者只要你能够认字，你就可以在网络中找到你能够阅读的小说作品，因此网络小说让更多仅仅是能够认字的人都能够参与到文学作品的阅读之中，从而扩大了小说的受众群体。

台湾写手"痞子蔡"的《第一次亲密接触》被公认为是中文网络文学的发端，当然也有人对此种说法表示了怀疑，但事实上的确是他的这部作品让网络文学开始走入公众视线。这之后，网络文学开始蓬勃发展起来，大批网络文学作品出现，众多网络写手开始在网络耕耘，企图开创属于自己的文学园地。

阅读材料："痞子蔡"

笔名为"痞子蔡"的蔡智恒，1969 年生，台湾著名网络小说作家，台湾成功大学水利工程博士。名字和他本人其实有些名不副实，他本人白净，清秀，举止看似随意但绝对温文尔雅。对于这个笔名蔡智恒笑着说："因为我借书常常忘了还，被图书馆的小姐称为'痞子'，我觉得这个名字还不错，就用了，当时没想到会出名，要不然我会起个好听的名字。"

1998 年 3 月他写下了《第一次的亲密接触》。同年于 BBS 发表第一部小说《第一次的亲密接触》，造成全球华文地区的痞子蔡热潮。自此以后，左脑创作小说，右脑书写学术论文，独树一格。现于成大担任博士后研究员。

作为网路文学第一人，他的《第一次亲密接触》曾红透海峡两岸，几乎一夜之间，地球人都知道了"痞子蔡"和"轻舞飞扬"，小说中的经典话语，更成为时髦男女的口头禅。其后，蔡智恒又先后推出了《香水》《爱尔兰咖啡》、《夜玫瑰》等书，也都深受欢迎。

痞子蔡

从网络小说兴盛以来，出现了大量以网络小说为主要内容的小说网站，比如起点中文网、盛大文学、晋江文学等等。这些网络文学网站，大部分提供的是网络小说的阅读。网络阅读和写作的开放性，也降低了"作家"二字的准入标准。以往只要没有名气就无法写书出版的人，在这样的网络写作时代迎来了自己的春天，他们通过网络在基本不需要名气和成本的状况

网络阅读途径多样

下，进行网络小说的写作，并且收获大批的追随者。网络小说也因为其准入的低门槛和特殊的开放性，呈现出百花齐放的状态。网络作家在进行网络写作时一般喜欢给自己取一些别样的，新鲜的，甚至是怪诞的名字。在很多网络作家的名字中，我们都可以看到他们对传统写作范式的突破。网络作家创作的网络小说最突出的类型主要有言情小说、玄幻小说。当然反映历史和现实的小说也是大量存在。长久以来，网络小说出现了众多高人气的作家和作品。作家比如宁财神、顾漫、安妮宝贝、天蚕土豆、萧鼎、唐家三少、天下霸唱等，他们每个人在网络上都有大批的粉丝和追随者。而大热的小说作品也是比比皆是，比如《成都，今夜请将我遗忘》、《何以笙箫默》、《明朝那些事儿》、《斗破苍穹》、《鬼吹灯》、《盗墓笔记》、《悟空传》等。因为新媒介的发展，网络阅读目前已经成了大众阅读文学作品最主要的途径，而网络小说也正在以更蓬勃的状态发展着。

阅读材料：《悟空传》

《悟空传》等各种版本是由今何在（原名曾雨）最先在新浪网金庸客栈上面连载发表的，共二十章。2000 年出版后引起广大网民的阅读高潮。在网络上一直享有"网络第一书"的美誉。2002 年 3 月 13 日，中国电影集团公司与今何在正式签约，购买了《悟空传》的影视及动画的全部改编权。

2009 年，在由中国作家出版集团和中文在线主办、长篇小说选刊杂志社等承办的"网络文学十年盘点"活动中入选十佳人气作品。

本书讲述了悲剧英雄孙悟空以及唐僧等人对命运的抗争，作者以现代人的角度重新解读《西游记》的某些情节，通篇弥漫的是思考。是另类的西游记，另类的玄幻经典。

故事不按《西游记》中单一的叙事模式推进，而是分三条线索展开叙述：一是猪八戒和阿月之间不离不弃的爱情，二是孙悟空与紫霞热烈却又压抑的感情，三是唐僧与小白龙之间哀婉的情意。故事在猪八戒、孙悟空、唐僧三者之间不断的转换，每个故事好像是各自独立的，但是它们共同拼接成了完整的故

今何在的《悟空传》

事。这种将叙述事件和逻辑顺序打乱，让故事在过去与现在，尘世和仙界之间自由穿越的后现代主义叙事模式，就像电影中的蒙太奇，将镜头不停地切换，表现出了后现代主义的典型特征。

当然，网络传播媒介的兴盛，不仅仅体现在网络小说的繁荣之上，智能手机在民众中得到普及之后，在 QQ、微博、微信被高度使用的今天，也有越来越多的人参与到网络小散文的创作之中。这一类小短文一般以散文形式出现，因为其短小而信息集中，使得忙碌的现代人能够利用碎片化的时间进行碎片化的阅读，从而能够不受时间和地点的限制。当然这类小短文一般情况下都是以发表生活感悟或者灌输"心灵鸡汤"为主要内容，在大多数情况下都极易引起人们的情感共鸣，从而不断的转发和分享，形成一段时间的空间热文。

阅读材料："心灵鸡汤"

"心灵鸡汤"，就是"充满知识与感情的话语"，柔软、温暖，充满正能

量。心灵鸡汤是一种安慰剂，可以怡情，作阅读快餐；亦可移情，挫折、抑郁时，疗效直逼"打鸡血"。这也是"心灵鸡汤"风靡不衰的原因。大众化口味，励志化包装，快餐式文本，无须动脑就可脑洞大开。当前快节奏的生活和无处不在的压力，偶尔也需要这种激励味十足的"语言艺术治疗"。

第二节　新媒介的发展让语言变得更丰富

在网络时代，我们的常用语言也发生着天翻地覆的变化，很多网络流行语成为赶时髦的中学生和大学生的追求。网络流行语是建立在计算机技术和现代网络技术的基础之上，它借着大众文化的蓬勃发展态势，成为新兴的大众文化形态之一。网络流行语从构成方式上看，大体可以分为三类：文字型、数字型和图形符号型。

新兴"网络成语"

文字型一般会利用谐音或者比喻，比如这样子变为"酱紫"，"菜鸟"一般拿来比喻刚刚进入某个领域的新人。数字型的流行语一般情况下利用数字谐音，比如 847 意思是"别生气"。然而近期网络最流行的数字流行语应当是"23333333"和"66666"。前者来源于猫扑论坛表情符号的第 233 号，是一张捶地大笑的图像，因此不少网友就喜爱在论坛发帖的时候加上一句"233"，表示自己在大笑，3 越多就是说笑得越厉害，当然一般是吐槽的时候会用到这一流行语。而后者"6666666"是"溜"的谐音，最早出现在英雄联盟等竞技游戏的口头语，就是玩得很好，很溜（谐音），多出现于游戏玩家间的对话，也含有讽刺的意味。在游戏里，"666666"既可以是褒义，也可以是贬义，褒义就是赞扬别人玩得很好，贬义则是在人家出糗的时候使用。但是现在很多人将"6666"赋予了表扬做得不错或者祝福一切顺利等意思。图形符号型的流行语是在网络交流的特殊产物，他依赖于电脑键盘上的各类符号而存在，比

猫扑 233 号表情

如哈哈大笑用"O（∩＿∩）O"来表示。

网络流行语是社会发展的开放性和新鲜活力的体现，语言的变化发展与社会变迁紧密相连，网络时代的到来，反映在语言就是一种力求变化的创新心理，网络流行语这一特殊的社会方言，以自己的"新奇"展现在语言系统中。键盘与屏幕，信息时代的信息爆发给人一种随意的空间和能力，在这样一个相对自由的领域内，一些词的演变和转意是必然的行为，它代表了一种被压抑的心理的解放，向前的趋势，在延续的基础上大量创新。甚至有人在学术论文中专门研究"呵呵"一词在不同语境中的含义，每一年互联网都会有人专门盘点当年爆红的网络流行语。这在一些坚守传统的人眼中看来是"胡闹"，是对语言的"瞎改造"，认为这是不利于汉语言的传承和发展。的确，网络流行语虽然能在短时间爆红网络，但是它的生命周期是十分短暂的，长则一年左右，短则一个月甚至十几天。但是不可否认的是它是一种能调动青少年关注语言现象的一种新型事物，同时它也是能够体现我们民众在语言中的包容度和创新性的一个载体。

阅读材料：网络流行语

北京瘫

火爆指数：★★★

出处：大张伟在节目上的"北京瘫"引发网友关注，其23年前的鼻祖"葛优躺"剧照也被挖出来，并成了今夏爆款表情。葛优躺生无可恋的姿态表示"什么都不想干、只想这么瘫着、其实并不是很想活"。长期以来，人们在'必须表现得积极乐观'这点上，承受着巨大的压力。相反地，"葛优式颓废"所放低的姿态更能降低人们的焦虑。网友为了证明这种"迷之颓废"的气质具有国际性，将小李子、卷福、和钢铁侠等人的"瘫相"和葛优PS到了一起，组成了"瘫界全家桶"，无关国界无关性别无关年龄，人生艰难百态，尽在这一躺。

火爆网络的葛优瘫

一脸懵逼

火爆指数：★★★★★

出处：原是东北方言，意思是被某事某物雷到不知所措的状态。而一脸懵逼的具体意思，指的是被雷之后，脸上存在的目瞪口呆的表情，成为表示震惊的必备词。在表情包的世界里，一脸懵逼因目瞪口呆与挠头的两大属性相性拔群，产生了莫名的喜感，迅速从一脸懵逼衍生成万脸懵逼，各种微博和论坛也都是各种大写懵逼，如博弈论懵逼、矩阵懵逼、高阶懵逼……

洪荒之力

火爆指数：★★★★★

出处：源自于热播剧《花千骨》。洪荒之力是最厉害的法力，拥有洪荒之力之人便得天下。后奥运会期间因"洪荒少女"傅园慧的采访而爆红，不仅成了各大品牌借势的金句，也成了聊天必备和表情包必备的神句。

来啊，互相伤害啊！

火爆指数：★★★★

出处：对于它的出处，有一种主流说法是：动漫罪恶王冠里，女主角有一句名言"人们为什么要互相伤害呢"从此之后互相伤害就火起来了。现在在网上既一种是挑衅，又一种是挑逗，有斗架也有暧昧，无论是哪一种都会对双方造成伤害，在网络中可以利用这款表情包调节氛围。

一言不合就飙车

火爆指数：★★★★

出处：由于 wca 比赛举办方态度令广大 DOTA2 观众不满，所以观众就跑去爆 wca 百度贴吧，也就是纷纷开贴发番号种子网盘等敏感信息，使得百度贴吧自动封吧。这是最早的出处。现在它也是一句吐槽用语，多表示意料之外的神展开，指毫无预料的发生了某件事情，冷不丁的就突然做出某事了。比如大家会说"现在的年轻人一言不合就飙车"等。

厉害了我的哥

火爆指数：★★★★

出处：关于出处，网上流传着两种版本：一是源自《王者荣耀》。有一个教官把一小学生游戏机没收了，然后上线帮他把正在打的游戏打完，对面的小学生说"你刚才掉线了"，教官说："啊？我不是他，我是他教官，他被我弄罚站去了，现在我帮他打完来速度推一波。"然后画面上就显示各种成就被完成，对面的小学生懵了，说"厉害了我的哥"。另一个是同学聚会，一同学指着外面的宝马说，我教师，另一同学指着外面的奔驰说：厉害了，我医生。另一同学指着外面的保时捷说，厉害了，我律师。最后我指着外面的出租车说：厉害了，我的哥。

友谊的小船说翻就翻

火爆指数：★★★★

出处：这是一个要用漫画诠释的词，因喃东尼原创漫画"友谊的小船说翻就翻"的火热成为网络流行语。其实该词最早的说法来自歪果仁的友谊单词"friendship"，friendship读起来就像"翻的ship"。"友谊的小船说翻就翻"寓意友谊经不起考验，说变就变。之后网友脑洞大开，又推出"爱情的巨轮说沉就沉，亲情的火苗说灭就灭……"网友们还创作出了不同版本的翻船体，涵盖了各行各业。

宝宝心里苦，但宝宝不说

火爆指数：★★★★★

出处：最早源于一位网友准备说爸爸如何如何。之后不小心打成了宝宝如何如何，然后瞬间走红流行起来了。例如：宝宝要睡觉了；宝宝不开心；本宝宝并不关心。

你咋不上天呢

火爆指数：★★★★★

出处：最早来源于朋友圈的一个段子，点开全文后看到："教你如何教训东北人……合上，给你厉害坏了，你咋不上天呢。"引发不少网友围观并模仿，大量网友迅速分享传播引来了不少关注。网友们也纷纷调侃"我就是天上来的小公举"。随后知名博主"回忆专用小马甲"也忍不住冷不丁回应："这句话还是有一定的局限性，比如在飞机上吵起来了就不能用，容易被噎……"一时间再度引发网友热议。

我也是醉了

火爆指数：★★★★

出处：最早可以追溯到金庸的《笑傲江湖》。令狐冲曾这样讽刺别人的谄媚："我一看到那些人的谄媚样，可就浑身难受，摇摇晃晃几欲醉倒。'这个句子在游戏LOL中受到当下很多90后的追捧，大意是"我服了"，使用语境原是在游戏当中遇到猪一样队友时不好直说，只好说一句"我也是醉了"，蕴含嘲讽之意，主要是一种对无语、郁闷情绪的表达方式。通常表示对人物或事物，无法理喻、无法交流和无力吐槽。多可与"无语"、"无法理解"、"无力吐槽"换用。

那画面太美我不敢看

火爆指数：★★★★★

出处：出自蔡依林《布拉格广场》的歌词。原意是对美好画面的描述，如今被网友引申为对奇葩事物的形容，比如一张图片很雷人，网友就可以用"那画面太美我不敢看"来形容它，以此表达自己看到这张图片受到的视觉或心理冲击，多用于调侃。

重要的事情说三遍

火爆指数：★★★★★

出处：某房地产网站的电台广告语："走直线，走直线，走直线，重要的事情说三遍。"此广告一经推出，迅速火遍各大电台。动漫《潜行吧，奈亚子》也用过：记得说三遍，说三遍，说三遍就好了，会有神奇的效果发生。

明明可以靠脸吃饭，偏偏要靠才华

火爆指数：★★★★

出处：今年一组贾玲的清秀旧照在网络疯转，照片中，贾玲扎着两马尾小辫，五官清秀，瘦瘦的，和现如今珠圆玉润的贾玲形成鲜明对比。对此，就有网友调侃称"原来贾玲也是女神！"后来贾玲谈网络疯传的清秀旧照，并戏称自己深情演绎了：明明可以靠脸吃饭，偏偏要靠才华。

世界那么大，我想去看看

火爆指数：★★★

出处：2015 年 4 月，一份辞职申请被发到网上，上面只有 10 个字："世界那么大，我想去看看。"网友评这是"史上最具情怀的辞职信，没有之一"。之后，"世界那么大"体迅速爆红。

第三节　新媒介的发展让经典走向流行

微博和微信朋友圈中曾经有一条关于流行语与古文的火爆帖子——《当流行语被翻译成古文》。比如说红极一时的"你咋不上天呢"翻译成古文是

"问君何不同风起，扶摇直上九万里"，"丑的人都睡了，帅的人还醒着"翻译是"玉树立风前，驴骡正酣眠"，"我读书少，你不要骗我，"翻译是"君莫欺我不识字，人间安得有此事"。这样的网络流行语与充满韵味的古诗文的混合搭配极易引起爱好新事物，追求与众不同的

"你咋不上天呢？"

青少年的兴趣。同时，这些翻译还可以使经典更生活化，更便于我们理解和掌握。比如《诗经》中的《无衣》，对于初学《诗经》的人来说，弄懂其含义原本不是一件容易的事情。可是当我们将"岂曰无衣，与子同袍"与"你不是一个人在战斗"结合起来，鲜活而明确直白，我们能更简单，更直观地理解《无衣》所传递的精神内涵。

阅读材料：《当流行语被翻译成古文》

每天都被自己帅到睡不着。——玉树临风美少年，揽镜自顾夜不眠。

有钱，任性。——家有千金，行止由心。

主要看气质。——请君莫美解语花，腹有诗书气自华。

也是醉了。——行迈靡靡，中心如醉。

人要是没有理想，和咸鱼有什么区别。——涸辙遗鲋，旦暮成枯；人而无志，与彼何殊。

别睡了，起来嗨。——昼短苦夜长，何不秉烛游。

不要在意这些细节。——欲图大事，莫拘小节。

你这么牛，家里人知道么。——腰中雄剑长三尺，君家严慈知不知。

心好累。——形若槁骸，心如死灰。

我的内心几乎是崩溃的。——方寸淆乱，灵台崩摧。

你们城里人真会玩。——城中戏一场，山民笑断肠。

重要的事说三遍。——一言难尽意，三令作五申。

世界那么大，我想去看看。——天高地阔，欲往观之。

我读书少，你不要骗我。——君莫欺我不识字，人间安得有此事。

不作死就不会死，为什么不明白。——幸无白刃驱向前，何用将身自弃捐。

你不是一个人在战斗。——岂曰无衣，与子同袍。

我有知识，我自豪。——腹有诗书气自华。

说得好有道理，我竟无言以对。——斯言甚善，余不得赞一词。

秀恩爱，死得快。——爱而不藏，自取其亡。

长发及腰，娶我可好？——长鬓已成妆，与君结鸳鸯？

人与人之间最基本的信任呢？——长恨人心不如水，等闲平地起波澜。

认真你就输了——石火光中争何事，蜗牛角上莫认真。

那画面太美我不敢看。——尽美尽善，不忍卒观。

我只想安静地做一个美男子。——北方有璧人，玉容难自弃。厌彼尘俗众，绝世而独立。

吓死宝宝了。——堪惊小儿啼，能开长者颐。

（摘自微信公众号"新老人"，ID：xinlaoren）

近两年老男孩在网络上和各大广场舞场火爆流行的神曲《小苹果》，正是因为它的简单易懂，再加上旋律简单欢快，使得这首歌很快在老百姓之间流行起来，街头巷尾随处可闻。可是在流行的同时，也有很多人表示了对这首歌的不屑，原因是它的歌词实在毫无内涵，甚至可谓简单粗陋。但是当我们用诗歌的形式将歌词进行改编，这首歌的档次一下子就被提升，而且能够引起各个文化层次的人的关注和欣赏。所以，在当下网络流行语层出的时代，我们完全可以利用起来，用更鲜活、更时尚、也更接地气的方式来提升我们的文学素养。

阅读材料：《小苹果翻译成文言文，我大汉语太厉害了！》

原词：我种下一颗种子，终于长出了果实，今天是个伟大日子。

摘下星星送给你，摘下月亮送给你，让太阳每天为你升起。

翻译：吾植一种，终得其果。与君以星辰，赠君以明月，令曦和为君升。

原词：变成蜡烛燃烧自己只为照亮你，把我一切都献给你只要你欢喜，

你让我每个明天都变得有意义，生命虽短爱你永远，不！离！不！弃！

翻译：化身蜡炬兮，光洒卿衣；以身饲鹰兮，求汝欢喜；

卿赛洛神兮，赋吾真谛；今生苦短兮，来生复聚。

原词：你是我的小呀小苹果，怎么爱你都不嫌多，红红的小脸儿温暖我的心窝，点亮我生命的火，火火火火火，你是我的小呀小苹果，就像天边最美的云朵，春天又来到了花开满山坡，种下希望就会收获。

翻译：汝为珍柰兮，深藏吾心；容似离火兮，深暖吾身；

卿若彩云兮，九天遗芬；春花馥郁兮，似兰斯馨。

原词： 从不觉得你讨厌，你的一切都喜欢，有你的每天都新鲜。

有你阳光更灿烂，有你黑夜不黑暗，你是白云我是蓝天。

翻译： 怜卿之甚兮，拳拳服膺；日因汝艳兮，夜因汝明；

比翼齐飞兮，并蒂双生；情传千古兮，漆书壁经。

原词： 春天和你漫步在盛开的花丛间，夏天夜晚陪你一起看星星眨眼，

秋天黄昏与你徜徉在金色麦田，冬天雪花飞舞有你更加温暖。

翻译： 春行花径兮，草木清新；夏观星驰兮，指点天君；

秋走麦田兮，凉风弗面；冬雪清冽兮，有汝暖身。

（摘自微博公众号"糗事百科"）

媒介发展对文学的影响还体现在文学翻译这一领域。曾经，文学翻译是一件严肃而郑重的事情，因为它涉及不同文化的交互和融合，没有接受过专业训练或者到达一定水平的人是无法插足这一领域的。但是在新媒介尤其是网络媒介的高度发展之后，我们的很多非专业人士开始带着轻松的、活泼的心态参与

翻译要体现文化特征

到了文学翻译之中。我们众多的网络小说也被翻译成其他各种语言在国外流行起来，而外国的诗文、小说、歌曲等也都通过网络上各类人才的翻译中化，以全新的方式呈现在我们面前。这种翻译往往不会是专业人士去进行，而且很多翻译不讲求严谨性，大多追逐的是新奇、有趣，所以不带功利色彩，更多是以好玩为主要目的。很多网络翻译者笔下的英文材料开始变成各种题材的中文诗歌和文字，虽然看似牵强，但是在这类翻译的基础上衍生出来的文化意义却是不容小觑的。这透露着网络上民众对于中华传统文化和中国传统诗词文学的深深的认同感和自豪感，这也是我们能够用来发扬和继承传统诗词文化的一种方式。

阅读材料：《有人用汉语翻译了一首英文歌，全世界都服了》

在这个人人学外语的时代，大家似乎都快忘了，我们的汉语有多美多强大！

这里有一段英文的诗歌，用中文翻译了一下，结果所有人都惊呆了！不信？请看！

英文原文

You say that you love rain, but you open your umbrella when it rains...

You say that you love the sun, but you find a shadow spot when the sun shines...

You say that you love the wind, but you close your windows when wind blows...

This is why I am afraid；You say that you love me too...

普通翻译版：

你说你喜欢雨，但是下雨的时候你却撑开了伞；

你说你喜欢阳光，但当阳光播撒的时候，你却躲在阴凉之地；

你说你喜欢风，但清风扑面的时候，你却关上了窗户。

我害怕你对我也是如此之爱。

文艺版：

你说烟雨微芒，兰亭远望；后来轻揽婆娑，深遮霓裳。

你说春光烂漫，绿袖红香；后来内掩西楼，静立卿旁。

你说软风轻拂，醉卧思量；后来紧掩门窗，漫帐成殇。

你说情丝柔肠，如何相忘；我却眼波微转，兀自成霜。

诗经版：

子言慕雨，启伞避之。子言好阳，寻荫拒之。

子言喜风，阖户离之。子言偕老，吾所畏之。

离骚版：

君乐雨兮启伞枝，君乐昼兮林蔽日，

君乐风兮栏帐起，君乐吾兮吾心噬。

五言诗版：

恋雨偏打伞，爱阳却遮凉。风来掩窗扉，叶公惊龙王。

片言只语短，相思缱绻长。郎君说爱我，不敢细思量。

七言绝句版：

微茫烟雨伞轻移，喜日偏来树底栖。一任风吹窗紧掩，付君心事总犹疑。

七律压轴版：

江南三月雨微茫，罗伞轻撑细细香。日送微醺如梦寐，身依浓翠趁荫凉。

忽闻风籁传朱阁，轻蹙蛾眉锁碧窗。一片相思君莫解，锦池只恐散鸳鸯。

不知道这世界上是否还有第二种语言能像汉语这样，拥有如此美的韵律。

当我们不假思索地跟随着众人疯狂地学习英语、韩语、日语……的时候，是否能偶尔停下脚步，回过头来欣赏一下我们自己的文化呢？是否能偶尔静下心来品味一下汉语带给我们的不一样的感动呢？

（摘自诗词世界，ID：shicishijie）

在百年之前，诗词文章是读书人必须掌握的基本内容，每一个从少儿开始就要学会联词对句，背诵唐诗宋词。可是随着时代的发展，现代青少年学习压力增大，无法有更多的时间放到古诗文的学习当中。所以近十年虽然国学热在持续升温，但是这也恰巧从另一个方面证明了古典诗词在青少年中要得到推广还需要更多的关注和投入。

在近年，各大卫视都推出了各类弘扬传统汉字文化、诗词文化等有底蕴的益智类文化节目，其中以"汉字听写大会"、"汉字英雄"、"中华好诗词"、"一战到底"等为代表。这类节目的火爆，带动了全国青少年学习、背诵古典诗词，掌握中国汉字，了解世界各领域文化的热情。也正是借着节目火爆的契

央视汉字听写大会

机，各类与此相关的游戏平台被研发出来，也很快调动了青少年学习和掌握汉字文化，掌握古诗词文化的积极性。通过这样活泼而有趣的方式，我们可以将传统文学与现代媒介和科技相结合，让其更好地走进青少年群体，更好地得到传播。

第四节　网络阅读请用一双慧眼

去年，搜狐网上曾经发表过一名旅居上海的印度工程师孟莎美的文章《令人忧虑：不阅读的中国人》，这篇文章一经发表便红遍网络，孟莎美称，通过自己在生活中的观察发现，中国人现在大多数时间都在玩 iPad，而很少用于静静地看书，这让她感到很担心。如果只是发展而疏远了灵魂，未来的中国可能会为此付出代价。

网络信息具有复杂性

这篇文章当然有人赞同有人表示质疑，但是它在网络上的火爆程度恰恰可以在一定程度上反映现代人关于阅读的焦虑：我们的阅读习惯是不是在逐渐地丢失？我们的心态是否在不断的浮躁化？当然我们知道，这完全不能武断得出结论，因为新媒介的发展，我们的阅读方式也在不断地变化着。这篇文章的火爆本身就反映出我们的纸质图书阅读在不断地向网络碎片化阅读转变。

但是在网络阅读中，有信息海量的优势就必然存在着鱼龙混杂的弊端。在网络文学中，有精华有糟粕，很多知识和信息碎片化的呈现容易让我们断章取义，甚至让原本的信息面目全非。所以这对参与网络阅读的人对信息的辨别能力提出了要求。如果在进行网络阅读的过程中，没有选择地盲目阅读极有可能给没有形成独立成熟的价值观的青少年带来危害。

阅读材料：《12 岁女孩沉迷网络小说，家人焦虑万分她却淡定自若》

红网邵阳站 9 月 16 日讯（分站记者 马晶）"她看这些网络小说就像着了魔一样啊，吃饭、睡觉、上厕所，无时无刻不在看啊，我们真的很担心她的身体健康和学习成绩。"9 月 16 日上午，家住大祥区百春园的市民刘孙凡用自行车驮着一大箱小说来到本网，向记者倾诉了自己对外孙女杨小辉（化名）的严重担忧。

刘先生说，小杨平常其实还是蛮懂事，不乱花钱，但在购买网络小说方面却是毫不吝啬。逢年过节，亲戚会给小杨一些红包钱，有些红包上千元，小杨都是用来买网络小说。平常父母长辈给的零花钱，小杨也是不买别的，就买网络小说。"自从发现她沉迷网络小说后，我们就在用钱方面对她加以克制，可没想到情况更加严重。"刘先生告诉记者，没钱买书之后，小杨就偷偷地从家里拿钱去买书，"我就担心她现在这样，以后步入社会了会不会去偷钱哦，而且她这样看网络小说，很影响她的学习成绩。"据了解，小杨在三年级前，学习成绩在班上一般是前三名，可自从迷上网络小说后，成绩时好时坏很不稳定，有时候掉到了60多名。

记者在刘先生家中看到，小杨房间中随处可见网络小说和漫画书，有将近100余本，大部分是一些网络小说名家的历史穿越小说，字里行间饱含色情、暴力元素，并表现出对社会现实的不满。

但是小杨认为自己并没有沉迷网络小说，"就是感觉平时学习功课的压力挺大，所以就看看这些书放松一下，看着也是好玩，没有其他想法。"

对于小杨自己认为没有沉迷的说法，刘先生却是很不赞同，"有一次她外婆不让她看书，她都差点要跳楼了，我们吓得要死啊。"刘先生解释说，2012年4月份左右，有一次，小杨又在房间里看了很久的网络小说，小杨外婆就把书收了，要小杨休息一下，可没想到小杨却爬到窗户边上威胁外婆，说不让她看，她就跳楼，最终家人还是只得妥协。（来源："红网"2013年9月16日新闻）

在我们进行阅读的过程中，无论是传统文学还是当下正兴盛的网络文学，我们都应该坚持一个观点，"文学就是世道人心。任何文学作品都要接受伦理和道德的检验。"所以我们在参与网络阅读的过程中，首先应该做的是培养健康积极的阅读审美能力，学会在众多的网络文学作品中选取最优的存在。其次我们应该在阅读的过程中，学会将网络阅读与线下阅读结合，学会辨伪存真。当然这不仅仅体现在网络文学阅读过程中，在其他网络信息的获取过程中，我们同样需要这样的辨别意识。比如对重大新闻事件传播，要形成这样的信息接收模式：第一时间网上阅读，然后从电视图像信息求真假，再从报纸评论信息中探求本质。综合运用全媒体阅读，从而养成新的信息阅读规律。

所以在网络阅读时代，我们要形成信息阅读整体接收、综合利用、分析整合、判断真伪、提取真知的习惯。新媒介的发展，网络阅读的兴盛，对于文学阅读来说，既是机遇也是挑战。作为新新人类，我们要敢于接受新事物，更要善于取精华去糟粕，充分利用网络上的各类资源，让这取之不尽用之不竭的沧浪之水，浇灌我们传统文化与文学之苗，让它茁壮成长。

思考题：

1. 今年火爆网络的流行语有哪些你知道吗？你能通过查阅资料了解其形成的原因吗？你会把它翻译成古文吗？

2. 你可以向同学们推荐几款有利于学习语文的游戏 APP 或者公众号吗？

第八章　媒介与艺术

　　 内容提示

　　媒介的更新推动着艺术的发展，使艺术的表现力更加生动，更加丰富多彩。同时，艺术作品借助媒介的力量，传播更为广泛，更为持久，产生更为深远的影响。随着艺术的传播方式与渠道的多样化与便捷化，媒介传播中的一些负面因素也会渗透到艺术中来，作为青少年应树立正确的审美观，才能分辨出美丑，拥有一双慧眼，才能去甄别真伪。

第一节　传媒与音乐

　　音乐是人类创造的诸多文化现象之一，它是凭借声波振动而存在，在时间中展现，被人类听觉器官感知，并引发听者审美经验和审美体验的艺术门类。音乐常被称为音响的艺术、时间的艺术、和情感的艺术。它必须通过演唱或演奏这个表演的中间环节，才能使听众感受到音乐的情感和意境，从而产生艺术效果，达到审美的目的。所以，人们也常常称音乐为表演的艺术。而要让更多的欣赏者听到、看到这种表演，就必须有载体、有交流沟通方式，由此媒介的传播与传播方式对音乐的推广就显得举足轻重了。以电视音乐选秀节目《中国好声音》（2016年更名为中国新歌声）这一大型励志专业音乐评论节目为例，该节目回归音乐本质，创新选拔形式，引起广泛关注，带来了音乐选秀类节目的第二次高潮。《中国好声音》在演播现场由主持人、导师和现场观众共同组成，面对面沟通，实现了这个电视节目的第一次传播行为，即广义上的人际传播。同时，《中国好声音》整场节目又构成了整个频道和电视台的一个栏目系统，向广大受众传播，并拥有固定的受众群，形成了电视节目的第二次传播行为，即大众传播。这个电视节目具有典型性，兼有广义上的音乐人际传播和大众传播，在电台、电视台等现代传播领域广为流传和使用。

《中国好声音》是一种大家熟悉的媒介传播音乐方式，那么历史上，媒介传播音乐经历了怎样的历程呢？

电视选秀节目《中国好声音》

一、媒介传播音乐的发展历程

人类的音乐传播经历了从原始的音乐传播——不完全的音乐传播形态，到人类梦想的实现——音频记录技术的突破，再到音乐传播技术的飞跃：从模拟到数字，显示出传媒技术的每一次重大进步、重大发明，都推动了社会的发展和变革，也推动了音乐传播和发展。

（一）口语传播

传统民歌口耳相传的传播方式

最原始的音乐传播形式是音乐传授者与接受者之间进行直接接触。例如中国传统音乐中的山歌、小调，以及被誉为国粹的戏曲，千百年来都是以"口耳相传"的方式一代又一代地传承。这种传承方式，是典型的狭义人际传播。狭义的人际传播具有很多弊端：比如不容易保存、受到时间、空间的限制等，一旦遗忘或者还没来得及全部传承给下一代，这些宝贵的技艺将永远流失。由于没有中介媒介和传媒技术的推动作用，音乐传播的范围小、速度慢，所以在相当长的历史阶段中，音乐只能是少数人的艺术，音乐活动只能是局部的活动。

（二）乐谱传播

乐谱的发明是人类音乐史上的一次巨大革命。乐谱的出现使人们可以在一个相对标准的平台上进行音乐的交流和传承。作曲家能以音符的形式将旋律准确记录下来，无论何时何地都可以将乐谱解读出来，这使得作曲家的音乐不受时间和空间的限制，能够随时的得到还原。有了乐谱的存在，不同时期不同流派的经典音乐，在时间的运动中得以传播下去并充分保存下来，为后人留下了宝贵的精神财富。我们今天才有幸能聆听到巴赫、莫扎特、贝多芬这样的音乐巨匠们留下的传世经典。

乐谱的发明是人类音乐史上的一次巨大革命

（三）电子传媒传播

音乐的声音记录和电子传播技术，是人类音乐传播里程中第三次新加入的传播形态。20 世纪以来，这种传播逐步取得了支配地位。1878 年 1 月，爱迪生成立了世界上第一家录音公司。从此，声音记录——一种新兴的录音事业开始在世界发展。唱片是继乐谱之后另一记录声音的手段，它成为音乐一种重要的传播媒介，并且具有储存音乐的功能。基于唱片作为音乐传播媒介的优越性，唱片成了 20 世纪以来音乐家们唱奏表演活动最重要的时空延伸。与唱

早期唱片

音乐 CD

片相关的是录音技术的发展，从机械录音、钢丝录音、磁带录音、光电录音到今天的数码录音，发展迅速。今天的各种录音带、音乐的录像带、CD 唱片、激光视盘等等，均是音乐的传播媒介，而广播电视则是传输上述媒介的载体。从卡罗所的歌剧录音、易沙意的小提琴录音，直到1913年柏林爱乐的贝多芬命运交响曲录制成功，商业唱片使聆听行为发生了本质性的改变。音乐的演绎可借由唱片录音的形式，一再地重现，并在此过程中获得其另一层次的价值，而唱片商品的销售也使唱片制造商介入到音乐创作、演奏者和听众之间成为必然。音乐创作者、演奏者向唱片制造商出卖音乐商品，唱片制造商对录制的母版加工制作，使这些音乐商品复制成数以万计的单张唱片投放市场出售，唱片商从中赢得高额利润，音乐创作、演奏者获得相应的报酬。

（四）计算机及网络的传播方式

音乐传播的高科技阶段就是当今的音乐计算机网络传播。网络的出现和普及使音乐的传播和获取打破了时间和空间的制约，极大地丰富了音乐的资源。作曲家可以随时随地的通过计算机互联网将自己的音乐作品以最快的速度呈现在观众面前，并且可以与观众进行直接和多种形式的交流。世界任何角落的人们，只要与网络相连，就会得到他所想要得到的某种音乐产品。现代传媒赋予了音乐艺术全新特点。现代传媒的数字网络化传播手段的应用，为音乐艺术的发展赋予了新的生命，使音乐艺术也呈现出一些全新特点：一是全球化，二是个性化。数字化手段会给每个人提供最大可能展示自己才华的机会。每个音乐创作主体，都可以根据个人喜好个性化地创作出五彩缤纷的音乐艺术作品。

特别要提到的是 MIDI 技术，它使音乐不再受制于传统的人声、乐器的物理属性，它能够模拟、制造出任何一种想得出来的声音，从而引起了电子音响合成技术的革命。1991年，被称为"中国电子音乐之父"的张大为推出了音乐专辑《电子山》，这也是中国第一张电子音乐专辑。后来相继有窦唯的《山河水》、崔健的《无能的力量》、王磊的《春天来了》等电子音乐专辑问世。在这些专辑中，传统的人声不再成为音乐中的支配性力量，而是通过 MIDI 技术用预先编制好的数字化程序来操作电子乐器，演奏出难度极高的旋律，再通过后期的编辑、合成，传达出一种极为微妙、复杂的音乐体验，华丽繁复至令人目眩的音乐感受。电子音响合成技术促成了大批"网络音乐人"和"自由音乐人"的出现。在电脑技术的帮助下，一个人可以马上把他的想法应用于音乐实践。一个人就可以是一个乐队。

MIDI 技术

一个人就可以完成从音乐的编写、演奏、演唱、制作到推广、发行等多个环节。音乐不再是一种严谨的逻辑，而变成了个人的书写。

现代传媒不仅改变了音乐创作观念，推进音乐创作的个性化与自由化，也改变音乐制作方式，推进音乐制作的数字化与自动化。它还改变音乐审美观念，推进音乐欣赏的视像化和轻松化。

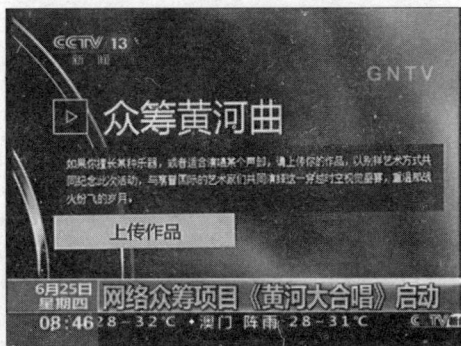

网络众筹音乐活动

2015 年 6 月至 8 月，全球 10096 名华人特别是青少年通过互联网，参与了《黄河大合唱》大型网络众筹活动，全球网络唱响了在中华大地传唱了 70 余年的《黄河大合唱》，以这种特殊的方式来纪念中国人民抗日战争暨世界反法西斯战争胜利 70 周年，传承弘扬中华民族伟大的抗战精神。这个节目的独特之处在于通过采集参与者上传的演唱和演奏视频，利用 3D 虚拟技术制作完成，它吸引了郎朗、吕思清、戴玉强、莫华伦、魏松、廖昌永、秦立巍、李心草、吴玉霞、李祥霆、冯满天、宋飞、黄大炜、韩磊等在国内外享有盛誉的艺术家和来自中国大陆及港澳台、美国、加拿大、英国、法国、俄罗斯、澳大利亚、韩国、新加坡、南非、尼日利亚、吉尔吉斯斯坦 15 个国家和地区、52 个城市的积极参与，是网络众筹的理念和最新技术手段的完美结合。这首具有鲜明时代特征的《黄河大合唱》，获得网友热烈响应。

网络虚拟合成 10096 人合唱

可见，在大众传播时代，媒介已经日益成为音乐艺术的载体，不仅为音乐提供了新的表现空间，而且也创造了许多新的音乐表现形式，拓展了音乐与商业和娱乐业的融合。现代传媒在音乐的创作、赏析及传播等方面发挥了重要的作用，对音乐艺术的发展影响深远。

二、媒介传播音乐过程中存在的问题

当然我们也应该清醒地认识到任何事物的存在与发展都有其两面性。在音乐媒介化的同时，媒介的一些负面因素也渗透到音乐中来，音乐的庸俗化和审美趣味的低下，影响了音乐的健康发展。

（一）形式与内容的本末倒置

如今的音乐，从创作到表演都要经过重重"关卡"的运作，经过不断的筛选、经过精美的包装才呈现在公众的眼前。"包装"是近些年来在流行歌坛被经常使用的一个名词，不可否认，在现代商品营销学中，商品在进入市场前的广告宣传从产品的包装设计等都是举足轻重的。但这种对于音乐创作的"包装"在形式上美则美矣，却忽视了其内涵——音乐本身所要传达的精神与实质。甚至有些唱片公司与各类经纪人，为了达到高收益的目的，不惜以牺牲社会公共道德为代价。经他们制作出的一些偶像，对于受众，尤其是人生观与世界观尚不明确的青少年产生许多不良影响。一些青少年在追求时尚的同时，也在五花八门的声色中迷失了自我。

（二）知识产权的滥用与盗用

在唱片业方面，一些不法商人为了谋取高额回报，不惜生产大量盗版产品，极大程度地扰乱了市场。近年来，虽然知识产权保护的呼声不断高涨，越来越多的原创音乐被应用到电视广告等许多方面，滥用甚至盗用他人音乐为电视、广告配乐的现象正日渐减少，但媒体中相关的报道也还时有出现。

（三）出现金钱至上的倾向

在音乐成为商品这种情况下，艺术表演者和创作者看不到自己作为艺术家给人类带来的崇高的精神价值，看不出真正美好的是自己，他们看到的只是金钱，即使他们仍在唱着、奏着、创作着动听的歌曲。自我定位日渐模糊，只剩下日复一日的例行公事，只剩下"计算理性"、"计较理性"。音乐不再是一种陶冶性灵，开启智慧的至高的精神追求，而成了大众娱乐以及宣泄情绪的对象。

例如：如今非常流行的"对嘴形"MV 则已然走向了恶搞、疯狂颠覆的另一方面。演员们在 MV 中做着一些夸张的动作对着口形来演唱一些流行歌曲，他们在自创的 MV 中往往不顾形象地挖鼻孔、吐舌头，越是自毁形象越是表演得卖力。他们的 MV 层出不穷，创意不断翻新，并且逐渐被娱乐产业接

网络音乐恶搞 MV

纳，这一文化现象被冠名为"恶搞"。在这些有创意有个性的青年人的笔下，原本的"艺术创作"被篡改得面目全非。人们从中得到的不再是模范，而是娱乐的对象。网络媒介传播的"低俗化"使各种"音乐"自我表达的方式开始应运而生，越是反对经典，越是不合常规的内容，越是能够得到大众的欢迎。究其原因是音乐制作和欣赏都失去了强大传统"把关人"。

随着社会、经济的不断发展，现代传媒技术的不断更新，音乐的传播方式与渠道越来越多样化。作为青少年更应树立正确的音乐审美观。我们既不能因其带来的价值与公益而忽视其被"异化"的种种不良表现，也不能因其负面作用而因噎废食。作为一种精神产品，音乐运载的是音乐艺术，是建立在一定经济基础之上的上层建筑，并以其鲜明生动的艺术形象反映并作用于社会生活。希望年轻的朋友们多多欣赏经典音乐，增强艺术修养，提高音乐审美能力，拥有一双慧眼，去甄别、去发扬、去传承美好的音乐世界。

第二节　媒介与美术

我们知道，美术是一种社会意识形态，是以物质材料为媒介，塑造可观的，通过造型手段创造出来的占据一定平面或立体空间的具有审美价值的视觉形象艺术。艺术依赖于媒介得以生存，需要借助物质作为媒介的手段去展示、去表现。

一、美术以媒介为物质基础

从美术的起源来看，在考苦学和美术史上，人们常常把原始社会早期的石制生产工具称作原始美术或原始造型艺术。现已发现的真正的人类最早的美术遗物，最重要的是旧石器时代晚期人类的一些装饰品和欧洲的洞穴壁画，以及一些小型雕刻。例如公元 1879 年，西班牙考古学者桑图拉带着小女儿再次来到阿尔塔米拉山洞寻找古代遗物。他专注于在地下发掘，无事可做的小玛丽雅东张西望，突然惊叫："爸爸看，这里有牛！"当父亲抬头顺着女儿的手指望见壁面上的野牛时，眼前出现的简直是神奇：洞顶和壁面上画满了红色、黑色、黄色和深红色的野牛、野马、野鹿等动物。其中最重要的是画在洞顶上的，长达 15 米的群兽图，共有 20 多头，动物的身长从一米到两米以上。画法是先在洞壁上刻出简单而准确的轮廓，然后再涂上色彩，所画的动物无论是受伤的还是奔跑的，姿态都十分真实

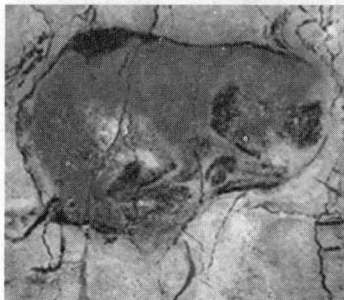

阿尔塔米拉山洞岩画

生动，原始画家还善于利用洞壁的凹凸不平创造出富有立体感的形象。这正是利用物质为媒介所创作的美术作品，使得艺术得以起源、发展、延续。

美术通过一定的物质媒介为基础，以艺术作品为对象，以观众为主体。将艺术家的思想、语言传达给社会和观众，达到沟通、交流、宣传的目的，物质媒介则是美术赖以生存的基础。而我们，就是要通过建立良好的媒介素养，以达到更好地体会美术作品，更好地欣赏美，从而在生活中达到创造美的目的。

二、媒介与美术创作

有人说："美术离我们太远了，太'高大上'了。"我想说的是，美术其实离我们很近，你周围的一切，都可以作为美术的媒介，实现你的艺术家之梦，可以创造出许多美好的作品。

媒介素养的培养与提升是素质教育工程中必不可少的重要环节。怎样通过各学科各课程助力提升大家的媒介素养是重中之重。就成都二十中美术学科而言，学生们做出了多种尝试，取得了不错的效果。跟着他们的足迹，你能发现，身边处处皆美，物物皆可创造美。

（一）"足"够惊奇

鞋子是日常生活的必需品，俗话说"千里之行，始于足下"。可你知道吗，当鞋作为一种美术创造的媒介时，美就从我们手中产生了。

成都二十中学生创作创意板鞋

想要创作这样一件美术品很简单，只需要：丙烯颜料（易于上色、可防水的颜料）、一双底色单纯的鞋、几只画笔。设计一个自己喜欢的图案，在鞋上绘制好底纹后上色。

在作品创作好后，很多同学穿上自己亲手绘制的鞋，充满了满满的自豪感。而这样的创造对于创造力和想象力的培养有积极的作用。

（二）"衣"定不凡

不仅鞋可以作为美术作品创作、加工的媒介，衣服在加上了大胆的创想后也会产生意想不到的效果。

成都二十中学生风格各异的原创服装设计

奥特曼、小怪兽、埃菲尔铁塔、自由女神，奇幻小鱼……是的，各种各样的东西，只要喜欢，都可以出现在衣服上。或者你嫌弃你的服装过时了？那就改改吧！美术与各类物质媒介的组合就是这么神奇！

成都二十中学生原创的创意石画

（三）"石"在有趣

素描的街景，大胆明快的色彩，有创意的组合，这就是二十中学生利用石头和素描画的结合创作的美术作品。而作品原始的物质的形态只是一个鞋盒子和几块石头而已，所以任何事物，只要敢想敢做敢创造就能带给人深深的震撼。

（四）乐在其中

在各种物质媒介与大脑的巧妙创想之下，诞生了许多优秀的美术作品。斑斓的彩蛋、娇艳的纸花、诱人的泥塑"大餐"、DIY的木板家居……这些作品就是将生活中常见的事物：鸡蛋、彩泥、纸张、水果、木板、花盆等进行了再创作，就产生出无限的可能。

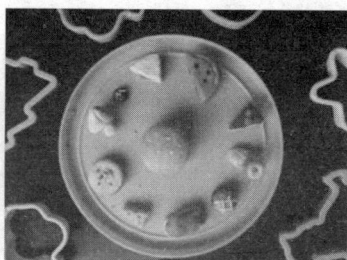

（鸡蛋壳作品—火焰）　　（彩泥作品——大餐）　　（苹果浮雕作品—怪兽）

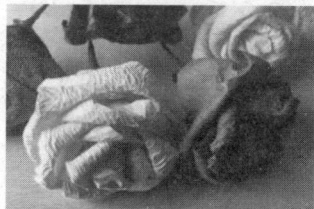

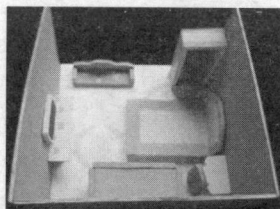

（纸艺作品—花）　　（木板创作—室内设计）　　（花盆彩绘）

成都二十中学生美术课堂原创作品合集

同学们不断利用各种物质媒介进行反复地尝试，再一次用实例印证了物质媒介加上巧妙创意的巨大魅力，二十中同学的两幅版画作品先后连续两届获得了全国中小学生艺术节一等奖。

粉印版画《建设者之歌》是同学们对粉印版画的一次大胆尝试，以纸板为创作媒介，用雕刻、水粉印制的手法进行技术处理，以农民工为创作元素，反映了在城市建设的大潮中农民工用其辛勤的劳动为城市变化做出巨大贡献。通过该作品唤起人们对农民工的关注。

粉印版画《建设者之歌》——全国第四届中小学生艺术节一等奖作品

《乐动年华》版画作品是系列组画，主要以成都20中坚持了二十年的新春音乐会为创作背景，孩子们通过观察、感悟，塑造了独特的表演艺术形象，展示了学生笔下的丰富多彩的校园艺术生活。该作品属于综合性创意版画，采用刻板叠印、拼接等形式，塑造了单纯简练、平面装饰性强、表现自由的艺术形象；通过点、线、面转换与不同组合而形成的对比与节奏展示了同学们对艺术的理解。

叠印版画《乐动年华》组画——全国第五届中小学生艺术节一等奖作品

三、新媒介时代的美术

传统的美术传播需要有几个基本元素：固定的展示环境、传统意义的美术作品，观众。反观信息时代新媒介与生活密切相关，美术传播途径已不再需要固定不变的场所，电视、公众媒体及自媒体、网络等越来越多的途径可实现时时、处处的展示与推送。甚至不仅仅是传播，美术本身也在信息时代发生着翻天覆地的变化。传统的美术利用传统媒介，而新时期的美术对新媒介的使用越来越多，我们随处可见的喷绘海报、电视广告、网络广告、3D动画……宣告着新媒介时期的到来。

首先，辨别美丑很重要。在当前的多元化环境下，良莠不齐的各种文化扑面而来，如何分辨出真伪、美丑，势必需要从基本的审美素养进行培养和发展，引导人们在纷繁复杂的信息时代形成健康的审美趣味，形成正确的、积极的感知、分析、判断和评价，帮助其学会如何去识别、判断、欣赏、享受美，同时用优美感人的艺术形象帮助人们认识生活、理想和斗争，使人们受到生动的思想教育，促进其意志品质、道德面貌和思想感情健康成长。此时，美术并不仅仅只依赖于媒介，二是承担着引导人们辨识、分析的重要作用。

其次，"为我所用"很重要。多种多样的信息渠道、手段无疑是社会发展的必然趋势，在这样的潮流中不能故步自封，艺术也需要突破传统，走出新时期的新路。面对迅猛发展的科技时代、新媒介时代，我们也积极鼓励学生尝试更多更新更大胆的艺术创造，利用新媒体的各种途径加大对作品的展示与宣传。一方面在美术课堂上，引导学生欣赏新兴媒介的美术作品，通过微课推送各类美术技能技法；另一方面，通过新媒体途径推送学生的美术作品，让学生亲身体验。

在二十中的艺术体育社团节上，利用新媒与艺术的深度融合，实现了线上线下的全方位互动，采用校园官方微信方式，对外推送本校 16 个学生社团简介的宣传片并通过校园官方微信对外推送高二年级 12 各班各具特色的学生美术作品，开展"我喜欢，我点赞"活动，由学生和家长对各班美术作品点赞，学校根据情况评出最受欢迎的班级美术作品。

成都二十中艺术体育社团节的宣传片截图　成都二十中"我喜欢·我点赞"活动截图

媒介与美术是一个互相促进的良性循环，通过美术教育形成正确的审美观，形成甄别是非美丑的能力，吸取多元媒介中的养分；通过积极的情感、生命教育提升审美鉴赏能力，产生丰富的想象力和创造力来促进媒介技术的发展和进步；信息时代各种媒介的应用和发展又为美术提供更先进的教育方式和技术支撑来作用于美术教育；新技术的发展也进一步促使传统美术模式的不断变革，使美术创造得以健康、可持续地发展。

四、通过媒介透视美术

不管是传统媒介还是新媒介，我们都可以通过其不同的特性去分析和理解美术作品。可能很多人会有说："美术作品我不会看，看也看不懂，更别说欣赏和享受了。"其实，要想读懂美术作品不难，要想享受美术作品的魅力，有诀窍可循，这一切，只需要你以媒介为敲门砖。

我们赏析一件美术作品，首先我们要分析它利用的什么物质媒介判断它的类别，是国画？油画？木雕？还是使用别的什么材料？我们再看它通过媒介展示的内容是什么，最后加上时代背景去体会它所传达的信息。

我们以李自健的《南京大屠杀》为例一起来体会一下。20世纪80年代，日本右翼势力通过多种媒介，极力掩盖和否认战争罪行，误导日本公众对包括"南京大屠杀"在内的战争罪行的认识，尤其是日本部分极右份子，认为"南京大屠杀"是被夸大、甚至是凭空捏造的反日本外交工具。而在欧美等西方国家，南京大屠杀一般英译为 Nanjing Massacre（南京屠杀）或 Rape of Nanjing（南京的洗劫、南京的强奸）等字眼，媒体介绍和报道有限，人民对其的认知程度远不如对纳粹的种族灭绝过程的认知程度。加之亲历和目睹"南京大屠杀"的中国人和日本人尚健在的已经不多了，有感于此，李自健先生在友人的鼓励帮助下在1993年创作了此副油画。该画采用油画颜料和绘制技巧在画面上展现了1937年日军在南京大屠杀的暴行。整幅画由"屠"、"生"、"佛"三联组成，宽2米、高2.1米，画面主体是堆积成山的死尸，尸山的背景是奔流滚滚的扬子江。左侧为"屠"：两个趾高气扬的日本军官骄横地站立着，其中一个正狞笑着擦拭沾满鲜血的战刀。中间一联为"生"：在尸山的上面，一个孩子正趴在裸露着胸膛惨死了的母亲身上哭喊着，含有对和平、对爱的希望之情。右侧一联为"佛"：一个佛门弟子正拖起一位惨死老人的身躯，画家取"放下屠刀，立地成佛"的含义。李自健曾说：《南京大屠杀》是我创作的"人性与爱"系列画作中最显眼的一幅，它向全世界的观众表明，中国人曾经深受灭绝人性的军国主义的侵害，所以最懂得和平和爱的可贵，为了维护世界和平，我们需要更多的爱和理解，同时，也时刻不能忘记，和平是以血的代价和教训换来的。同时，这幅油画作品也成了让更多人了解、认识历史的重要媒介，一个日本观光团在观看了《南京大屠杀》后，集体在画家面前深深地三鞠躬后说道："我们原先不知道日本人在中国犯下了这么大的罪行，真是对不起，我们感到非常羞愧。日本再也不能做对不起中国人的事情了。"联合国秘书长安南在观摩了李自健的画展后，提笔写信给画家："你对世界和平所做的努力，体现在你以'人性与爱'为主题的环球巡回展览中，这对你的艺术和你的国家都是一份献礼。"

由此我们可以看出，美术作品利用媒介进行创作，又作为媒介传递着信息，发挥着重要的作用。其实只要我们善于观察、善于思考，我们就会欣赏到不一样的美，创作出不一样的美。而通过媒介和美术的有机融合，我们会传递出、表达出更多的属于我们的观点，我们的"声音"。

思考题：

媒介传播艺术作品时，我们是否会进行必要的甄别与解读？

第九章　媒介与历史

　　媒介与历史是一对孪生兄弟。自媒介问世以来，不论是文字符号、报纸杂志，还是广播电视、互联网，都与历史结下了不解之缘，它们以不同的方式去记录所处时代的历史、报道评论所处时代的历史，为后世了解历史、探索历史真相提供了重要佐证。但不同媒介由于政治立场与价值观的不同、时局变迁的影响、媒体自身的社会资源条件与媒介素养的差异，对历史事实的报道却不尽相同，有些甚至大相径庭。青少年需要对媒介所报道的历史进行正确解读和甄别。

第一节　媒介更新与历史记录的多样化

　　人类文明的发展史，其实就是人类使用传播媒介的历史，也是媒介从简单到复杂的发展历史。人类通过使用、控制传播媒介，使历史文化得以延存下去。媒介的发展史大致有口语传播时代、文字传播时代、印刷传播时代、电子传播时代、信息时代等五个阶段，其中后三个阶段对历史信息的记录与传播影响尤其突出。

　　口语传播时代，由于生产力水平低下，条件的制约，流传至今的历史信息少之又少，其对历史的记录主要体现为神话故事、传说、歌谣、谚语等。如古埃及金字塔传说、希腊神话、中国的尧、舜、禹时代的传说等，这些口口相传的历史都难以成为信史，历史记录缺乏有力的证据支撑。但该时期的不少历史记录依然具有较高的学术价值、美学价值和欣赏价值，有许多东西还值得深入发掘研究，如中国藏民族的《格萨尔王传》，是世界上唯一的活史诗，包含了藏民族文化的全部原始内核。在近千年的漫长时期内，民间艺人口耳相传、广为传唱，不断丰富史诗的情节和语言，是研究藏民族历史文化的重要资料。

文字传播时代，世界上主要国家和地区相继进入文明时代，国家确立，文字成熟，重要的历史信息特别是历史典籍得以保留和传承下来。如古巴比伦文明的《汉谟拉比法典》、古罗马文明的《十二铜表法》、中国的甲骨文、青铜铭文等。但也是由于生产力发展水平所限，教育的普及程度较低，文字的传播功能所发挥的作用深受影响，文字传播的信息保留相对较少，留下来的历史记录显得弥足珍贵。尽管如此，在文字传播时代，记录的历史往往成为有据可考的信史。

知识链接：信史

所谓"信史"，是指有据可查的历史。世界公认中国的"信史"是从西周共和行政元年即公元前841年开始的，中国历史的文字记载，开始获得保存。一直到今天，没有间断，这是中国人对人类文明最伟大的贡献之一，同时代的其他所有的文明古国，或者根本没有记载，或者虽有记载而记载已经湮没，全靠考古学家辛苦的发掘，才能得到片断。西周之前的夏商，虽然有夏墟、殷墟、甲骨文等实物佐证，但由于记载经常中断，所以只是半信史时代。一个国家、一个民族可供研究的历史往往是以"信史"为开端的。

印刷传播时代，是媒介发展的一个革命性阶段。纸和印刷术的发明，是中华民族为世界文明做出的两大贡献。随着造纸术和活字印刷术的大力推广，大量的书籍、报纸、杂志等被印刷出来，出版物渐渐增多，知识与信息以前所未有的速度在普通民众中传播，人类进入了一个文化和思想大启蒙时代。到了19世纪中叶，世界上主流报刊相继问世，如英国的《泰晤士报》、法国的《费加罗报》、美国的《纽约时报》等，大量报道时事政治，跟踪社会热点，从多角度、多层次记录了相应的时代历史。中国近代报刊的出现，主要在鸦片战争后，办报主体既有外国人、也有中国人，既有政府、也有民间力量，主流大报包括《申报》、《强学报》、《时务报》、《民报》等，它们都顺应时事潮流，促进政治革新，推动文明进步。该时代传媒的更新，突出了传媒的时代化、生活化和大众化特点，历史记录也更加丰富多彩。

知识链接:《申报》

《申报》原名《申江新报》,1872 年 4
月在上海创刊,1949 年 5 月 27 日停刊。是
中国现代报纸开端和标志。它前后总计经
营了 78 年,历经晚清、北洋政府、国民政
府三个时代,记录了重大的历史事件如甲
午战争、维新变法、义和团运动、两次世
界大战、俄国十月革命等。此外,还有许
多市井琐闻和社会事件,如晚清四大奇案
之一的杨乃武与小白菜,杨文道冤狱案等。
涵盖政治、军事、经济、文化、社会各方
面的情况,具有很高的史料价值。共出版
27000 余期,出版时间之长,影响之广泛,同时期其他报纸难以企及,在中
国新闻史和社会史研究上都占有重要地位,被人称为研究中国近现代史的
"百科全书"。上海图书馆为全国《申报》收藏最全的单位,藏有全套原版
《申报》。

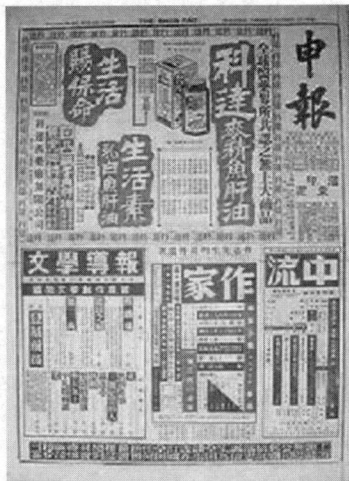

如果说印刷传播时代实现了文字信息的大量生产和复制,那么电子传播
时代则实现了信息的回放与远距离传输。随着电报、电话;录音、录像;摄
影、电影等电子产品的不断发明和生产,信息传播的功能与方式、传播的范
围与速度都出现了革命性的变化,一方面丰富了社会和个人生活,另一方面
使人类社会的历史记录更加多样化、直观化和便捷化。过去,无论声音还是
影像,其本身都不具备记录性和复制性,以至于若干年后考古学家们无法找
到他们的"化石",电子媒介出现以后就不同了,随着摄影、录音和录像技
术的进步,人们不但实现了声音和影像信息的大量复制和大量传播,而且实
现了它们的历史保存。我们今天考察古代社会时,只能根据文字记录或考古
发现进行想象和推测,而当千百年后的人们研究我们这个时代时,他们则可
直接聆听和观察到我们的音容笑貌,由此,人类历史文化的传承内容更加丰
富,感觉更加直观,依据更加可靠。一句话,它使人类知识经验的积累和文
化传承的效率和质量产生了新的飞跃。

今天,在电影、电视中大量出现的文献纪录片、近现代录音录像剪辑无
不源于电子传播媒介的功劳,它一方面能让我们清晰回顾历史,另一方面能

对历史的考证提供重要佐证。如震惊中外的"南京大屠杀",随着岁月的流逝,日本右翼势力百般狡辩,企图掩盖篡改历史真相,但终归徒劳,南京大屠杀纪念馆收集了包括证人证言、文字报道、拍摄照片、外国友人的日记、电影胶片等一系列证据,形成了铁证如山的证据链。

知识链接: 约翰·马吉

约翰·马吉(John Magee),美国传教士。1937年12月侵华日军在南京进行惨绝人寰的大屠杀期间,马吉担任了国际红十字会南京委员会主席和南京安全区国际委员会委员,及时设立难民伤兵医院,参与救援了20多万面临被屠杀的中国人,与20多位坚持留在南京的西方人士一起,谱写了一曲动人的人道主义乐章。马吉在南京期间,利用职务之便,冒着生命危险,用16毫米摄影机秘密地将日寇在南京的暴行拍摄下来。在他拍摄的这些镜头中,日军的坦克和大炮正疯狂地炮击南京城,机关枪正对着成群的市民进行扫射,城内也到处是残垣断壁,以及受日军奸淫的中国妇女,被汽油烧焦的惨不忍睹的尸体。街道上、水塘中到处是被日军血腥屠杀的平民。他拍摄的南京大屠杀纪录片,随后设法躲过日军的检查,带往上海,经过拷贝后分别带到美国、英国、德国。胶片中的近百个画面已被翻拍成照片,其中有10幅刊登在1938年5月出版的美国《生活》杂志上。2002年10月,马吉先生的儿子大卫·马吉,将其父亲拍摄的南京大屠杀电影胶片及摄影机,捐赠给侵华日军南京大屠杀遇难同胞纪念馆。

马吉当年拍摄日军暴行的4本胶片

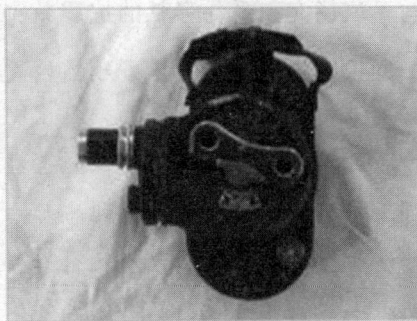

马吉当年使用这部16毫米
摄影机拍摄日军暴行

20世纪90年代,信息时代来临。随着电子计算机的问世、互联网的开通，电子传播技术出现了新的突破，人类进入了一个媒介传播的全新的信息社会，这个时代也可称为数字时代。信息传播的速度，信息处理的速度以及应用信息的程度等都以几何级数的方式在增长，由此，无论媒介信息传播，还是时代历史信息的记录都出现了高速度、多媒体、大众化、交互性、开放性等特征。

我们不妨通过 2008 年四川汶川大地震的媒体报道来了解这一时期传媒传播与历史记录的特征：

2008 年 5 月 12 日，四川省阿坝藏族羌族自治州汶川县发生里氏 8.0 级地震，造成 69227 人遇难，374643 人受伤，17923 人失踪。当地震发生后，千千万万的网民们纷纷通过 MSN、QQ 等网络即时通讯工具描述和交流着自己的震感经历，通过博客、播客等方式，成为"自媒体"的拥有者，成为"草根新闻"、"公民新闻"的发布者，也成为图片分享、视频分享等网站原创内容的提供者。在官方网站如新华网、人民网、中国网、央视网等，短短几个小时，已将海量的新闻以板块组合的方式呈现在门户网站的首页。据有关方面统计，7 天时间内四大官网共发布抗震救灾新闻（含图片文字音视频等）有 123000 条。四大商业门户网站新浪、搜狐、腾讯、网易等共转载整合发布新闻 133000 条。上述八家网站抗震救灾新闻点击量达到 116 亿次，跟帖量达 1063 万条。各大网站刊载抒发悲情、纪念亡灵的帖子每天数十万个，一种人性的关爱，一种民族的大爱，一种对生命的珍爱，在网络上沉浸。中国网民集体超越了网络虚拟的空间与地震灾区的脉搏一起跳动，一起书写了这场充满爱与奉献的抗震救灾大历史。

知识链接：汶川大地震相关网友报道

网友报道一：伟大的母爱

抢救人员发现她的时候，她已经死了，是被垮塌下来的房子压死的，透过那一堆废墟的间隙可以看到她死亡的姿势：双膝跪着，整个上身向前葡匐着，双手扶着地支撑着身体，有些像古人行跪拜礼，只是身体被压的变形了，看上去有些诡异。救援人员从废墟的空隙伸手进去确认了她已经死亡，又在冲着废墟喊了几声，用撬棍在砖头上敲了几下，里面没有任何回应。当人群走到下一个建筑物的时候，救援队长忽然往回跑，边跑边喊"快过来"。他又来到她的尸体前，费力的把手伸进女人的身子底下摸索，他摸了几下高声地喊"有人，有个孩子，还活着"。经过一番努力，人们小心地把挡着她的废墟清理开，在她的身体下面躺着她的孩子，孩子包在一个红色带黄花的小被子里，大概有3、4个月大，因为母亲身体庇护着，他毫发未伤，抱出来的时候，他还安静地睡着，他熟睡的脸让所有在场的人感到很温暖。随行的医生过来解开被子准备做些检查，发现有一部手机塞在被子里，医生下意识地看了下手机屏幕，发现屏幕上是一条已经写好的短信："亲爱的宝贝，如果你能活着，一定要记住我爱你！"看惯了生离死别的医生却在这一刻落泪了。

网友报道二：记者、摄影爱好者、婚礼摄影师镜头下的汶川大地震：

"众志成城"：人民子弟兵和医护人员在崎岖的山路上共同救护一位身负重伤的灾区同胞，该图片后来成为抗震救灾精神的象征。

"地震第一时间"：2008年5月12日，地震发生后的映秀镇摄影协会会

员"行摄无涯"从废墟中爬出，通过相机纪录眼前景象。这是其中一张被中央档案馆收藏的纪实照片。

"婚纱照"：位于彭州市白鹿镇书院村的白鹿上书院，地震时有五对新人拍摄婚纱照，摄影师及时记录了这一场景。

网友报道三：吴忠洪老师

5月12日下午第一节课时，教室突然晃动起来，他和同学都吓得尖叫："同学们，不要慌，什么都不要带，跟着我往下跑！"他挥着手，示意全班同学跟着他往外跑。当时楼梯口挤成一团，初一五班的绝大部分学生跟在吴老师后面。突然，后面的同学喊了一声："教室里还有两名同学……"、"吴老师显得很紧张，马上转回身，我们已经到三楼楼梯口了，结果他又往四楼上跑，我们跑到楼下，房子就垮了，吴老师不见了……"这是一个得救的学生说的。为了另外两个学生，他牺牲了自己。他就是崇州市怀远中学的吴忠洪老师。

华中科技大学钟瑛教授有过这样的评论："在这场大灾难的报道中，一是网络报道直观迅速，在第一时间传播，技术上没有任何制约，如手机信息，地震发生时随即手机信息已传遍全国；二是网络信息更新快，信息储量大，信息来源渠道多，网络媒体相较广播、电视、平面媒体等优势更为突出。"

事实上，近年来的重大历史事件如乌克兰危机、叙利亚战争、里约奥运会等，从官方网站到自媒体，网络媒体的报道都无一例外地体现了高速度、多层次、开放性特征。与此同时，传媒对历史的记录也因此而更臻丰富和完善。

第二节　媒体报道与历史事实认知的变迁

我们知道历史事实本身是客观的，不会因时光流逝或改朝换代而改变。但媒体报道却是主观的，深受多种因素影响，对历史事实的认知会存在差异，甚至截然不同。在这里我们不妨通过几则事例，来探讨媒体报道与历史事实认知的关系。

一、政治立场与价值观的不同影响媒体对历史事实的报道

以"卢沟桥事变"媒体报道为例。

1937 年 7 月 7 日，卢沟桥枪声响起。中日两国的报纸均第一时间做出了反应，而欧美媒体也随即跟进报道。在报道中，基于国家利益、政治立场的不同，报道的内容与角度不尽相同，甚至出入较大。

《朝日新闻》报道"七七事变"

日本的对华侵略野心早已昭然若揭，对于深受其害的中国民众而言，"七七事变"发生后，举国舆论哗然，高呼"中华民族危急"，呼吁积极抗战。中国主要媒体第一时间做出了详细报道，揭露事实真相，告知全国人民正在卢沟桥发生的事件，并报道了中方将士决心抵抗的决心。龚德柏、张恨

水在上海创立的《世界晚报》称"日军在卢沟桥开炮，我方因炮火猛烈，不得已正式抵抗"。中国颇具影响力的《大公报》这样报道了发生在卢沟桥的军事冲突："卢沟桥中日两军冲突，日军猛烈进攻，我军沉着应付"、"双方交涉尚无结果，日本增兵我军决心死守"的头版报道。另一份在中国具有超高人气的商业报纸《申报》详细报道了"日军炮轰宛平县城"、"两度冲突伤亡颇众"、"双方对峙中，日竟要求我方军队撤退，我驻军坚决表示愿与卢沟桥共存亡！"等细节。中国报纸客观报道了事实真相，揭露了日军阴谋，表明了反击侵略的严正立场。

同样在第一时间，日本媒体也对此事件做出了反应。出于侵略者的立场，日方媒体将事件完全归因于中方，并借此鼓动日本国内的所谓"赤诚报国"热，为借机扩大对华战争推波助澜。首先发声的是总部在伪满洲国的日本报纸《盛京时报》，事变次日该报就发表了"对操演中之日本军，华兵横加射击"的歪曲事实的报道文章。日本国内媒体如《朝日新闻》报道了"中日两军在北平郊外交战"，称"中国军队首先非法向日军射击，日军是被迫反击"，很不幸地"对第二十九军解除武装"，在吃了亏之后，"中国方面要求暂时停战"。

相较之于中日当事双方，欧美媒体多数置身事外。作为旁观者的英国、美国，一方面密切注视着中国华北的局势变动，关心着日本与其在华利益的纠葛，一方面又与这场战争保持着距离，尽量不卷入其中，对战争的起因、性质不予置评。"卢沟桥事变"爆发后，美国《华盛顿邮报》、《洛杉矶时报》等媒体在第一时间刊发了美联社从东京发回的消息："中国和日本军队在此发生冲突，双方在激战中的伤亡人数都很多。"英国第一大报《泰晤士报》没有在第一时间报道"七七事变"的消息，直到7月9日，《泰晤士报》第15版以"北京附近的战事"为标题，首次侧面报道了这场军事冲突。

这种因政治立场、价值观的不同而出现的不同角度、不同内容的报道，在历史上是屡见不鲜。再如1992年关于哥伦布航行到达美洲500周年纪念，欧洲媒体不惜笔墨，以"人类文明新纪元"、"文明的链接"、"地理大发现"等字眼，隆重纪念，大肆报道。而美洲印第安人后裔却在媒体发声"你们庆祝的是我们的苦难"。对于欧洲人来说，哥伦布发现了美洲对于欧洲的资本原始积累起到了至关重要的作用，极大地促进了经济的发展。但是对于美洲的原住民印第安人来说却是灾难，欧洲人为了寻找黄金，掠夺资源，残酷地屠杀印第安人并且奴役他们,造成了印第安人人数锐减、当地经济的贫穷落后。很明显两者的立场与价值观不同,影响了媒体对事件的报道。

二、时局变迁影响媒体对历史事实的报道

以《人民日报》对"文革"的报道为例。

1966 年 5 月 31 日陈伯达率工作组进驻《人民日报》社,控制了报社大权,从此,《人民日报》被拖进"文化大革命"的轨道长达 10 年之久。在这十年里,《人民日报》受控于林彪、"四人帮"反党集团,为"文革"摇旗呐喊,先后发表诸如《无产阶级革命派大联合夺走资本主义道路当权派的权》、《无产阶级文化大革命全面胜利万岁》等社论,对"文革"的发展起了推波助澜作用。直到 1976 年 10 月 6 日,党中央政治局执行党和人民意志,一举粉碎"四人帮"反革命集团,结束了历时十年的动乱,《人民日报》重新回到党和人民怀抱中。1981 年 7 月 1 日《人民日报》头版全文刊载《关于建国以来党的若干历史问题的决议》。决议对建国以来党的重大历史问题作了总结和评价,特别是对"文化大革命"进行了全面否定。1984 年 4 月 23 日《人民日报》于头版报眼位置刊发该报评论员文章《就是要彻底否定"文革"》。文章明确指出:"'文化大革命'不是也不可能是任何意义上的革命或社会进步。"、"不彻底否定'文革'的那一套理论、做法,就不可能有十一届三中全会以来的路线、方针、政策,就不可能有政治上安定团结、经济上欣欣向荣的新局面。"[1]

《人民日报》对"文革"前后的不同报道,实质上反映了时局的变迁,政局的变动,国家工作重心的转移这一现实。"文革"结束后,特别是十一届三中全会以来,党的工作重心转移到经济建设上来,做出了改革开放的伟大决策,作为党的喉舌,《人民日报》理所当然地服从并服务于这一大局,为经济建设服务,为社会主义服务,旗帜鲜明地反对"文革"的"左倾"错误,成为《人民日报》的时代使命。

再如英美媒体报道中国的抗战。

如前文所述,英美媒体对从 1931 年"九·一八"事变到"七·七事变"的报道,或漠然视之、置身事外,或采取绥靖立场、回避矛盾焦点,或有所

---

① 李仁臣,《人民日报》,1984 年 4 月 23 日。

谴责，但无关痛痒。随着"卢沟桥事变"后战事逐步升级，日本侵华范围的扩大，美英在华利益受到损害，其报道也就越来越密集，并且注意揭露日本在经济、军事上的野心，比较详细的报道如：《日本欲用军队强制推进在中国华北的贸易：内阁决定采取强硬军事手段》（《纽约时报》1937年7月14日）、《日本、中国向前线调集主力军队，战争威胁升级》（《华盛顿邮报》7月17日）。1937年10月6日美国国务院在多家媒体公开发表声明谴责日本，"日本在中国的行为是与国际关系中应遵循的原则不符，是违反了1922年2月6日九国公约中关于对华事件应遵循的政策及原则的规定。"英国《泰晤士报》也加大对远东的报道力度，舆论立场也在发生微妙的变化。《泰晤士报》对七七事变早期的报道以驻东京记者发回的消息为主，随后来自北平的消息逐渐与东京平分秋色，后期来自南京、上海的消息也频见报端。对于谁是这场战争的幕后推手，英媒逐渐有了更全面的观察、客观的报道。其态度由扶日抑华转变为对日本侵略行为的日益嫌恶，对日本不断进行的军事活动施加了较大的舆论压力，其报道的语境已经逐渐向有利于中国的方向转换。

随着太平洋战争的爆发，中美英结成反法西斯同盟，美英媒体对中国抗战的报道内容上更丰富了，态度上有了更多的同情和赞扬，立场上也更鲜明了。最好的例证是美英相关媒体分别报道了二战后期罗斯福、丘吉尔对中国抗战贡献的评价。关于罗斯福，媒体是这样报道他的评价："假如没有中国，假如中国被打垮了，你想有多少个日本师团可以调到其他方面来战斗，他们马上可以打下欧洲、占领印度……"关于丘吉尔，媒体报道的评价是："如果日军进军西印度洋，必然会导致我方在中东全部阵地的崩溃，而能够防止上述局势出现的，只有中国。"对中国抗战的贡献，英美两国的赞赏溢于言表，毫不吝啬。

中国的抗战从英美媒体笔下的无足重轻到高度评价，显示了国际格局的变动、时局的变迁对媒体报道的影响。

三、媒体的社会资源条件影响历史事实的报道

以甲午战争中日两国媒体报道为例。

19世纪末的晚清政府没有认识到传媒的重要性，整个国家没有官方传媒。远离京师的上海，受西方传教士的影响，涌现出一批包括外国人投资在

内的民营传媒，比较知名的报业如《申报》、《新闻报》、《万国公报》、《字林沪报》等。由于没有官方发布新闻，民间传媒所发新闻多以小道消息形式出现，新闻的真实性、时效性都大打折扣，多数媒体往往缺乏国际视野与格局，对外界形势缺乏了解，虚妄自大，难以担当指导民众，引领潮流的社会责任。

在战争开始前，中国的媒体宣传的不是战争动员，而是嘲弄日本，包括当时影响力最大的上海《申报》等媒体，无不如此。记者们报道的，往往指称日本是"东夷之邦"、"蕞尔小国"、"与中国开战，是学生打老师，鸡蛋碰石头，自不量力"。媒体缺乏时局判断能力，政治嗅觉灵敏度差，如《字林沪报》直到这年 5 月底还没有搞清日本大幅增兵朝鲜的目的。

与此同时，清政府也没有现代传播理念，没有为国内外媒体提供必要的新闻信息报道渠道，不知道如何利用媒体争取舆论主动。在出兵朝鲜时，清军拒绝了所有媒体的申请，包括西方媒体。不仅如此，在开战后，清军竟然将两名误入清军阵地的媒体记者杀害。这种拒绝与媒体对话，自觉将自己与世界隔离的做法无疑是非常愚蠢的，也表明当时中国的媒体缺乏必要的社会资源环境。

由于清政府拒绝了随军记者的申请，在甲午战争期间，中国各大媒体只好通过朝廷内线、特约记者、外国译电等方式获取新闻源。在新闻时效上，则落后外国媒体很多，准确性也很难保证。"牙山大捷"就是让人贻笑大方的一条假新闻。牙山之战本是中方失败，而《点石斋画报》却将其描述为中方大胜。之后的平壤之战，清军大败，守将

"海战捷音"报道甲午海战

叶志超讳败报捷，从官方到媒体却一片喝彩，经国外媒体披露后，成了国际丑闻，以至于后来当国内报道"旅顺大屠杀"时，很多外国人竟然不相信。"丰岛海战"是清朝海军对日第一战，国内外无不关注。这样重大的战役，上海的《点石斋画报》、《上海新闻画报》等媒体曝出的却是"海战捷音"、"小埠岛倭舰摧沉"等一连串假新闻。"'海战捷音'的图面上，大清济远、广乙二舰在开炮，日本吉野舰挂起清国龙旗乞降。而举世尽知的是，济远挂

白旗逃离战场；广乙舰受伤退出战斗，自炸沉没；日舰吉野、浪速等无恙而归。"①

更让人不可思议的是，有些媒体竟然还喜欢附和国人心理，将新闻写成小说，暴露新闻媒介素养的缺失："在前线惨败的情况下，上海《点石斋画报》报道，有娘子军为夫报仇，编队扛枪赴朝鲜抗日。文章写得有鼻子有眼，甚至还有皇帝的话，如：'何必使妇人从军，为外邦见笑耶？'"②

然而日本媒体在这场战争中的表现却是另一番景象。"日本非常善于制造舆论并操控国际舆论，战争中仅仅随军报道的日本媒体就多达几十家，一百多名记者活跃在战争一线。"③ 不仅如此，日本还发动各地日本大使撰文，在世界主流媒体上发表文章，为宣传日本正义的国家形象展开公关，甚至不惜贿赂路透社。《朝日新闻》的报道中就曾提到"日方给受伤清军'提供医疗服务'，治疗之后迅速释放"、"北洋舰队提督丁汝昌自杀身亡后，日军将领将遗体'以礼奉还'"，这些表现很能获得西方社会的认同。令人沉重的是，翻开当年世界大报关于甲午战争的报道，几乎全是日本的声音。相比清朝政府对舆论宣传的漠视和放任，日本全面操纵了现代化传媒工具，在新闻通讯全球化出现端倪的时候，日本政府充分利用木版与铜版印制、传统素描、海报宣传画等手段，在甲午战争期间全方位控制了舆论。让日本政府在"舆论战场"上占尽优势，一定程度上也加速了清军的败局。

甲午战争中中日两国的舆论战，充分暴露了两国媒体在社会资源条件与媒介素养上的差异。中方媒体显然没有跟上时代潮流，在战争中没有发挥应有的积极作用。而日本主动操纵现代传媒工具，掩盖事实真相，让反复传播的战争谎言深深影响了社会公众和国际舆论，在不见硝烟的战场上占据了优势，为日本取得这场战争的胜利起了战略配合作用。

当然谎言终归是谎言，它可能一时影响受众，但不能一直影响受众。随着时代的发展、科技的进步，历史学家们通过史料的记录、比对与筛选，特别是借助现代科技手段进行海底考古、沉船打捞、遗址考查等，用证据说

---

① 《战场未败，舆论先败：甲午战争中的中日宣传反差》（2015 年 1 月 4 日《南方都市报》，作者：陈事美）

② 《甲午——120 年前的西方媒体观察》（万国报馆编著，三联书店出版社出版，2014 年）

③ 《背后的声音——"甲午战争文化沉思录"系列文章之六》（2014 年 4 月 17 日《解放军报》，作者：阚延华）

话，澄清了误解，揭开了历史迷雾，还原了历史真相。然而，在这件事上我们还是应该吸取的教训是，要高度重视媒体作用，提升媒介素养，启迪民众觉悟，及时揭露谎言，服务社会大众。

思考题：

1. 媒介记录历史经历了哪几个阶段？每个阶段各有什么特点？
2. 哪些因素会影响媒体对历史事件的客观报道？

第十章　媒介与体育

⭐ **内容提示** ⭐

　　体育是一种有目的、有意识、有组织的社会活动，伴随人类社会的演进而逐步发展，其与媒介的关系也随之日益密切。在现代社会，体育需要媒介，媒介也离不开体育。社会越发达，体育与媒介的关系就越密切。媒介影响着人们的体育意识与行为，缩短了体育活动与人们之间的距离，丰富了社会娱乐内容，改变了人们的生活方式，使体育的社会覆盖面加大。媒介通过体育运动吸引社会注意力，刺激消费，促进了体育产业和体育市场的发展，进而波及政治领域，在许多重大赛事上插入了不少政治元素。与此同时，媒介宣传也存在着推崇锦标主义，塑造明星功利化，报道娱乐化、庸俗化和虚假化的现象，值得我们警惕。

第一节　媒介技术加快体育普众化

　　体育历来与各种大众传播媒介之间存在着千丝万缕的联系，两者相互影响，相互促进。媒介以其实体性和负载性增强了人们对体育的认知，影响了人们的体育意识与行为，凭借其还原性和扩张性在空间和时间上缩短了体育活动与人们的社会距离，依靠其多样化的传播手段和高接触率丰富了社会娱乐，改变了人们的生活方式，使体育的社会覆盖面不断加大。在某种意义上可以说正因为媒介才使得体育有着今天这样深刻的社会影响力，才使得体育逐渐走向普众化。

一、媒介技术不断更新增强了人们的体育意识

伴随传播手段及媒介技术的出现与不断更新，媒介开始深刻地影响着体育运动的发展进程，同时媒介也极大地改变了人们对体育运动的认知方式、认知程度、兴趣、态度等体育意识。社会的飞速发展使得人们不可能仅凭感官来获得外部世界的信息，于是媒介成了人们获取信息的主要方式。从报纸、书籍、杂志、电视、网络、广播到手机等，媒介与体育联手为受众提供了纷纭的体育文化图景。

在早期的人类文明中，人们有关体育活动的所有信息与认知，都必须依赖语言的交流。语言交流，是最早的体育新闻传播方式和最古老、最基本的传播手段。

文字的发明，使人类体育信息的传播行为方式发生了深刻的变化。文字使人类拥有了积累、研究、传授和传播有关体育知识的有效工具和手段，从而有力地推动了人类体育事业和竞技运动的发展和进步。古希腊人创造了辉煌灿烂的奥林匹克文化，在古奥运会上，为了能在最短时间内用最快的速度准确地向各城邦传播比赛的过程及结果，古希腊人在每届奥运会上都安排专人向各城邦及时传递最新的比赛消息，他们传播体育消息的方式主要是语言和文字。当一场比赛刚一结束，新闻发布官便从裁判长处获得比赛的最终成绩和结果，然后在随即举行的发奖仪式上大声宣告。这时，专门选出的善于长跑的使者便立即上路，用最快速度将比赛的消息和结果用口信和书信的形式传递到各希腊城邦。古希腊奥林匹克运动会的专职新闻发布官和传令使者，是世界上最早的体育新闻工作者。因此，体育传播活动的出现最早可以追溯到公元前 776 年首届古希腊奥林匹克运动会上由新闻官及传令官以口头形式发布和传播比赛消息。

知识链接：奥林匹克运动会

奥林匹克运动会（希腊语：Ολυμπιακοί Αγώνες；法语：Jeux olympiques；英语：Olympic Games）简称"奥运会"，是国际奥林匹克委员会主办的世界规模最大的综合性运动会，每四年一届，会期不超过 16 日，是目前世界上影响力最大的体育盛会，分为夏季奥林匹克运动会、夏季残疾人奥林匹克运动会、冬季奥林匹克运动会、冬季残疾人奥林匹克运动会、夏季青年奥林匹克运动会、冬季青年奥林匹克运动会、世界夏季特殊奥林匹克运动会、世

界冬季特殊奥林匹克运动会、夏季聋人奥林匹克运动会、冬季聋人奥林匹克运动会。奥运会中，各个国家用运动交流各国文化，切磋体育技能，其目的是为了鼓励人们不断进行体育运动。奥林匹克运动会发源于两千多年前的古希腊，因举办地在奥林匹亚而得名。古代奥林匹克运动会停办 1500 年之后，法国人顾拜旦于 19 世纪末提出举办现代奥林匹克运动会的倡议。1894 年成立，1896 年举办了首届奥运会，1924 年举办了首届冬奥会，1960 年举办了首届残奥会，2010 年举办了首届青奥会。我国于 2008 年在北京承办了第 29 届夏季奥运会。

奥林匹克五环旗

近代大众性廉价报纸的出现，促成了体育新闻的产生。早期报纸几乎没有或很少涉猎体育新闻，但随着近代印刷技术的发展，被称为"便士报"的廉价报纸的出现使报纸开始由上流社会的奢侈品和政党的宣传工具变为市民化的大众传媒。体育运动因深受大众关注和喜爱，一些报纸开始刊登一些体育比赛的消息。特别是作为近代户外竞技运动发源地的英国及其殖民地，像赛马、板球、划船等比赛消息经常成为报纸的报道内容。1830 年，以英国的体育书籍和杂志期刊为蓝本的体育报纸问世并发展起来，公众逐渐接受了竞技运动。1830 年到 1865 年，美国体育信息传播进入被大众所认可的时期，这一时期，美国的便士报一直在寻找能够制造轰动效应的题材。

除了报纸以外，体育杂志也开始出现。1829 年，美国第一份体育运动杂志《美国赛马与运动》杂志诞生，这也是世界上第一份体育杂志。这份杂志专门以报道赛马消息和登载有关赛马的知识为主。1831 年，美国第二份以报道各种体育比赛和传播体育知识为宗旨的专业杂志《时代精神》创刊，这本运动刊物在大众中具有较大影响。

印刷媒介对体育运动的普及和推广起了很重要的作用，而广播与收音机的出现则对体育新闻报道产生了更深远的影响。1921 年的夏天，美国匹兹堡 KDKA 电台提供了棒球比赛的消息。紧接着在 1922 年举行的世界职业棒球联赛中，就出现了电台记者在比赛现场通过电话与电台通话，直接向公众即时直播比赛的报道形式。广播的出现不仅打破了以往印刷媒介一统天下的格局，而且开创了比赛现场即时直播这一最新、最快的体育报道方式。新闻媒体的发展促使体育新闻与体育运动一样，日益成为大众生活的一部分。

知识链接：KDKA 电台

世界上第一个真正的无线广播电台，它也是第一个获得美国联邦政府所发的实验执照的广播电台。由于它进行了一系列的突破，如第一个报道体育比赛（一场拳击赛），第一个播出舞台戏剧演出实况，因此很快就被载入了史册。KDKA 的开播标志着广播电台的诞生。

20 世纪 60 年代电视的普及，特别是卫星直播技术的运用及 90 年代互联网的出现，使体育新闻的传播手段与方式发生了革命性的变化。这些变化不仅极大地促使了世界体育的飞速发展，也深刻地改变了人们对体育信息的获取方式和认知程度。1964 年在东京举行的第 18 届夏季奥运会上，由美国发射卫星首次向全世界直播了奥运会的比赛情况，这成为现代体育发展的一个里程碑。1975 年 12 月，美国无线电公司发射的卫星开创了有线电视时代。有线电视技术的发展为体育比赛的电视转播提供了大量的电视频道资源，产生了众多的体育专业频道。1979 年诞生的美国娱乐与体育电视台（ESPN）至今已成为全球影响最大的体育有线电视网，是有线体育电视发展的代表。ESPN 的成功深刻影响了现代体育运动的发展历程。

知识链接：ESPN

ESPN（英文：Entertainment and Sports Programming Network，即娱乐与体育节目电视网，一般简称 ESPN）是一间 24 小时专门播放体育节目的美国有线电视联播网，最初 ESPN 也播放娱乐节目，后来全力发展体育节目，是当今世界最著名的体育电视网，24 小时连续播出的体育节目频道。ESPN 由美国人 Scott Rasmussen 和他父亲 Bill Rasmussen 创立，1979 年 9 月 7 日开播，总部设于美国布里斯托市。目前 ESPN 已经发展成为全球最大的体育电视网，卫星网络覆盖 160 个国家，节目使用 21 种语言，全球收视观众超过 2.1 亿人。

20 世纪 90 年代互联网的普及给大众传播在报道方式、传播方式等诸方面带来巨大变革，同时网络传播给体育新闻报道带来更加广阔的空间。1996 年亚特兰大奥运会期间，新兴的网络媒体首次介入奥运会的报道，从此网络体育报道迅猛地发展起来。2000 年悉尼奥运会标志着体育信息传播进入网络媒体时代。据统计，悉尼奥运会官方网站的访问量达 2000 万人次，每分钟点击数最高达到 76.8 万次。再以 2016 年里约奥运会为例,从开幕式开始短短 5 天时间,里约奥运会博得网媒关注 10.2 万条,微博提及量超过 2100 万条,微信公众号刊发量达 1.1 万篇,视频点击量接近 4 亿次,足以显示出媒体及观众对奥运会的关注热忱。

在媒介与体育结合的时代,电视通过卫星技术手段而获得的形象、生动和直观的赛事转播淋漓尽致地展现了体育的力量美、速度美和动态美,因而成了体育最好的载体。而互联网的出现,则更大地提升了媒介与体育的结合,加强了体育爱好者对其爱好的忠诚度和持久度。只要人们输入相关体育网站的网址,就可以全面了解到自己喜爱的球队、球星和最新比赛的消息,或通过电子邮件与出版商直接联系获得体育刊物或书籍。互联网上提供海量的体育新闻和比赛的统计数据,即时传送各种赛事的最新消息,让受众相信自己可以足不出户就掌握国际、国内体坛动态。对体育爱好者而言,利用媒介来获取体育信息当是最快捷、最方便、最有效的途径。

在体育大众传播时代以前,大众对体育认知的主要途径是参加体育运动,当然这种参与包括亲自从事体育运动或作为旁观者与体育运动的参与者处于同一时空当中,然而无论是前者还是后者,都需要大众亲临体育运动的现场,用自己的感官去认识、感受、理解体育。但是媒介的蓬勃发展和传播手段的改进,媒介对体育的传播已经超过了个人感官所能感知的范畴,具有强烈冲击力的标题、图片、高清晰度的画面、可以反复观赏和玩味的精彩镜头已经延伸了人类的感觉器官,媒介所提供的高清晰度的体育使人们不再满足于自己的感觉器官对体育的认知,使用大众媒介成了现代人的生活方式。人们就在媒介提示的象征性现实中建构了对现实体育的认知和理解。

二、媒介技术不断更新影响着人们的体育行为

媒介技术对体育的宣传不仅增强了大众对体育的关注,激发了大众对体育的热情,还在媒介创造的环境之下改变着人们的行为意向。

媒介缩短了体育与人们之间的社会距离。在现代社会中,体育运动与社会成员保持着各种联系,体育活动吸引着社会成员,社会成员尽可能地参与其间。而媒介在体育宣传,体育科普介绍,体育新闻报道中认识体育,了解体育,然后参与体育。许多体育爱好者,终身体育工作者,优秀运动员都受到媒介的影响,很多青少年就是在传播媒介的潜移默化中走上体育道路的。

体育的出版物和广播电视的体育节目始终受到人们的喜爱，发展增长很快。例如，我国的体育刊物出版种类由 1950 年的一种增长到近几年来的 160 余种，由此可见一斑。

知识链接：中央电视台体育频道（CCTV—5）主要体育节目

中央电视台体育频道主要体育节目有《北京 2022》、《体育人间》、《健身动起来》、《极限时刻》、《体坛快讯》、《体育世界》、《NBA 最前线》、《谁是舞王》、《武林大会》、《棋牌乐》、《体育晨报》、《体育新闻》、《体育咖吧》、《天下足球》、《篮球公园》、《冠军欧洲》等。

媒介加快了体育运动的社会覆盖面。历史上体育运动的传递和传播主要依靠学校教育，这已不能适应现代社会的飞速发展，特别是不能适应竞技体育国际化，高水平化和竞争激烈化的现状。传播媒介则大大加快了体育信息的传播速度，使许多不能直接观看体育比赛的人能够尽快甚至同时得到体育的消息，并能身临其境地享受体育比赛带来的欢乐。因此，传播媒介使体育运动的社会覆盖面越来越大，影响越来越深。可以说现代竞技的信息传播离开了传播媒介必定寸步难行。以电视和网络实况传播为例，2016 年里约奥运会期间，在 8 月 6 日至 17 日奥运赛事期间，共有 5.523 亿球迷观看了乒乓球赛事。同时，在全球范围内，乒乓球比赛的转播时长累计高达 471.4 小时。

知识链接：2016 年里约热内卢奥运会

第 31 届夏季奥林匹克运动会（Games of the XXXI Olympiad），又称 2016 年里约热内卢奥运会，2016 年 8 月 5 日到 2016 年 8 月 21 日在巴西里约热内卢举行，其主会场是马拉卡纳体育场。巴西由此成了第一个承办奥运会的南美洲国家，这也是南美洲城市第一次承办夏季奥运会。

媒介提供体育娱乐，改变了人们的生活方式。媒介与体育的结合使体育所具有的娱乐功能被充分的挖掘出来。在中国体育界旧有的体育观念中，由于国家办体育所具有的强烈目的性，使人们对体育的认识始终局限在锻炼身体、培养意志、为国争光这样的观念中，而体育与生俱来的娱乐性在有意无意之间被忽略了。但随着媒介为我们所提供的全球体育视野，对体育娱乐性的遮蔽渐渐被除去。比如，我国城乡居民对体育参与的重要形式是观看电视体育娱乐内容和支配闲暇时间的主要方式，通过观看使得人们增强了对体育的兴趣，丰富了日常生活，为"全民健身计划"的实施提供了支持，越来越多的人通过媒介对体育的认知，走进体育场馆，享受体育带来的快乐，人们对健康和生活质量有了前所未有的关注，群众体育因此不断兴起开展。另外，体育博客为普通受众打开了发表个人意见，表达个人见解和观点的窗户，任何人可以通过体育博客参与到体育的点评中。这些对体育的间接参与，说明体育在我国群众心目中的地位不断提高。人们在对体育的参与或者消费中不仅获得了健康，锻炼了意志，培养了协作精神，而且体验到了快乐和愉悦，借助媒介在体育中寻找娱乐，获得消遣和追求自由使人们的生活更加多元化。但由于其挤占了人们直接参与体育获得的时间，导致大众的体育生活中出现了"羸弱的体育爱好者"，体育由"操练"转变为"观看"，真正的运动者却在相对减少，真正的大众体育面临着被媒介蹂躏至面目全非的风险。

知识链接：鸟巢

国家体育场（鸟巢）位于北京奥林匹克公园中心区南部，为 2008 年北京奥运会的主体育场。工程总占地面积 21 公顷，场内观众座席约为 91000 个。举行了奥运会、残奥会开闭幕式、田径比赛及足球比赛决赛。奥运会后成为北京市民参与体育活动及享受体育娱乐的大型专业场所，并成为地标性的体育建筑和奥运遗产。体育场由雅克·赫尔佐格、德梅隆、艾未未以及李兴刚等设计，由北京城建集团负责施工。体育场的形态如同孕育生命的"巢"和摇篮，寄托着人类对未来的希望。设计者们对这个场馆没有做任何多余的处理，把结构暴露在外，因而自然形成了建筑的外观。作为国家标志性建筑，2008 年奥运会主体育场，国家体育场结构特点十分显著。体育场为特级体育建筑，大型体育场馆。主体结构设计使用年限 100 年，耐火等级为一级，抗震设防烈度 8 度，地下工程防水等级 1 级。2014 年 4 月中国当代十大建筑评审委员会从中国 1000 多座地标建筑中，综合年代、规模、艺术性和影响力四项指标，初评出二十个建筑。最终由此产生十大当代建筑。

鸟巢（国家体育场）

北京鸟巢——国家体育场为初评入围建筑之一，被誉为"第四代体育馆"的伟大建筑作品。

媒介凭借其传播迅速、交互性强、发布快、信息量大等优势，正日益影响着人们的体育意识，改变着人们的体育行为，成为体育普及化、大众化和生活化的重要工具，促进着人与社会的全面发展。

第二节　媒介传播推动体育产业化

由于媒介的影响和介入，在经济领域体育成为全球共同关注和投入的文化消费。伴随体育消费市场的扩大，体育产业欣欣向荣，更多的媒介和企业家投资于体育消费，从而进一步促进了体育自身的发展和商业化进程。媒介日渐成为体育产业兴旺发达的支撑。在媒介拉动体育产业成为经济增长点的过程中主要依靠转播广告、营造话题、塑造明星等手段。

一、转播广告

体育无形资产的形成，离不开媒介的宣传。没有报纸、电视和网络，就没有世界范围内的 NBA，就没有现代奥运会……人们把比赛，观众，电视传播，商业广告称之为现代竞技体育这具马车的四只缺一不可的轮子。利用传播媒介，特别是出让大型运动会的电视转播权（例如，奥运会、足球世界杯，田径黄金联赛等）在体育比赛中插播商业广告，已经成为兴办运动会筹集资金的一种公认的办法。此外，比赛规则的修改与竞赛环境的改变都是为了配合媒介，甚至运动员所穿的服装、运动员使用的专业装备都反映出媒介的兴趣所在，因为颜色和设计可以增加其可看性和戏剧性；运动员装备上的名字可以帮助观众的识别，赞助厂商的标志也随之扩散。凡是能将媒介、体育及商业联结起来的机会早就蓄势待发，有越来越多的体育场地提供广告看板，体育已经变成一种被生产、被购买及被销售的商品。体育组织也随着这股浪潮发展，它们利用代理商和营销公司将其独特的商品植入媒介体育市场中。因此，在媒介体育网络中相互依赖的复杂情况已经成为一大特色，传播媒介已经成为支撑体育生存发展的一根重要支柱。

1976 年的蒙特利尔奥运会亏损了 10 亿美元，1980 年莫斯科奥运会，耗资竟达 90 亿美元。1984 年的洛杉矶奥运会被视为奥林匹克商业化元年的标志，关键在于当时的奥运组织委员会出售了电视转播权，即我们通常所说的"独家转播"当年 ABC 用 2 亿 2500 万美元购入全美国的独家转播权，据说由此补偿了奥运会总支出的将近一半经费（洛杉矶奥运会的总支出 4.05 亿美元，总收入 6.28 亿美元）。这种运作方式及其成就，使得世界不得不刮目相看。时任奥运组织委员会主席的尤伯罗斯曾说："对奥运会来说，必要的不是巨大的赛场，问题是在赛场上放多少台摄像电视机。"

知识链接：尤伯罗斯

彼得·尤伯罗斯

全名彼得·尤伯罗斯（Peter Ueberroth）于 1980 年至 1984 年任洛杉矶奥运会组委会主席。他首创了奥运会商业运作的"私营模式"，不仅改变了以往奥运会"赔本赚吆喝"的历史，而且在没有任何政府资助的情况下，创造了 2.25 亿美元的盈利，把奥运会变成了人见人爱的摇钱树，其本人被称为"奥林匹克商业之父"。

2008 年，国际奥委会电视转播与市场服务部主任蒂莫·拉姆在新闻发布会上说：北京奥运会的转播时间多达 5000 小时，时间之长前所未有。持权转播商与国际奥委会一起合作，对北京奥运会的报道量将是雅典奥运会的 3 倍。预计全球范围有 45 亿观众收看、收听奥运会比赛或者接收相关的信息。拉姆说，不仅是电视，网络直播和手机视频也十分受欢迎。比如 NBC 网站奥运会节目视频点击率是雅典时的 30 倍，手机视频下载量是都灵冬奥会的 12 倍。在过去 10 天中，中国有一亿二百多万观众在网上收看相关的比赛，还有一亿四千六百万观众通过网络点播方式收看了转播。这些数据直观地反映了体育赛事的强大媒体效应。而在这些可叹的数字背后是各大媒介的产业经济效益。体育频道转播权的销售部门和电视媒体必然通过广告收取巨额广告费用。当年 NBC 购买北京奥运会北美地区电视转播权收入共计 8.94 亿美元。

知识链接：NBC

NBC（National Broadcasting Company），美国全国广播公司的简称，

全美三大商业广播电视公司之一（其余两家分别是 CBS 美国哥伦比亚广播公司和 ABC 美国广播公司）。总部设于纽约，成立于 1926 年，是美国历史最久、实力最强的商业广播电视公司。NBC 电视台倚靠高额标价，拿下了从 2014 年到 2020 年为止的四届奥运会在美国的转播权，这四届奥运分别是：2014 索契冬奥，2016 里约热内卢夏奥，以及 2018 冬奥和 2020 夏奥。

NBC 电视台台标

再以一些重要的事实和数字来解读 2016 年里约奥运会。在里约奥运会期间，奥运会转播服务使用的相机数量 1000 台，OBS 提供的高清转播小时数 1000 小时，首次在奥运会转播上提供虚拟现实服务的转播商数量 12 家，NBC 向奥运会支付的到 2020 年的转播费 44 亿美元，NBC 奥运会期间获得的广告费，包括广播、有线电视和数字广告，达到美国历史上的最大金额 12 亿美元，其中仅美赞助商数量就有 28 家，在两周奥运会期间内道琼斯指数的平均增长率 1.8%，奥运会举办国国内主要股票指数平均增长率 75%。显而易见，媒介通过转播和报道体育赛事所获取的不仅仅是自身在全球范围内的影响力，更多的是诱人的商业利益。正是体育赛事的这种媒介效应，拉动着媒介产业的不断发展。当然，各种体育报刊，专业的体育网站都带有体育产品、体育服务的介绍或广告，人们受这些宣传的影响可能加大体育消费，如购买名牌体育服装、器材等，这对体育产业的形成和发展都是十分有利的。

　　知识链接： 知名体育运动服装品牌

　　知名的体育运动服装品牌有耐克、阿迪达斯、安踏、李宁、361 度、安德玛、特步、彪马、迪卡侬、卡帕、锐步、斐乐、美津侬、茵宝、迪亚多纳、乐途。

二、营造话题

　　在体育比赛中，最吸引人的就是"在现场"的一手信息。除了比赛结果，花絮花边、观点态度、甚至风土人情等，都是珍贵的"一手资料"，而这些内容正是网友喜闻乐见的"在现场"的感官刺激，极易营造出话题效应。就如同大卫·罗威在《体育、文化与媒介》一书中提到的一样："一场从上午持续到下午的普通板球比赛却可以在新闻报道中持续一个星期。"从运动员的场上场下生活，到各类赌球新闻，从球队的历史恩怨到所谓的民族情结，从"最佳教练"、"最佳球迷"的评选到"足球宝贝"、"篮球宝贝"的表演，媒体可谓无所不用其极。拿贝克汉姆转会皇家马德里一事来说，以《球迷》报为例，该报用数月光景，在这一问题上可谓做足文章，发了相关文章几十篇。其中虽已选择几个标题如下：《春天来了，让我们继续狂躁》、《小贝转会皇马有暗流》、《小贝不合皇马胃口》、《谁还需要小贝？》、《一只小贝搞得皇马一锅腥》、《贝克汉姆生活的 A—Z》……其制造话题的能力可见一斑。再如 2016 年科比退役，各大网站这对此事发表评论，例如网易体育《科比正式退役！20 年生涯终结 史诗级告别战轰 60 分》、搜狐体育《下一站天王！他模仿着科比，成为联盟中仅剩的古典分卫!》、乐视体育《梅西发文致敬好友科比 伟大球员将被载入史册》、腾讯体育《科比退役四个月变这样了 复出？听听他怎么说》……

知识链接：科比·布莱恩特

科比·布莱恩特

1978 年 8 月 23 日出生于美国宾夕法尼亚州费城，前美国职业篮球运动员，司职得分后卫/小前锋（锋卫摇摆人），整个 NBA 生涯（1996 年—2016 年）一直效力于 NBA 洛杉矶湖人队，绰号"黑曼巴"，是前 NBA 球员乔·布莱恩特的儿子。科比是 NBA 最好的得分手之一，突破、投篮、罚球、三分球他都驾轻就熟，几乎没有进攻盲区，单场比赛 81 分的个人纪录就有力地证明了这一点。除了疯狂的得分外，科比的组织能力也很出众，经常担任球队进攻的第一发起人。另外科比还是联盟中最好的防守人之一，贴身防守非常具有压迫性。2016 年 4 月 14 日，科比·布莱恩特在生涯最后一场主场对阵爵士的常规赛上宣布退役。

为了营造话题，一场普普通通的体育比赛，有时甚至被赋予城市、地域、民族、国家的荣誉意义。在漫长的足球联赛过程中，同城两支球队的比赛被媒体称之为"德比大战"，就是一个典型的被营造出来的话题。很多职业球员都认为所谓"德比"其实只是一场普通的比赛，和联赛中的其他比赛没有什么不同，而媒介却坚持赋予"德比"一种不同寻常的悲壮色彩。在媒介的引导下，同城的球迷俱乐部之间的跟风无疑使得这一话题被作为传统延续下来。

知识链接：德比大战

德比大战，现指同级别足球联赛来自同个城市的两只球队之间的比赛。因为同处一城，彼此为拥有更多的球迷、拥有更多的关注度等竞争激烈，比赛常常十分精彩，甚至火爆。偶尔也会用于形容来自同地区、甚至同国家的各类比赛。原指英国来自德比郡的马之间的比赛。

更有甚者，为了营造话题，一些媒体不惜冒失去受众公信力的危险，捕风捉影乃至编造假新闻。2016年里约奥运会期间，各种新闻报道层出不穷，每天都有各种爆点、泪点、雷点轰炸着读者。但一些"刷爆"的消息其实是不折不扣的假新闻事件，比如《巴西劫匪抢劫遇柔道高手俄副领事将其拖进车击毙》，这则意在说明"战斗民族"俄罗斯超强战斗力的新闻，因为2016年8月5日英国《每日邮报》的报道而被人们广泛传播并津津乐道，国内的主流媒体基本上都报道了这条消息。里约奥运会开幕前夕，戏剧性的一幕发生，一名俄罗斯领事馆副领事击毙"抢劫未遂"的当地劫匪。当地时间周四上午，在巴西里约奥林匹克公园附近，俄罗斯驻里约的副领事布拉加将一名试图持枪抢劫的劫匪拖进车内，并在搏斗中将其枪杀。当时，这名劫匪与另一同伙骑摩托车接近布拉加，打碎了他的车窗玻璃，用枪指着他向他索要手表，布拉加将劫匪拖入车中夺下其手枪，直接对其头部开火。据当地媒体报道，布拉加曾练过柔道，事发当时正与妻女旅行中。由于这则新闻后来变成了"人尽皆知"，所以俄罗斯驻里约使馆不得不出面辟谣。俄罗斯驻里约总领事弗拉季米尔·托克马科夫对俄罗斯媒体表示，有关俄罗斯外交官在一起武装抢劫中击毙巴西人的消息是不真实的。托克马科夫称，俄罗斯在里约的所有外交官和安保人员的状况都是正常的，与有关的报道"没有任何关系"。另据俄罗斯驻巴西大使馆发表的声明指出，俄罗斯驻里约总领事馆没有任何人员牵涉在里约发生的未遂抢劫案。声明还透露，事发时俄罗斯总领事馆的所有官员正在出席和奥运相关的活动。这些假新闻其实都是媒体背离体育精神和宗旨为了吸引读者的眼球而营造出来的虚假幻象。

话题在文化工业的流水线下，在标准化操作下一个又一个被制造出来，

匪徒奥运村附近抢劫 遭俄外交官夺枪拽进车击毙

████体育   08-05 09:58

████体育8月5日报道：

里约奥运会还有明日就要开幕，但里约的治安问题依旧令人头疼。当地时间周四早上，一位俄罗斯外交官在奥林匹克公园外堵车时险些被抢劫，而他却把枪抢出来射杀劫匪，其胆识和沉着冷静的表现，实在令人钦佩。

国内主流媒体报道巴西劫匪抢劫遇柔道高手
俄副领事将其拖进车击毙截图

事实被夸大、细化和无限延长。由于媒介的"议程设置"功能，这些不断营造出来的话题不仅存在于媒介体育世界里，还成为大众现实生活的"议题"。虚假从幻象走进了真实，真实反而沉默了。

三、塑造明星

媒介具有创造深入传播对象心目中的人物的特殊功能，它可以使运动员、裁判和教练在一定时间内成为大众关注的焦点和尊崇的典型、膜拜的偶像，从而出现明星效应。可以说，体育明星的出现是大众媒介和视觉文化的直接产物。

这主要是因为赛事相关的运动员、裁判和教练在体育信息的流通中，处于中心位置。他们具有巨大的号召力，作为传播的中心点，他们本人的真实表达会使得粉丝更有亲近性和互动感，利于信息迅速扩大，形成中心传播，进而引发互动话题。同时，运动员、裁判和教练表达个人的真实情感，不仅是非常重要的与外界互动，也是其经营个人形象、品牌形象的重要内容。体育品牌合理利用签约或代言的运动员、裁判和教练，展示品牌内容，不仅提高了品牌在社会网络中的曝光量，更提升了品牌的形象。

媒介塑造的体育明星以其不同的欲望形式满足了观众的想象和梦幻，这使得体育明星在这个时代有了"神"与"人"的双重属性。媒介不仅关心体育明星们在赛场上的成功与失落，而且还对其恋情婚姻、丑闻轶事乃至日常生活也"关怀备至"。这是由于当代文化工业的商品性和形象性使得它的产品必然要成为商业性的形象，体育明星也不可能例外。当体育明星的个人秘密及其外形都作为商品形象的一部分出售时，体育明星就被彻底物化了。或者说，他们在文化市场中已成为非人，而是被抽空了的纯粹形象。而他们之所以能成为媒介体育营销的重要手段，也在于他们作为体育明星的一切都可以被物化为商品，物化的越充分，形象越晶莹剔透，在市场中的知名度越高，最有影响的体育明星实施上是最完美的商品。

在媒介体育中，明星的世界总是千奇百怪，他们满足了大众对奇观轶闻的兴趣，也满足了大众对自由的渴望和想象，更适应了媒介利用体育营销的需求。明星是光芒四射的，在大众看来，这种光芒正是乌托邦中自由光辉的折射，它对大众是一种吸引和召唤。丹尼斯·罗德曼是效力于芝加哥公牛队的一名球星，喜欢把头发染成金色或其他的非自然色，手臂上有巨大的文身图案，又戴耳环，有时还穿女人衣服。保罗·加斯科因也是这样，他是一名英格兰足球运动员，他在球场上的天分远不如他粗鲁的行为有名。同样，被判为强奸犯的拳击运动员迈克·泰森似乎也以制造痛苦为乐。与罗德曼同台表演的有他的队友迈克尔·乔丹，他的角色是当今或者永远是最伟大的篮球运动员。在拳击台上，迈克·泰森的流氓行为促使霍利菲尔德成了英雄。2016年里约奥运会中，中国选手傅园慧在赛后接受采访时，难掩兴奋之情，笑言已用尽"洪荒之力"，表情堪比"表情包"，耿直的回答惹得网友爆笑不已，成为里约奥运第一网红。随之各大媒介围绕傅园慧展开宣传，各大企业也竞相请傅园慧为其产品进行代言。据了解，目前傅园慧的广告身价约为800万以上。

知识链接：迈克尔·乔丹

1963年2月17日生于纽约布鲁克林，前美国职业篮球运动员，司职得分后卫，是历史上最伟大的篮球运动员。1984年的NBA选秀大会，乔丹在首轮第3顺位被芝加哥公牛队选中。1986－87赛季，乔丹场均得到37.1分，首次获得分王称号。1990－91赛季，乔丹连夺常规赛MVP和总决赛MVP称号，率领芝加哥公牛首次夺得NBA总冠军。1997－98赛季，乔丹获得个人职业生涯第10个得分王，

"飞人"乔丹

并率领公牛队第六次夺得总冠军。在19年的职业生涯中，乔丹两次宣布退役（1993年以及1998年），并于2003年4月16日正式宣布退役。2009年9月11日，迈克尔·乔丹正式入选NBA篮球名人堂。

媒介与体育产业相互扶持，密切合作，利益共享。媒介以其多角度、多层面、多视点的特点和受众多、覆盖广、影响大、社会效益显著的优势，给体育产业带来了更广大的消费市场、更充足的资金储备、更专业的发展方向、更全面的发展渠道。

思考题：

作为中学生，如何正确看待评价体育明星？如何防止盲目追星？

参考文献：

［1］大卫·罗著，吕鹏译．体育、文化与媒介：不羁的三位一体［M］
．北京：清华大学出版社，2004.

［2］高宜杨．流行文化社会学［M］．北京：人民大学出版社，2006.

［3］郭邦士．传播媒介对体育运动的影响［J］．山西师大体育学院学
报，2001.

［4］刘娜．媒体传播对体育产业发展的影响［J］．人文科学，2006.

［5］刘少华．大众传媒 视觉文化与当代体育［J］．体育文化导刊，2003.

［6］高虹．体育与媒体互动影响研究［J］．体育文化导刊，2009.

第三节　媒介宣传与体育中的政治元素

随着社会的发展，体育的功能不断扩大，以体育为中心的媒介宣传，时
不时带有一些政治元素。振奋民族精神，增强民族凝聚力，提升民族自豪
感，加强国家认同感，乃至树立国家形象，这些作用在体育报道中屡见不
鲜。有时媒体宣传甚至对国际政治关系的发展产生较大影响。同时媒介对体
育的宣传报道带有监督功能，在一定程度上有利于打造公平竞争环境，促进
法制化建设。

一、媒介对体育的宣传有利于振奋民族精神

体育是一个合法的竞技场，长期以来，个人和集体（包括国家）就利用
体育来表达他们的集体情感。无论是在国内或国际比赛，无论是世界杯还是
奥运会，无论是在奥运村还是在奥运赛场，升国旗和其他的爱国仪式频频使
用。仪式或是典礼，尤其是国家或国际体育，都给体育带来了超出其作为有
组织的竞技体育比赛本身的象征意义。在以和平和发展为主题的当代世界，
体育甚至是战争的替代，是一场没有硝烟的"礼仪化战争"，是国家间体育
成就和综合国力竞争的手段和工具。当媒介对这些爱国仪式、典礼或彰显一

国体育成就的细节有意或无意地进行宣传放大之时，国家认同便得到了建构，民族精神就得到了振奋。

1979 年 11 月，我国在与国际体坛隔绝 20 多年后，重新恢复了在国际奥委会中的合法地位，为我国通过竞技体育向世界展示日益强大的综合国力提供了机会。从 1984 年我国体育代表团在第 23 届奥运会上首次实现金牌零的突破，到 2004 年第 28 届奥运会我国体育代表团跃居金牌榜第 2 位。体育健儿在奥运会上不断取得佳绩，是我国改革开放和社会主义现代化建设伟大成就的一个缩影。媒介对体育事业不断发展和体育健儿优异成绩的宣传报道，极大地增强了民族凝聚力，增强了民族自豪感，大大加强了国际社会和国内各界对我国体育成就和其他各方面综合国力的认同感。据载，1984 年第 23 届洛杉矶奥运会期间《中国体育报》的前身《体育报》把运动员报道成代表国家参赛，运动员"为国家而战"的意识非常明显，为国家认同感和民族自豪感提供了大量事实，并通过宣传我国运动员的成就建构国家认同感。在《体育报》头版头条的新闻标题中，大量出现"中国人"、"中国健儿"、"祖国"、"中华民族"、"中国国歌"、"五星红旗"等词语，并在新闻主体中盛赞我国运动员为国家、为民族所做出的贡献，再现海内外中华民族所感到的光荣和自豪。这样大量的、高度的"国家情感"在《体育报》等媒介中得到体现，在其他的地方的确是难以想象的。《体育报》还刊登了一些报道，反映出海外媒体和各界人士对我国体育成就和国家的认同，如"洛杉矶中文报纸《中报》发表社论：大陆健儿为海峡两岸中国人争了气"、"洛杉矶报纸对我国健儿取得成绩反响强烈：中国人从此站起来了"、"洛杉矶各界人士盛赞我健儿的成就和风格：中国运动员的'微笑体'令人敬佩"、"洛城台胞为中国健儿夺冠欢欣鼓舞，他们说：祖国统一大有希望"、"洛杉矶《中报》社论指出：女排的胜利将给中国带来信心和力量"、"美国电视转播增加中国运动员的镜头"等。

知识链接：《中国体育报》

创刊于 1958 年，是全国唯一以体育新闻报道为主的日报。《中国体育报》拥有全国最强的体育新闻采编队伍，拥有众多知名记者、优秀编辑及著名专栏评论家。在全国所有报刊中，该报的读者阅读率高居第六位。《中国体育报》办刊 42 年来，受到全国读者的衷心爱戴和信赖，其权威性、综合性、可读性和专业性更是有口皆碑。因此，《中国体育报》在全国林林总总的报刊中享有无可替代的位置，发行量在体育类报刊中名列前茅。同时，由于受众面广，权威程度高，其广告效益往往令人出乎意料。

在 2016 年里约奥运会女子排球决赛中，郎平带领的中国队以 3∶1 战胜塞尔维亚队，重回世界之巅。女排夺金，举国欢腾。在各大国内媒介的推动下，中国人狂喜的热情又一次达到了高潮，"女排精神"被反复传颂和倡导。《人民日报》刊文《时代何以重唤"女排精神"》，提出："女排，不仅为中国添了一枚宝贵的金牌，更唤起了亿万国人的精气神，为'女排精神'注入了新的内涵，也让这精神的清流注入了一个新的时代，在面向未来的进军中，展现出强大的中国精神、凝聚起磅礴的中国力量。"

阅读材料：中国女排

国家女子排球队（简称中国女排）隶属于中国排球协会，是中国各体育团队中成绩突出的体育团队之一。曾在 1981 年和 1985 年世界杯、1982 年和 1986 年世锦赛、1984 年洛杉矶奥运会上夺得冠军，成为世界上第一个"五连冠"，并又在 2003 年世界杯，2004 年奥运会，2015 年世界杯，2016 年奥运会四度夺冠，共九度成为世界冠军（包括世界杯、世锦赛和奥运会三大赛）。中国女排是中国三大球中唯一一个拿到冠军奖杯的队伍。2015 年 9 月 6 日，第 12 届女排世界杯最后一轮，中国女排以 3－1 战胜日本队，第四次将世界杯冠军的奖杯收入囊中，同时也获得了 2016 年里约奥运会的参赛资格。2016 年 8 月 21 日，里约奥运会女排决赛，中国女排在先失一局的情况下连扳三局，以 3－1 逆转战胜塞尔维亚女排，这是中国女排时隔 12 年再次获得奥运冠军，也是她们第三次获得奥运会金牌。

2016 年里约奥运会中国女排夺冠

二、媒介对体育的宣传关系国家形象的展示

一个国家的整体形象在媒介中的传播关乎一个国家的文化影响力和国际话语权的展现，良好国家形象的媒介传播将促进国家软实力的提升，进而提

升综合国力。国家形象的负面传播将会损害一个国家在国际社会中的地位进而降低国际形象力和话语权。作为媒介传播的重要关注点，体育赛事尤其是大型体育赛事的举办成为举世瞩目的媒介大事件。体育赛事的参与和竞技也是国家和地区综合实力的集中展现，通过体育赛事展示国家形象进而提升软实力已经成为参与国家的共识。

大型体育赛事的举办也是对社会、民间团体以及国家管理制度运行能力的综合体现。在赛事的举办过程中与赛事有关的人物、事物都处于由体育赛事建构的特殊场域符号之中。由运动员、教练员、观众、裁判、志愿者、管理和组织者共同编制的符号链均展现在现代传播媒介之中，进而映射出一个国家和地区的综合形象。举办大型体育赛事具有时间短、见效快等特征，从而成为展示国家形象的重要手段。北京奥运会、北京冬奥会、伦敦奥运会、索契冬奥会、南非世界杯等一系列的全球性赛事的成功申办与举办国家形象及其地区发展潜力密切相关。总之，赛事的成功举办进而通过媒介传播既是国家形象与符号的有力呈现，也是国家软实力的彰显。

体育赛事提供了全世界媒介聚焦承办地区或国家的重要机会，体育赛事所展示的并不是国家形象的全部，但却是国家形象的重要组成部分。借助体育赛事，媒介聚焦国家形象标识、国情介绍、政府形象、历史形象、文化形象、城市形象以及国民素质等，多维度塑造国家形象。

阅读材料：北京冬奥会

2022 年北京—张家口冬季奥运会（2022 The winter Olympics in Beijing & Zhangjiakou）第 24 届冬季奥林匹克运动会，简称"北京张家口冬奥会"，将在 2022 年 02 月 04 日至 2022 年 02 月 20 日在中华人民共和国北京市和张家口市联合举行。这是中国历史上第一次举办冬季奥运会，北京、张家口同为主办城市，也是中国继北京奥运会、南京青奥会后，中国第三次举办的奥运赛事。北京张家口奥运会设 7 个大项，102 个小项。北京将承办所有冰上项目，延庆和张家口将承办所有的雪上项目。北京成为奥运史上第一个举办过夏季奥林匹克运动会和冬季奥林匹克运动会的城市，也是继 1952 年挪威的奥斯陆之后时隔整整 70 年后第二个举办冬奥会的首都城市。同时中国也将成为一个举办过五次各类奥林匹克运动会的国家。

体育明星在某种程度上代表着某种权利和符号，体育明星所具有的广泛影响力也可以成为展示国家形象的重要载体。在国际范围内特别是在西方人的主流体育项目中体育明星具有重大影响力，其背后实际上是代表着一个国家和地区的文化象征。例如姚明、刘翔等，在特定的场域里他们的符号实际上就代表了中国体育甚至中国的国家形象。当运动员在奥运赛场上取得冠军身披国旗庆祝成功的时候他代表的不仅仅是自己，更展示了良好的国家形象。而在竞技体育中明星的示范效应更是促使了无数民众为之崇拜和向往，进而投入到体育参与的过程中。体育明星的出现，在一定程度上代表了某类项目的竞技水平，但是代表不了整体的体育发展水平和国民形象。

三、媒介对体育的宣传影响国际政治关系

媒介对体育的宣传成为开展外交和政策实施的重要工具，成为促进各国人们之间了解和国际正常关系的信号，成为众多越来越复杂的政治策略要素之一，有意或无意影响着国际政治关系的缓和与冲突。

1971年在日本名古屋举行的第31届世界乒乓球锦标赛上。开赛前夕，周恩来召集有关人士开会时要求这次参赛要"接触许多个国家的代表队"，"我们也可以请他们来比赛"。同时他要在座的人"动动脑筋"。当比赛开始第一天，中国队乘巴士从住地去体育馆时，美国运动员科恩上来搭车，于是中国运动员庄则栋主动和他握手、寒暄，并送他一块中国杭州织锦留作纪念。这个细节被在场记者抓住，成为爆炸性新闻。4月3日中国外交部以及国家体委就是否邀请美国乒乓球队访华问题向中央请示。经过3天的反复考虑，毛泽东在比赛闭幕前夕决定邀请美国队访华。次日，美国国务院接到中国驻日本大使馆《关于中国邀请美国乒乓球队访华的报告》，立即向白宫报告。尼克松在深夜得知这个消息后，立即发电报给美国驻日大使，同意中方的邀请。事后尼克松说："我从未料到对中国的主动行动会以乒乓球队访问北京的形式得到实现。"1971年4月10日，美国乒乓球代表团和一小批美国新闻记者抵达北京，成为自1949年以来第一批获准进入中国境内的美国人。14日，周恩来在人民大会堂接见美国乒乓球队时说："你们在中美两国人民的关系上打开了一个新篇章。我相信，我们友谊的这一新开端必将受到我们两国多数人民的支持。"1972年4月11日，中国乒乓球队回访美国。中美两国乒乓球队互访轰动了国际舆论，成为举世瞩目的重大事件，被媒体称为"乒乓外交"。从此结束了中美两国20多年来人员交往隔绝的局面，使

中美和解随即取得历史性突破。1972 年 2 月 21 日，尼克松访华，中美关系终于走向了正常化的道路。这就是毛主席的以小球影响大球的"乒乓外交"。乒乓外交是以体育为中心的媒介宣传促使国家间政治关系缓和的成功案例。

知识链接：庄则栋

庄则栋（1940 年 8 月 25 日—2013 年 2 月 10 日），中国男子乒乓球运动员，生于江苏省扬州市，自幼喜爱乒乓球运动，14 岁加入北京市少年宫业余体校乒乓球小组，1957 年入选北京市乒乓球队，同年参加全国比赛，1959 年入选中国青年乒乓球队；庄则栋曾获得第 26—28 届世乒赛男子单打冠军，是 20 世纪 60—70 年代中国男子乒乓球队主力队员

世界乒乓球冠军庄则栋

之一；1971 年 4 月，在日本参加第 31 届世乒赛期间，冒着风险，结交美国运动员，打开了中美两国友好的大门；曾任国家体委主任，中共十届中央委员，第三、四届全国人大代表。2013 年 2 月 10 日，在北京佑安医院去世，享年 73 岁。

2000 年悉尼奥运会上，朝韩代表团共同举着"朝鲜半岛旗"出席开幕式。这次开幕式上，双方皆没有举着自己国家的国旗，而是穿着统一的服装步入场内，这一幕亦是成为经典。随后在包括 2004 雅典奥运会、2006 都灵冬奥会和 2006 多哈亚运会等多项大赛上，朝韩体育代表团皆曾同时入场。2002 釜山亚运会和 2003 大邱世界大学生运动会上，朝鲜更是有大量的啦啦队前往韩国打气助威。当时，媒介对于这些关键细节的捕捉和宣传感染了亿万观众，对体育维护世界和平，促进各国人们之间的了解和国际正常关系准则的确立，促进某些地区政治一体化发挥了独特的作用。

世界上大多数国家都利用媒介对体育的宣传为外交服务，媒介对体育宣传除了可以达到改善国际关系的目的，也可以达到反对某种政治势力的目的，可以说媒介对体育政治功能的促进发挥是把双刃剑。比如 2018 年俄罗斯世界杯的举办权的争议，俄罗斯舆论坚定不移的认为，西方国家正在一次次通过打压俄罗斯体育的方式，来制约俄罗斯复兴。2014 年索契冬奥会，

欧美媒体狂轰滥炸——"烧掉 370 亿欧元"、"贪腐横行"、"歧视同性恋"、"面临恐怖威胁"，甚至"马桶盖装反了"、"避孕套发少了"、"对流浪狗不友好了"，都会被炒作一番，严重影响了俄罗斯国家形象。

四、媒体监督与体育法制化建设

媒介在对体育宣传报道传播的过程中可以对竞技体育起到监督作用。舆论监督是公民通过媒体对国家事务及与公共利益有关事务进行监督的一项社会活动，也是新闻媒体一项重要社会职能。舆论监督最直接的作用就是对"黑哨"、"假球"、兴奋剂及非法侵占体育场地等不良行为给予曝光，使之能得到有效控制。这既是发展体育事业的需要，也是社会民主化、法制化建设的必然趋势。2011 年央视《法治在线》栏目报道了陆俊、黄俊杰、周伟新三名裁判以及足协官员张健强收受贿赂、操纵比赛的事实。通过一系列报道，加强了舆论监督，净化了足坛空气，促进了包括足协在内的各体育行业协会的法制化建设。

万物不离法，事物在产生和发展过程中都要有相应的法律来规范和约束。体育媒介从业人员肩负着传播体育知识和信息、沟通人群、引导社会舆论、推广体育价值观念、更好发挥体育政治功能等重要社会职责。随着时代的发展，这必然会催生专门规范新闻传播或规范某一类大众传播媒介的法律的颁布。

参考文献：

[1] 杰·科克利·官兵，刘穗琴，刘仲翔，等译. 体育社会学 [M].北京：清华大学出版社，2003.

[2] 黎明京. 奥运会充满民族主义情绪——各国媒介对奥运会的报道 [N]. 中国体育报，1996（5）.

[3] 刘红霞. 媒介体育中国家认同的再现和建构 [J]. 体育科学，2006.

[4] 张江南. 论负面体育新闻报道的三个维度 [J]. 南京体育学院学报，2013.

[5] 胡志龙. 中国国家形象建构中的媒体传播策略 [J]. 长江师范学院学报，2011.

[6] 焦英奇. 体育赛事的网络媒介传播与国家形象 [J]. 体育科学，2015.

第十一章　媒介与校园德育活动

🌟📖 **内容提示** ⭐🌟

　　随着学校条件的改善，现代教育技术设备的更新，各种媒介纷纷涌入校园，丰富了同学们的生活。媒介信息的制作与创造是新时代中学生们必不可少的一个重要能力，而学校开展与媒介相关的社团活动，无疑为莘莘学子提供了展示能力的舞台。与此同时，新媒介的滥用与无序化，也冲击了校园正常教学活动。因此，强化新媒介的管理，构建文明有序的校园通讯网络秩序，成为许多学校面临的重要课题。

第一节　校园媒介社团活动

　　在现代信息社会，一个成功的人，除了具备我们所熟知的智商和情商外，还要具备一定的媒商。这里的媒商就是媒介素养。你的媒商达标了吗？可以将媒商的标准概括成四层递进关系的能力体系：

　　（1）了解基本的媒介知识，具备一定的媒介使用能力；

　　（2）具备一定的辨识和鉴赏力，能够判断媒介信息的意义和价值；

　　（3）具备一定的创作和传播媒介信息所需的知识和技巧；

　　（4）能够有效地利用媒介信息达到发展自我的目的。

　　同学们，通过前面章节的阅读，你的媒介素养能力达到哪个层次了，如果没有达到第四层甚至第三层，请阅读本章继续修炼，因为它会告诉你一个真理："媒介素养的提升跟校园活动更配。"

一、校园活动中·媒介小主人

课堂上的知识聆听，同学间的侃大山，微博的实时热搜榜，朋友圈的每日"奏章批阅"。作为信息时代的一份子，我们时刻都在有意识或无意识，主动或被动地接收、分析、评价甚至产生各式媒介信息。那么，身为媒介圈的你，是纷繁陈杂的信息左右了你，让你成为"手机控"、"低头族"、"刷屏族"、"跟风族"；还是你能"选择、批判、分析"媒介信息，甚至用"信息的生产、再生产"等方式让媒介信息为你所用呢？简单来说，你有主导过媒介么？有利用媒介做过有意义的事情么？同学们，别再让自己的脑袋，变成别人思想的跑马场了，看看这些小伙伴们是怎么主导媒介的吧。

依靠校园电视发声

自制书签呼吁禁烟

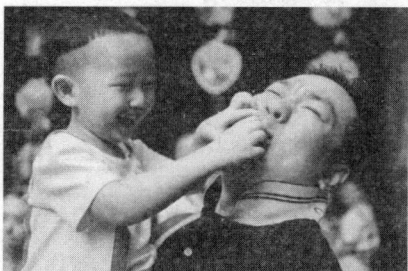

利用摄影作品表达亲情——马骞里摄

媒体创播课：《镜头下的世界》

信息时代，我们有多种途径接触媒介，在新媒体的引导下，能够形成媒介素养意识；在中学课堂中，通过教师的介绍，我们对媒介有了概念；再次接触时，拥有对媒介初步的辨别意识和批判能力。但若要达到能够合理地运用媒介进行自我

完善和发展，创造社会价值，则需要在实践中探索。社团作为中学的第二课堂，其具有的思想性、艺术性、知识性、趣味性、多样性是作为媒介素养实践教育提升的良好平台。因此，依托社团等途径，开展校园活动，是提升自身媒介素养的一个有效途径。

小资料：学生社团的组建

中学的社团组建需向校团委申请，由校团委和社团联合会共同审批通过。基于媒介素养培养的社团应该紧扣"媒介"这一关键词，在兴趣的基础上有方向、有目的的成立和发展社团。如针对媒介信息的辨别和批判能力可以成立"辩论社"，就时下热点问题进行研讨，引导媒介时代的价值观；针对校园热点或者生活中的问题成立"问题研究社"，从同学们的身边出发开展研究，在提升自身媒介素养的同时影响周围的人；也可针对媒介的使用成立"摄影社"、针对利用媒介发声成立"记者团"、"主持团"、"微电影社"等社团为自己创造平台，在平台中体验设计师、编导、主持人、编辑、摄影师等多种媒体人角色；也可从学校的宣传角度出发，成立"宣传社"，主动承担学校微信编辑、微博编辑、校园新闻摄影、校园采访、校园节目制作、宣传海报设计等任务，为自身搭建平台，在媒介信息创作与传播的过程中提升媒介素养。

二、平台很重要·社团建设案例借鉴

社团一：CSD宣传社

部门构成：对外交流部（communication），网络宣传部（spread），设计制作部（design），各部门职能如下：

对外交流部：依靠文字描述传播校园文化，接待外来嘉宾参观。宣传校园文化。

网络宣传部：依靠网站、微博、微信平台发布学校热点信息。引导学生关注校园热点，参与互动讨论，引导校园文化。

设计制作部：依靠技术手段，制作MV、手工纪念品，并发放给学生，让学生在这些实实在在的物品中感知校园文化的沉淀，凝聚校园文化。

社团部分作品——"时光球、钥匙扣"

评析：从该社团的部门职能几乎看不到媒介二字的存在，但学生在接待外宾时利用口语表达传递校园文化，利用微博、微信等新兴媒介宣扬校园热点，在 MV，纪念品的制作中担任着一个媒介创作的角色。再结合理论课的教育，该社团学生媒介素养水平突出，能够结合自身所长，选择或创作合适的媒介宣传自己。

社团二："没问题研究社"

社团致力于发现身边的问题、揭示现状，并尝试通过媒介解决问题，让遇到的问题最终都变成"没问题"。

"没问题研究社"学生在调研

一开始听到这个社团名字觉得是学生造的一个噱头，为它的存在前途担忧，可是他的第一期活动出来后，便对它们刮目相看了。该社团开设的第一期活动是"全民禁烟"，有别于传统的禁烟宣传。该社团首先全校调研，走访了学生、教师，了解校园吸烟状况。将得到的数据和禁烟宣传做成书签，以公益品的形式发给校园师生，在发放的同时采访教师、同学心声，最终将数据分析、采访视频和研讨分析结果做成一段小视频在校园宣传平台上循环播放，禁烟效果明显。

评析：案例中，笔者为何对其进行刮目相看，首先是其研究问题贴近于生活，其次是其能够合理地运用媒介收集、处理数据，并制造舆论压力，达成效果。校园中吸烟的主体是绝大部分教师和少部分叛逆学生。而其产生的影响吸烟者自身可能并不明确或者即使知道吸烟有害也不以为然，但吸烟者周围的人却深受其害。社团学生收集数据后首先以书签的形式将调研结果反馈大众，让其在知识上扫盲。随后将深受吸烟之害这一部分人群的感受做成视频播放，舆情间接的传播所形成的舆论压力也比直接指责这种方式给吸烟者反感情绪要小得多，吸烟者容易接受，也容易形成反思，从而改正自己的行为或者尽量做到不影响他人。据悉，该社团成员的组成正是从该校宣传社、电视台、摄影社等媒介素养相关的社团抽调的。也反映了社团学生在自身媒介素养提高后，再次面临生活中的实际问题时，能够很好地运用媒介手段进行解决。

社团三：摄影社

摄影社往往由一群摄影爱好者组成，是中学生最喜欢的媒介社团之一。如成都一所学校成立的"镜界摄影社"，社团以"镜有界，景无疆"为宗旨，集聚了校园中的摄影爱好者，搭建了摄影学习、实践、作品展示的平台。他们的成长历程体现了媒介素养能力提升所需的完整体系。这一体系包含文化基础的培养；社团成员的互相引领下参与社团活动，发挥主体性；以及具备一定能力后能够策划独立的社会活动。

文化基础奠基：即摄影基础知识培训，让成员具备基础的摄影能

校园主题人物摄影活动——镜界摄影社

力和作品鉴赏能力。活动参与：社团搭建活动平台，如承担学校会议、活动的拍摄任务。成员在拍摄实践中成长。同时，社团还可定期举办一些摄影活动，吸引全校学生参与，在参与中发现美，在评选中鉴赏美。

《今日金牛·美丽校园》摄影展： 图片引用自"金牛教育微信公众号"

学校的哪一道风景，让你念念不忘，是藏着笑声的游戏角，是伴你甜甜入睡的小床，是和小伙伴一起踢的球赛，是伴你们在青春跑道上奔跑的老师，还是无条件爱你们的爸妈呢？校园，每一处风景，都有一个故事，让我们一起畅游在美丽的校园中，慢慢地倾听那些细水长流……

那颗伴了我三年的银杏树
——成都八中姚勤

惊喜之绿
——成都十八中夫睿

晨练（谁说刻苦不是校园最美的风景线呢）
——成都四十四中姜海波

策划社会活动：在具备创作和传播媒介信息所需的知识和技巧后，同学们便可拿起手中的照相机，策划如摄影展之类的社会活动，传递正能量，引领价值观。

镜界摄影社人物主体摄影比赛

微笑的盛夏

——成都马鞍小学王茜

刻字于石，敬铭于心

——成都茶店子小学蒋宇彬

新绿

——成都机关三幼张昀

《七万爱分享｜光阴的故事》CIL 摄影社摄影展：引用自"成都七中万达学校公众号"

"五月的阳光洒下/五月的风吹起/便是年轻的故事最潇洒的注脚。"夏日的傍晚，换一身素装，拿起相机，行走在青春的诗里。草在结它的籽，风在摇它的叶，你我相遇在七万的转角，蔷薇正盛，阳光正好。

年轻的时候总是幻想和你一起出去看世界，却总是孤身一人，邂逅一幕幕意外的风景，感动于一个个平凡的故事，最终在路上找回自己的初心。

累了，倦了，就停下来，去看天，去听鸟，去体会夏日的清凉，去感受晚风的温存。生活不止眼前的苟且，还有诗和远方的田野。

流年似水，岁月如歌，也许光阴的故事正在发生着，也许一切沸腾的感情都将沉淀为清澈的空气，有时候我们只需要轻轻按下快门，定格一抹风景，记录一种心情，抑或是不明所以。

本次摄影展作品分为"七彩流年"、"万千世界"和"诗意生活"三个版块。美和故事就在这里，稍作停留，请慢慢欣赏。（以下仅展示部分作品）

七彩流年

满怀期待（七万真人版捕鱼达人，鱼儿鱼儿，快到网里来!）

——成都七中万达学校张有财

最好的我们

当时的他是最好的他，后来的我是最好的我。

可是最好的我们之间，隔了一整个青春。

——成都七中万达学校东东

七万的故事

每张照片都有一个故事或是一幅夕阳西下画，我只是一个定格青春的旅人，留给后来的过客品味。

——成都七中万达学校詹林峰

万千世界

中国第一水乡——周庄

夜色空蒙，倦鸟知还。

蛙声点点，流水潺潺。

树影斑驳，星光烂漫。

蓦然回首，灯火阑珊。

——栀子

发展

经济在发展，可蓝天还能坚持多久呢？

——罗一强

诗意生活

佛祖的孩子

刚念完经的小喇嘛，他们无忧无虑，仿佛是最天真最快乐的人

——邬钰嫣

残日

残缺亦是一种美

——阴子炼

评析：有人说："真正的摄影师，能捕捉灵魂。"一张好的摄影作品，远比千言万语来得更形象、生动。可以说摄影作品是时下传递媒介信息最广

泛，最行之有效的方式，摄影社的小伙伴们一言不合，再来个摄影展，形式高端大气上档次、内涵生动传神接地气。所以，喜欢摄影的小伙伴们，拿起你们手中的"武器"，传递媒介时代的诗情画意吧。

校园中，类似的媒介社团还很多很多，有已经创建的，同学们可直接参与其中。也有等待同学们去挖掘的，校园是一个广袤的天地，它可以是静谧如水，也可以是丰富多彩。平台就在那里，静待同学们去绽放精彩。

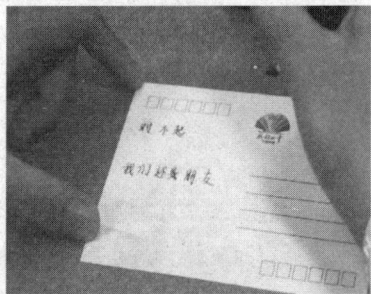

微电影社作品：
《对不起，我们还是朋友》

三、活动是最爱·如何在校园活动中提升媒介素养

"走出教室门，瞬间觉得世界都敞亮了；要是再来点校园活动，我这辈子都不期待放假了"，这是笔者一个学生的玩笑话，相信也反映出了部分中学生的心声。活动课固然是我们的最爱，那在我们最爱的"玩"中，如何有效提升自身的媒介素养呢？

专家来支招：释放、赋权与创造

台湾学者吴翠珍曾提出观点：培养释放与赋权两种能力。释放是指个人在心智上能够穿透媒体所构建的迷障、不被媒体左右，而更能进行社会参与，使用媒体表达对公共事务的关心。赋权则指个人有自主能力去分辨、选择、评估媒体及其内容，进而透过理性的思考与对话，去影响、督促媒体改善内容，乃至培养公民产制创意的、良性的、教育的信息。

卜卫认为媒介素养教育不是要让大家学会多少"专家"认为应该学习的媒介知识，而是一个促进所有参与者主动学习和使用媒介的过程。因此，由于学生在"参与"的过程中是基于有差异的个人经验及成长目标，每个人期望及可以达到的媒介素养教育目标是不同的。

专家的话好难懂，我们可以分为三个层面理解：

层面一：释放——即境界要开阔，我们能充分的从信息社会中获取媒介信息，按照自己的理解加工、传递媒介信息，是作为自然人而存在的学习阶段。

层面二：赋权——针对个人而言，要有能力去辨别获取的信息。针对活动团队而言，团队成员要有共同目的，从这个目的出发选择、评估适合媒介，这是赋有一定角色后，在一定指导或互相帮助下的活动参与阶段。

层面三：创造——在释放和赋权的基础上，进而通过活动去对话、去影响、去督促、去改善。从而达到提升自我乃至影响社会的目的，这是利用媒介创作的阶段。

从活动的具体开展来讲，即要达到：

1. 活动参与人员素质到位，即有文化奠基；2. 团队有共同的活动目标；3. 活动输出有创造，参与人员有提升。如果你仍没看懂，那我们就举个详细的例子吧。

仍以"没问题研究社"的"禁烟活动"为例。

活动开展前，团队人员素质如下：

1. 对网络、实体媒介信息具有辨识能力，能够从网络、身边师生采访中获取信息，并辨别其意义和价值。

2. 团队中1人会画画及使用 PS 绘图、1人会剪辑视频、2人会使用摄像机、1人文案功底强。

3. 具有正确的价值观，认为吸烟有害，并能从多种途径获取生动的佐证资料。

其活动开展目标的设定如下：

解决的问题：学校吸烟现象严重，大部分老师和少数叛逆学生都存在吸烟行为，其中，部分老师对吸烟场合没有意识，对身边的人造成很大困扰。通过对调研收集的数据进行分析，最终将活动目标确定如下：

问题解决层面：学生基本禁烟；老师减少吸烟并注意吸烟场合，不对他人造成影响。

媒介素养层面：1. 我校师生了解吸烟对自身和对他人的危害；2. 对媒介信息的获取能力提升；3. 对媒介信息的处理能力和表达能力提升（将数据和宣传内容体现在书签上，将数据、大家说、研讨结论以 MV 呈现）；4. 能够对社团成员和大众提供借鉴，在遇到实际问题时能选择合适的媒介进行问题的解决。

由其目标设定可以看出，在媒介素养提升这方面，旨在通过这次活动提升媒介素养较弱者（大众）的懂媒介能力，社团成员则较有针对性，如前期数据收集人员的媒介信息的获取能力。数据分析的媒介信息处理能力。采用合理形式反馈人员的做媒体能力。而具体的技术手段则未做要求，如做媒体的能力，并未规定出是采用会声会影或是 AE 等具体软件进行媒体制作，这正是因为媒介素养具有多样性的特点，但应有大方向的导向性。

最终成果：

成品输出：书签、禁烟视频（含吸烟危害、身边人想说、你的感悟和计划三大板块）、誓言墙。

效果：1. 学生吸烟大大减少（学生反映、厕所烟头数等获取的数据）；2. 小部分教师主动戒烟（特别是家中有小孩的）；一部分教师忍不住吸烟时会考虑身边人感受，主动去吸烟区；极小部分老师保留以前习惯，但会立即被身边人劝阻。

温馨提示：个人素质未达到怎么办？

中学阶段依托社团培养媒介素养能力需要教师以下方面的指导。

自学啊；求助老师啊，小朋友

1. 理论知识奠基

媒介素养社团组建后，社团负责人应结合社团定位，有意识地邀请指导老师进行相关理论知识培训，了解什么是媒介，什么是媒介素养，能够列举和辨识生活中的媒介等等，进行理论奠基。

2. 技能课保航

以校园电视台的基本技能课为例，可以包括 photoshop、摄影摄像、flash、视频剪辑等课程，学生可以通过这些技能课学习基本的知识技能。提升用媒介的能力，在参与到具体的活动中，不会因为技能上的不足影响活动的开展进度。

3. 提供平台保障

老师往往能够在学生自我创造的平台的基础上，从学校发展和学生成长的层面出发，为学生提供更为广阔的平台，如广播站、校宣平台、网站、微博、微信、电视台等平台，在这些平台中赋予学生角色和权力，提升媒介素养。

在以社团活动为形式的媒介素养教育过程中，有了指导老师的指导，关注学生行为，并及时的引导、辅助和沟通，记录成长。能够保障社团活动的顺利开展以及引导社团开展活动时不偏离培养目标。

用媒体发声，是每个人的权利，合理的用媒体发声，是一种智慧，合理的选用恰当的媒体多途径的发声，是作为信息化时代媒体人的艺术。愿每位同学都能在校园社团活动中愉悦修炼自己的媒商，成为一个优秀的时代媒体人。

思考题：

1. 你参加或组织过某项社团或社会活动吗？请参照媒介素养所包含的四层能力，分析在这些活动中，你提升了哪些媒介素养能力，还有哪些可以改进？

2. 如果你未参与或组织过任何社团活动，读完本章，如何在校园中为自己搭建平台或参与到已有社团平台中，提升自身媒介素养，你有想法了吗？请分享给身边的伙伴。

第二节　校园新媒介管理秩序的构建
——成都市第二十中学开展校园手机网络管理活动专题报道

2014年3月，成都市教育局推出了"基于互联网背景下中小学生媒介素养教育的研究实践"的课题研究。作为主研单位之一，成都市第二十中学依托已研究的成果，顺势展开了对校园新媒介秩序的管理探索，并取得了突出的阶段成果。

一、活动背景

随着互联网技术席卷全球，信息化时代的来临，网络、手机等媒介正影响着校园的教育教学。其中不少是积极的正面影响，比如老师通过录制微课视频，使学生完成自主学习，从而尝试翻转课堂教学，致力于提高课堂教学效益的研究和实践；学生通过上网查资料，拓展知识；师生之间、生生之间通过 QQ、微信方式答疑和交流等。与此同时，媒介对青少年的负面影响也随之而来，如沉迷网络、热衷追星、利用手机考试作弊、课堂手机滥用乃至网络违法犯罪等问题，备受学校、家庭、社会等多方面的关注，成为目前舆论的热点问题，有些不良现象还有蔓延的趋势。因此，指导青少年正确解读和使用大众媒介资源，提高青少年的媒介素养，构建文明有序的校园媒介秩序已经成为当前学校一个十分紧迫的课题。

二、活动目标

制定手机管理办法与网络文明公约，使校园手机互联网的使用有章可循，有序开展。通过学校开展的系列活动，通过刚柔并进的方式，对学生手机进行弹性管理，避免"一刀切"，有堵有疏，确保管理效果，为学校正常的教育教学秩序提供保障，为学生的健康发展保驾护航。通过学生、家长、教师参与讨论、交流，三位一体，最终制定学校网络文明公约，倡导守法上网，文明上网，安全上网，绿色上网。让每一位社会成员都成为网络文明的参与者和建设者，与青少年朋友们一起共同营造一个文明、健康、绿色、融洽的网络环境。

三、主要操作方法

（1）通过问卷形式和座谈方式对成都二十中学生网络文明和校园手机使用情况进行充分的调查，对调查结果进行全面系统分析，得出可靠结论；

（2）通过专家讲座、主题班会等形式提高学生网络媒介素养和辨别能力；

（3）通过教师、学生、家长的多方参与和多次讨论，形成具有可操作性以及推广价值的网络文明公约和手机管理办法；

（4）通过开展丰富多彩的活动，进一步提高学生理性辨别网络媒介的能力。

四、主要活动过程

1. 启动阶段（2014.3~2014.5）：广泛宣传，形成舆论氛围

（1）制作活动相关展板，在学校普遍宣传。

（2）校园网站、微博、微信、贴吧发布相关信息。

（3）召开主题关于"网络和手机"的主题朝会，引发学生的关注和讨论。

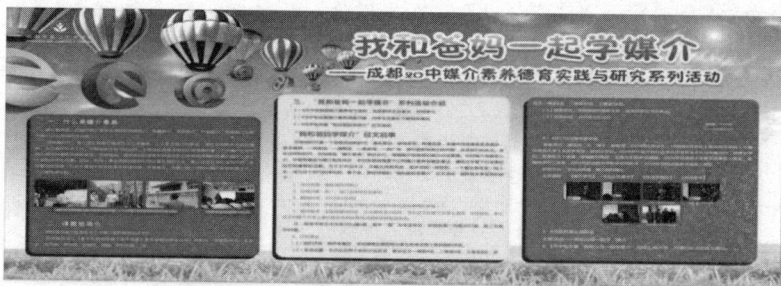

"我和爸妈一起学媒介"宣传展板

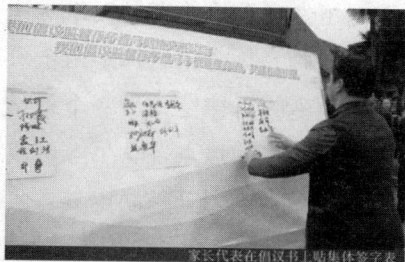

"媒介素养主题朝会"学生与家长代表分别在倡议书上签字

2. 开展理论培训，搭建研究资源平台及网络交流平台（2014.6～2016.5）

邀请专家进行理论辅导和培训，提升学生媒介理论素养，从学校层面和班级层面搭建学习的资源平台及网络平台，为活动做好准备、打好基础。

附学校开展主题培训活动情况表：

活动主题	活动内容	主办部门
手机网络犯罪	四川大学法学院开展"媒介法律知识进校园"讲座（2014年6月）	德育处、四川大学法学院
抬眼看世界，拒做低头族	学校党校在社区开展"抬眼看世界，拒做手机低头族"（2014.7）	课题组
网络安全现实与90后的责任	聘请网络安全专家电子科大葛中全教授进行"我国网络安全现实与90后的责任"专题讲座（2015.3）	德育处、课题组
法制教育	法制主题教育月活动启动仪式（2015.4）	德育处
倡导书香校园、手机勿扰	校园溢满书香 阅读伴我成长——"世界读书日"主题朝会（2015.5）	德育处、课题组

活动主题	活动内容	主办部门
认识媒介，提升媒介素养	成都大学谭筱玲教授作"认识媒介，提升媒介素养"专题讲座（2015.10）	德育处、课题组
倡导文明网络	文明与网络相携 生活同时代并进——团校社会实践活动（2016.3）	学生团校、课题组
倡导遵守规矩	"守文明，尊规范，争做阳光少年"主题朝会（2016.5）	校团委学生会、课题组

3. 以"点"试验阶段（2015.3～2015.5）

课题组发现手机管理和网络文明是教育棘手的问题，在部分班级开展试点，积累经验。每个年级选定两个班，一个班试点"自律"，老师不统一收手机，靠学生的自律性；另一个班试点"严控"，采用"双规"策略，在规定的时间、规定的地点，学生上网或向老师上交手机。另外开展问卷调查，根据问卷调查结论，分析制定具体实施方案。二十中学校课题活动小组，积极制定调查问卷，深入学生中间，收集第一手材料，分析调查报告，得出相关数据与结论。

关于网络文明调查结论是：

（1）中学生上网场所较为固定，父母对此管理也较为严格。

（2）中学生对于网络现状的判断较为准确，能够明辨是非。

（3）中学生对于网络信息的处理具备一定的能力，具有理智，不冲动。

（4）中学生对于网络道德知识及中学生上网文明公约了解不够。

（5）中学生在网络交往中普遍比较注意保护自己。

（6）中学生对于网络垃圾的正义感还不够强烈。

（7）应多开展对中学生上网文明的教育活动，提升学生的媒体素养。

关于校园使用手机情况调查结论是：

（1）目前中学生的手机使用量很大，校园使用手机现象频繁。

（2）中学生在使用手机的过程中多项功能都有涉及、手机上网频繁。

（3）中学生在校园使用手机过程中存在使用不当的现象。

（4）中学生使用手机的自控能力还不强、影响不容忽视。

（5）中学生在校园使用手机的问题急需制定相关管理细则对同学们进行正确引导和管理。

根据以上分析结论，学校清楚了工作着力点，即在以下两方面下功夫：第一，运用有效、科学的方法制定校园网络文明公约和手机管理制度。第二，开展各类主题活动建构校园和谐有序的通讯网络空间。

4．总结经验，推广成果（2015.6～2015.10）

问卷调查与阶段试验结束后，课题活动小组一方面引导学生分析两种模式的优劣，总结正反两方面经验教训，明确校园手机网络管理的必要性。另一方面组织学生在班会课通过纸质资料、微视频等，学习手机、网络的利和弊相关内容，由学校组织学生、家长结合自身的实际，经过反复讨论制定出我校网络文明公约和手机管理办法，并试用，由学生、家长、学校经过试用期的实践、反思和总结，最终修正并确定适合校情的网络文明公约和手机管理办法。随后以开学典礼为契机，以"大力倡导网络文明，注重提升媒介素养"为主题，开展全校隆重的承诺仪式。此外，为了完善管理，学校又相继制定了《成都二十中学生在校使用手机承诺书》、《家长承诺书》、《成都二十中学生手机违纪暂管基本情况登记表》、《成都二十中学生被暂管手机领取凭条》等管理措施，强化了同学们的纪律意识，提升了学生们的道德媒介素养。

五、活动特色

（一）自下而上，打破传统

本次主题活动都采取自下而上的形式，打破以往由学校颁布制度的常规模式，由学生自发讨论、交流、学习，通过多次商定，最终由学生、家长、学校共同制定符合20中校情和学情的网络文明公约和手机管理办法。

（二）规范有序，有张有弛

面对"数字化"时代，成都二十中选择了因势利导，趋利避害，顺应潮流，以信息时代提供的优势去掌握教育的制高点。"上帝关了一扇门，也会打开一扇窗的"，二十中特别注意打开这"一扇窗"，与家长和社会紧密配合，最大限度地发挥手机、网络的积极作用。为此，学校多渠道为学生提供通讯联系和资料查询服务，一是开放学校电子阅览室，在净化了网络空间的前提下，学生可以随时查阅相关资料信息。在网络使用上，学校积极引导，传递正能量，鼓励学生文明上网、弘扬正气，如配合市、区、校工作，参与"为中国点赞、对国旗敬礼"活动、参与网络安全教育平台活动、"印象大同美术作品点赞"活动，开展网络研究性学习等活动，通过互联网大大拓展了学生视野，丰富了学生课外活动；二是确保通讯畅通。在学校每个楼层都配备了一部公用电话，学生在规定时间都可自由使用，包括在规定时间手机也可开放使用。这些有针对性的措施和硬件设施准备，确保了学生的网络通讯有了充分的自由度。

组图一：校园网络文明开放

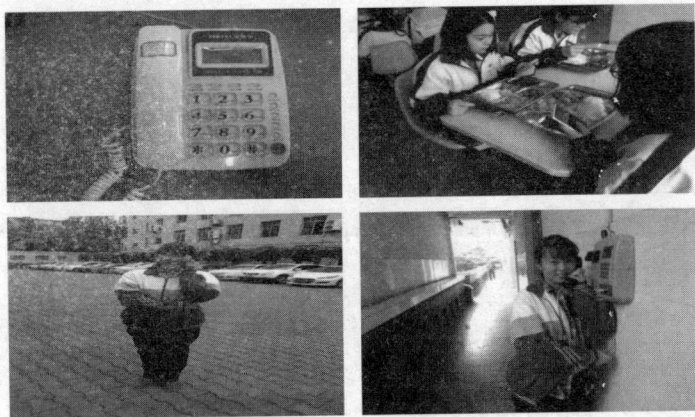

组图二：通讯管理畅通有序

六、活动认识

（一）一次启发——怎样提高学生们的媒体"免疫力"？

通讯网络的普及更像是一把双刃剑，对于青少年来说，如果不能正确管控，它所带来的负面影响有时甚至会大于它所起到的积极作用。不容乐观的通讯网络环境提醒我们，既然不可能限制青少年使用媒体工具，也不可能保证给他们提供一个绝对纯净的传媒环境，那么学校所能做的就是提高他们的媒体"免疫力"，赋予他们正确解读分辨信息、抗击不良信息的能力，规范校园网络媒介行为，最大限度地减少通讯网络媒介所带来的负面影响。加拿大的约翰·庞甘特就曾提出媒介素养教育的十大目标，其中之一就是教育学生使他们成为既懂得欣赏又具有批判性和分辨力的听众、观众、读者。不可否认，学校的媒介素养教育应当着眼于增强学生对于媒介信息与工具的独立自主的批评、判断和管控能力。鼓励学生在享受媒体网络时代所带来的快乐的同时，应承担更多的责任。由此，提升中学生的媒介素养成为学校的一项重要工作。

学校的做法是在校园内通过多种渠道，开放校园网络，渗透媒介素养的教育，增强明辨是非的能力。首先利用好课堂教育主阵地，开设学科媒介素养教育"小灶"，如语文课堂的"网络新闻理性看"、政治课堂的"网络时代的自由与纪律"、历史课堂的"时代变迁与历史事实认知的变迁"等专题学习，使学生深受启发。二是开展一些有针对性的媒介社团活动，提升学生媒介素养，丰富学生生活。在学校德育处、团委的组织带领下，该校先后开展了"'印象大同——青春绽放'美术作品展点赞活动"、川大法学院"媒体法治进校园现场模拟法庭活动"、"大同媒体社媒体制作活动"、"少做低头族，多做抬头族"社团社区实践活动等等，活动的开展受到学生的欢迎。三是用好班会课，开展"理性对待网络、自控赢得未来"主题班会赛课活动，深化学生文明上网，规范使用手机的认识等。通过课堂教学的渗透，活动的开展，着力提升学生对信息质疑能力、评估能力、创造和生产能力，以及理性的回应能力，同时整合各类网络平台资源、充分利用学生会力量，对学生交流平台进行舆论引导，消除负面影响。活动开展之后，还注重整理和总结。收集活动成果的评价资料，召开总结与交流会，反思活动成效与意义，从而真正让活动的教育意义深入同学们的心灵。

（二）一场博弈——如何把工作做得更细致一些？

手机"入侵"课堂是老师们遇到的最棘手的问题，为了正确引导学生使用"手机"，校方做了大量工作，一是到各地考察，希望找到可效仿的办法，但未能如愿；二是准备效仿外地某学校，在校园内安装信号屏蔽仪，但出于人道、校园工作生活的需要与师生身心健康考虑，最后还是放弃了。思来想去，最好的办法还是通过去提高中学生的媒介素养，强化中学生道德的自律与自觉性来解决问题，这一方式无疑更具前瞻性、人文性。基于这样的认识，学校决定摸着石头过河，从发放调查问卷进行广泛调研开始，学生座谈、班级讨论、年级试点、媒介素养课程讲座开展、活动小结、全校宣传、正式实施等，特别关注活动的各个细节、关注学生及家长意见。如班级试点管理，就注重对比研究，如前所述，选定相应班级试验，及时发现问题，总结经验，为下一阶段工作做好铺垫。在讨论《管理试行办法》时，一位同学提到，老师暂收代管学生手机，是不是违反了《物权法》？为此，学校德育处专门咨询了律师，并在律师的建议下，由家长们签署一份"授权书"，即如果学生违规使用手机，将不允许孩子带手机到校，并支持学校或班主任对违纪学生手机暂收代管。堵住了管理漏洞，细化了管理措施，尊重了学生意见，吸收了家长的建议，学校手机网络的管理，校园媒介秩序的构建就顺风顺水，减少了摩擦，增加了和谐，为活动的成功打下了坚实的基础。

（三）一次改革——如何形成民主契约？

校园手机网络的管理，校园媒介秩序的构建，事涉学生"切身利益"，学生的积极参与与高度认同，事关活动的成败。强行压制、硬性规定的管理模式既不符合现代教育理念，也没有体现出对中学生应有的尊重，甚至管理效果因矛盾频发而适得其反。因此尊重学生的想法，激发学生的理性思维，调动学生民主管理的积极性，形成校园媒介的民主管理契约，就成了全校由上到下的共同心声。

为此，本次系列活动分阶段进行。首先，重视宣传教育深入人心，传播正能量。学校德育处进行了有关"校园手机使用利弊大家谈"、"网络使用与网络犯罪"、"抬眼看世界，少做低头族"等演讲与征文活动，正面引导、明辨是非，促进学生思想的逐步统一。其次班级开展大讨论，拟出初步的班级网络媒介管理规章制度并年级汇总，学校在每个年级汇总的基础上形成学校的管理制度初稿。随后将校方初稿返回班级讨论修改，再汇总。如此反复几次后，形成定稿，交付班级表决通过。最后阶段是完善契约、固化成果。通过走访学生和家长，了解执行情况，收集反馈意见，找准存在问题，及时采取补救措施，使学校的管理条例既人性化，合乎时代潮流，又能规范学生行为，达到提升学生媒介素养的目的。整个过程体现了民主参与、民主讨论、民主决策，最后形成民主契约，较好的表达了学生的心声、回应了学生的关切，维护了全体学生的根本利益，因而此管理制度一经推出便受到绝大多数同学欢迎，学校媒介网络秩序井然有序，困扰多年的教育难题得以迎刃而解。加拿大传媒教育协会理事普天赞（Barryduncan）提出了一个媒介教育成功要素："媒介教育必须是一个自下而上的草根运动。"我们有了这一个"草根运动"，我们的工作开展顺风顺水，遇到的障碍就少得多了。

学校层面的问题解决了，但家庭层面的问题也应同步解决，避免学生的习惯与媒介素养因家长因素受到不必要的影响。所以在推进这项工作的过程中，学校让家长全面参与，利用他们的聪明智慧与力量来共同打造学校媒介管理秩序，实现家校同步，统一思想，形成合力。学校先后举行了"校园使用手机利与弊"的辩论赛、"关于手机犯罪"模拟法庭活动、"手机勿扰，建和谐网络空间"开学典礼主题活动，学校都邀请了家长全程参与。调查问卷、管理承诺书、家长意见反馈书等关注家长的建设性意见。家长建言献策，融入学校管理，有利于活动顺利开展。

七、活动成效

（一）校园新媒介秩序管理成效明显

过去德育管理工作一些老大难问题，如手机作弊、课堂玩手机、违反网络公德、上网用时无度等频发事件，有了明显下降。过去有网瘾的同学行为也大为收敛，学生媒介素养认识有了一定的提高。下面我们不妨来看看几组统计数据（以下数据来自学校德育处统计）。

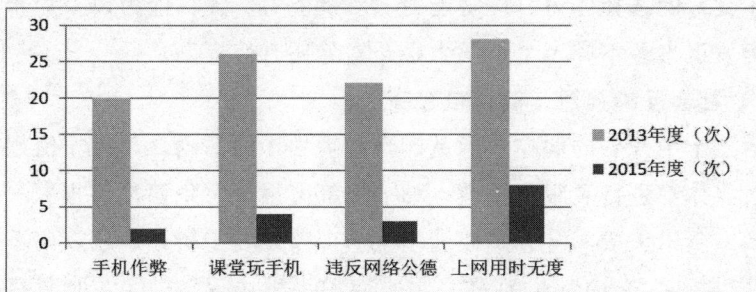

校园同学违反手机网络管理制度事件统计

该图反映了成都二十中开展构建校园新媒介秩序的管理活动后，学生相关违纪现象明显下降，媒介的道德意识与法律意识有了明显提升。

表 1：对当前校园网络媒介管理秩序满意度调查（%）（抽样）

类别	学生	家长	教师
很满意	82	56	76
基本满意	11	32	24
不满意	7	12	0

该表对校园网络媒介管理秩序满意度调查表明，无论学生、家长还是老师，满意度总体较好。家长不满意度相对较高，这和一些孩子回家后缺乏相应的监督约束有关，和家庭教育环境关系密切。

表 2：学生媒介素养调查
对学生媒介批判能力、道德规范认知能力调查（%）（300 份抽样有效问卷）

序号	项目	完全是	不全是	完全不是	不知道
1	网络恶作剧是可以允许的	4.1	29.3	49.5	17.1
2	对媒介提供信息深信不疑	2.3	94.1	3.6	0
3	答应素未谋面网友约会请求	1.9	4.5	93.6	0
4	黑客行为可以不受约束	1.2	4.6	93.1	1.1
5	制定网络规范毫无必要	0	12.3	87.7	0
6	引用媒介资料可不加注明	12.5	23.5	53.2	10.8
7	疏忽资讯安全会带来损失	67.4	23.1	1.2	8.3

该表表明，学生有了一定的媒介素养知识，面对媒介各种信息时，大多数具备了良好的选择能力、理解能力、质疑能力、评估能力以及思辨的反应能力。但发展参差不齐，个别学生媒介素养还有待提高。

（二）社会反响强烈，期待值较高

针对二十中开展的构建校园新媒介管理秩序的活动，川内主流媒体甚至全国相关媒体都进行了跟踪报道。如《成都商报》、《华西都市报》、《成都教育在线》、《腾讯大成网》分别以《学生上课违规耍手机，学校就给手机"关禁闭"》、《成都二十中学生签署"文明使用手机协议"》、《多地考察吸取经验，十余次修改"管理办法"》、《新学期成都二十中 3000 名学子倡议"不带手机进课堂"》为题，进行了专题报道。其他主流媒体如《四川教育网》、

《中国新闻网》也进行了跟进报道。媒体的多角度报道，引起了社会的广泛关注，对学校管理中长期面临的棘手问题充满了高度的期待。成都二十中的管理模式，既具有探索性，又具有启发性，对很多学校具有借鉴意义。事实上，媒体广泛报道后，许多兄弟学校慕名而来，与二十中深入交流，探讨管理方式，学习经验为己所用。事实证明，学校只要相信学生、依托家长、广泛争取社会力量的支持，学校许多棘手问题都会迎刃而解。

"腾讯·大成网"的专题报道

中国社科院研究员卜卫认为："媒介素养教育不是自上而下的，应该是自下而上的……应该以参与者为中心，根据参与者需要来讨论要达到的目的，对参与者来说，媒介素养不应该是一种外来的知识。"构建文明规范的校园新媒介秩序，需要方方面面的付出与努力，老师、学生、家长、学校及社会，都是不可或缺的责任者与参与者，其中学生的主体地位尤显重要。发挥学生的主动性与创造性，充分赋权学生，加强自我管理和约束，在充分领略互联网带来的快乐同时，又能够提升学生的批判意识、辨别能力，无疑，成都二十中在这方面作了富有价值的探索。

附件一：成都市第二十中学校学生手机管理办法

第一章　总则

第一条

为进一步规范我校学生在校使用手机的行为，净化育人环境，帮助学生形成良好的行为习惯、健康的心理素养和积极向上的文化情趣，提高学生抵御不良信息侵蚀的能力，结合本校实际，特制定本办法。

第二条

本办法中所称手机，是指各种电子移动通信工具，包括各类电子音视、游戏机等便携式无线娱乐设备，便携式电脑、iPad等可以作为拍照、娱乐、上网平台的电子设备以及上述工具或设备的相关配件如号卡、电池、电源、充电器。

第三条

学校不提倡学生将手机带进校园，如果有特殊需要必须使用手机者须遵守本管理办法。

第四条

学校依据本管理办法进行手机规范管理，坚持教育为主、惩戒为辅的原则；学生依据本办法规范使用手机，服从学校管理，自觉养成文明行为习惯。

第二章　使用

第五条

学生使用手机必须坚持"自我负责、规范使用、服从管理"的原则。

第六条

学生应妥善保管自己的手机，学校、住校部、班主任、年级或班级均不承担任何保管义务和丢失后的任何赔偿责任。

第七条

每天北京时间 12：20—12：50 和 17：20—17：30 两个时段内（教师特别安排的除外）允许学生在全校范围的非教学区域（教学区包括：教学楼内的教室、楼道及走廊、操场以及住校部自习室）使用手机；北京时间 19：00—19：50 允许高一、高二住校生在全校范围的非教学区域使用手机；北京时间 22：10—22：30 内允许所有住校生在全校范围的非教学区域使用手机。

第八条

学生在校期间，手机应置于关机状态。如遇特殊情况，需要在未经许可的时间或地点使用手机的，经班主任或任课、管理老师同意后，可到办公室或教师指定的地点开机使用。使用完毕后应即刻将手机重新置于关机状态。

第九条

在允许使用手机的时间、地点外，一旦直接或间接发现手机（如铃声、闹钟等），无论是否使用，不论是否开机，均作违规使用手机处理。

第十条

在校内，严禁浏览、下载、发布、传播不健康图、文、音、视信息内容。

第三章　督查

第十一条

家长、班主任、学校各位老师和德育处有权力监督检查学生使用手机的情况，若发现任何违反本规定的行为，按第四章的相关规定处理。

第十二条

督查以学习教育、个别谈话、信息查询、巡察笔录、情况通报、定期普查、随机抽查等方式进行。

第十三条

家长对子女遵守本办法、规范使用手机负有主要教育责任；班主任、各年级组对本班或本级学生遵守本办法、规范使用手机，负有教育和主要督导责任；德育处对全校学生遵守本办法、规范使用手机，以及对违规学生的处理、违规手机的代管负有主要监管责任；德育处、值周干部负责此项工作的布置、检查、考评和落实。

第十四条

校团委、学生会的纪检部和安全部等部门是督查学生使用手机的协助管理部门，负责定时、定期的检查和登记，各班班委干部协助督查，各位同学应配合学生干部的检查和登记。

第四章 处置

第十五条

对违反本办法行为应进行处置。处置可采取批评教育、责令改正、暂收代管、校纪处分、退回学籍所在学校（指借读生）等措施。本条内容中的处置措施可单项采用或合并采用。

暂收代管是指为了达到教育和管理的目的，受家长委托，学校依照本办法对违规学生所使用的手机代为保管的一种处置措施。通常由班主任、科任教师、年级组、住校部管理教师和德育处老师负责实施收取，由德育处负责保管，暂收代管期限为一学年或代管至高三结束。在代管手机时，德育处主管老师应开具注明保管期、附带德育处主管老师签字并加盖学校德育处鲜章的手机领取凭条，并将手机代管凭据交予家长，作为代管期满学生领取手机的凭证。德育处代管手机的主管老师，应对被代管的手机进行登记、贴签、编号、保存。德育处代管的手机在代管期出现损坏，德育处主管老师和学校不承担任何责任。

第十六条

校团委、学生会、班委等学生干部要带头遵守本办法，若有违反本管理办法者，应从重处置，情况严重时可免除学生干部职务。

第十七条

在未经允许的时间或地点违规使用手机，但未带来不良影响的，对学生提出批评之后，手机由德育处代管，代管时间为一学年整。

第十八条

有下列行为之一者，由家长、班主任、德育处对学生进行共同教育，其手机由德育处暂收代管至高三结束，并对学生追加相应的处分。

1. 私拉电源给手机充电的，处以严重警告处分；

2. 宿舍熄灯后在床上、床边出现手机的，处以警告处分；

3. 在重大集体活动如升旗、年级集会等各种校内外集体活动场合出现手机的，处以严重警告处分；

4. 上课期间和午休期间不经老师同意肆意使用手机的，处以警告处分；

5. 在使用手机的过程中对他人（包括自然人、法人）声誉、健康、安全或正常生活带来任何影响的，处以警告处分。

6. 考场中出现手机者，不论是否开机，视情况、态度处以严重警告、记过甚至记大过的处分；

7. 屡次违规使用手机，不接受教育的，视情况、态度处以警告、严重警告、记过甚至记大过的处分（借读生违反此项规定的视情况退回至学籍所在学校）。

8. 登录色情、暴力、境内外非法等不良网站，属于严重违纪行为，永久禁止学生在校使用手机，处以记过处分（借读生违反此项规定的视情况退回至学籍所在学校）。

对于前述8条规则中情节轻微的学生，如果认错态度端正、改正效果良好，并且同学、班主任、科任教师和住校部管理教师反映良好，经本人申请，德育处可酌情将代管期缩短至一学年；在手机代管期内再次违反本管理办法者将从重处置，其各次违反本办法的手机均代管至高三结束。

第十九条

以手机为联系方式处理矛盾，如利用手机邀约他人到校外处理同学、师生、家校甚至社会矛盾的，一经发现，不论是否造成不良后果，不论是违纪主谋还是违纪共谋、从谋，一律永久禁止学生在校使用手机，并视情节、态度，处以警告及以上处分（有违纪终止情节的，例如：发现处理行为不当，在学校发现和造成后果之前即主动停止不当行为并向家长、学校、公安机关报告者，及在违纪共谋、从谋中劝阻同学并起到违纪终止效果者，可以酌情减轻处分；在上述行为被学校发现、造成后果之前主动向学校举报不当处理行为的违纪共谋、从谋，可以考虑免于处理）。

第二十条

上传、下载、传播手机色情内容，属于严重违纪甚至违法行为，有上述行为者，手机暂收代管至高三结束，永久禁止学生在校使用手机，处以记大过处分；违法行为达到量刑标准的，移送国家公安机关依法处理。

第二十一条

任课老师实施暂收代管措施后，应于当天下班前将手机及时交给该生班主任。班主任可以交德育处进行登记妥善保管后，告知家长并对该生进行教育处理，还应就处理结果和情况及时向任课老师反馈。

第二十二条

对在规定使用的时间外或在规定使用的地方外使用手机的学生，学生干部和学校的任何老师都有责任、有权力对其进行监督、检查、管理、处置，凡不接受监督、检查、管理、处置者，须先参加德育学习，再按以上相关规定并视其学习的效果进行处置。

第五章　附则

第二十三条

本办法由学校德育处会同学校其他处室、班主任及年级组共同组织实施。

第二十四条

各年级、各班可根据其具体情况在本办法的基础上制定执行细则。

第二十五条

本办法自 2015 年 1 月 1 日起试行，2015 年 3 月 1 日正式施行。

附件二：成都 20 中学生在校使用手机承诺书

1. 学校不提倡学生带手机进校园，如因需要带入校园的本人自觉在老师处登记，服从学校和老师的管理，并承诺本人手机仅用于与家长联系或发生紧急事件时使用。

2. 自觉遵守学校纪律，正确使用手机，做到在教学区、教学时段和宿舍熄灯后不使用手机。

3. 文明使用手机、文明上网，不使用手机玩游戏或从事其他违法违纪活动。

4. 学校或班级代管的手机、因违纪收缴的手机如有遗失，后果一律自负。

附件三：家长承诺书

1. 教育孩子严格遵守学校关于使用手机的管理规定。

2. 严格控制孩子的零花钱和手机费用，防止孩子过度使用手机，影响孩子学习和生活。

3. 负责每月孩子手机的管理（包括通话费用、通信记录、上网情况）等，及时了解孩子手机的使用情况。

4. 如孩子违规使用手机，将不允许孩子带手机到校，并同意由学校按相关规定处理。

5. 学校或班级代管的手机、因违纪收缴的手机如有遗失，后果一律自负。

附件四：成都二十中网络文明倡议书

亲爱的老师、家长、同学们：

在科学技术日新月异的今天，互联网作为人类社会进步的标志和科技发展的产物给我们的生活带来诸多的便利。作为传播的新媒介，网络也已经成为青少年学习知识、获取信息、交流思想、开发潜能、休闲娱乐的重要平台，这是网络带给我们的积极影响。与此同时，网络的开放性也往往使缺乏自我防护意识的青少年受到网络负面信息的不良影响，在网络中任性而为，没有意识到轻点鼠标或滑动手机之后，那些不文明言行就暴露在众目睽睽之下。这些行为轻则引起不必要的误会与争端，重则侵犯他人权利甚至触犯法律，这些行为不仅会影响网络的健康发展，更将对青少年的身心健康造成极大危害！

让我们先来看看，网络不文明行为有哪些，这些行为会引起怎样的不良后果：

1. 浏览网上的不良信息，发布或传播不健康或虚假消息，盲目跟风起哄。

2. 漠视法律进行网络欺诈，充当网络黑客。

3. 不顾学业，整天沉迷于网吧等。

4. 在贴吧、论坛、聊天室匿名辱骂，攻击或抹黑他人或集体，实施网络暴力和恶意人肉搜索。

5. 泄露他人隐私或盗用他人网络账号或信息，假冒他人名义，破坏网络秩序和网络公共环境。

为唤起和传播具有时代特色的网络文明，让虚拟的网络世界同样充满阳光、文明和健康，在此，我们倡导大家：

1. 守法上网。遵守国家法律法规，践行《文明上网自律公约》。不在网络中浏览、制造和散播各类非法信息。

2. 安全上网。学会保护自己的隐私，保证自己的权利不受侵害。不随意约见陌生网友。自觉维护网络安全，不使用黑客技术攻击他人网络或系统，不破坏网络秩序。争做网络安全卫士，监督和防范不安全的隐患，合理、合法地使用网络资源，促进网络的健康发展。

3. 文明上网。自觉遵守《全国青少年网络文明公约》，争做网络文明使者和道德规范榜样。注意自己在网络上的言行举止，不传播谣言，不散布虚假信息，不扰乱网络秩序，不侮辱欺诈他人和集体。保持清醒的头脑和正确的是非观，不盲从，不跟风。同时关注同学的网络行为，对有不良网络行为者进行劝阻。

4. 绿色上网。提高网络技能，熟悉上网的安全通道，拒绝不良网站；浏览健康、积极、向上的网页；不浏览、不下载、不传播不良信息，自觉抵制消极文化的影响。不沉溺于虚拟的网络游戏，正确处理上网与学习的关系，不过度上网。不进社会网吧、游戏厅。

让我们从自身做起，从现在做起，让互联网成为崇尚科学知识、传播先进文化、塑造美好心灵、弘扬社会正气的主阵地，共同营造积极向上、和谐文明的网上舆论氛围，因为建立起良好的网络文明，与每一个家庭、每一个同学、每一位老师息息相关。也希望社会各界充分认识到网络文化对青少年健康成长的巨大影响力，自觉配合学校，帮助青少年搞好网络文明建设。我们向全社会倡导：

1. 推荐健康、文明、有益的网站，及时掌握中学生的网上心理及动向。

2. 正面引导，形成健康文明的道德规范，让文明之花开遍网络这个新阵地。

3. 积极引导中学生参与网上的健康活动，在全社会形成文明上网的风气。

4. 在家用电脑上安装防止浏览不良网站的网络防护软件，避免孩子主动或被动地遭受网络不良信息的侵害，我们倡导守法上网，文明上网，安全上网，绿色上网。让每一位社会成员都成为网络文明的参与者和建设者，与青少年朋友们一起共同营造一个文明、健康、绿色、融洽的网络环境！

成都市第二十中学校

2014 年 10 月 13 日

第十二章　思维拓展——典型媒介案例解读训练

内容提示

　　本章着眼于通过典型的媒介案例解读训练来提升青少年的媒介素养。媒介案例选择具有一定的代表性，地域上有国外和国内；层次上有以传统报刊业为主的第一媒介时代案例、也有以互联网为主的第二媒介时代案例；内容领域上包括政治类、经济类，意识形态价值观类案例。这些案例涉及媒介素养中的认知与使用、辨析与批判、制作与创造、道德与审美等内容。

　　同学们，本章特意精选了四个典型媒介案例，希望大家在阅读完该媒介案例后，认真思考所列出的问题，试着进行解读，检验自己是否具备相关的媒介素养。

一、美国"黑幕揭发运动"

　　19世纪下半叶，随着第二次工业革命的开展，美国的经济得到高度发展，资本主义从自由竞争走向了垄断。经济的发展并未惠及大众，反而是政治老板左右城市，公务人员贪污受贿，垄断企业控制经济，假冒伪劣充斥市场。权钱交易，警匪一家，卖淫赌博，偷税漏税，血汗工厂等现象比比皆是。贫富差距越来越大，十分之一的人口拥有全国十分之九的财富，百来个经济巨头控制了美国的经济命脉，奉行所谓"只要我能发财，让公众利益见鬼去吧"的经营哲学，还与贪官污吏沆瀣一气，社会对立不断加深。这些社会矛盾与问题，引起了社会公众舆论的强烈不满和抨击，他们以报刊业为舞台，从社会生活各个层面去揭露实业界、政府的丑闻，出现了2000多篇揭露丑闻的文章，形成了近代美国史上著名的"黑幕揭发运动"（又称"揭丑运动"）。美国总统西奥多·罗斯福把当时从事揭露新闻写作的记者们挖苦为"扒粪男子"，而记者们乐得照单全收，自称"黑幕揭发者"（muckraker，直译为扒粪的人），这场运动由此得名。

运动的参与主体是新闻记者，大众报纸的经营者也起到推波助澜作用，其中最著名的杂志是《麦克卢尔》。该杂志诞生于 1893 年，其旗下的记者们善于创作，勇于报道，有人将这些写手们称为"纽约期刊杂志群中最具才能的工作人员"。该杂志 1903 年的 1 月号同时刊载了林肯·斯蒂芬斯的《明尼阿波利斯之羞》、埃达·塔贝尔的《美孚石油公司史：1872 年石油战》和雷·贝克的《工作的权利》，吹响了黑幕揭露运动高潮的号角。这三篇文章分别从政界、企业界和劳工界三大领域对美国社会进行无情的揭露，文章的作者也因此被视为黑幕揭露运动中的重要人物。《麦克卢尔》配发社论，呼吁人们维护法律，"政府官员和资本家都在以一种合谋的方式触犯法律，最终的代价就是我们的自由。"《麦克卢尔》在运动进行得最火热的十年中，月发行量都在 300 万份以上，相对于当时只有 7800 万人口的美国，销量极为可观。

此后，越来越多的知识分子纷纷加入揭露黑幕运动，并写出许多影响深刻的文章，如戴维在其《参议院的叛国罪》中指名道姓揭露了纳尔逊等 20 多位参议员政治腐败的罪恶，该篇文章手法极其辛辣，通篇尽是"叛国"、"无耻"、"强盗"等字眼，最后打破了参议院的铜墙铁壁，一些参议员在下届选举或几年之后失去了席位。1912 年一项宪法修正案成功通过，直接选举参议员的权力最终还给了人民。辛克莱小说《屠场》在《寻求真理》连载，小说中反映出的食品行业及其糟糕的卫生状况激怒了民众。西奥多·罗斯福总统读完小说后，促成了《纯净食品及药物管理法》的通过。

黑幕揭露者的触角遍及生活的方方面面，指责详尽而直接，毫不留情，他们发现的问题形形色色，打击了不法分子，促进了社会机制的更新。《人人》杂志曾列举黑幕揭露者的成就："保险业运行机制更为健全，银行正在增加新的防范措施，广告基本真实，食品和药物掺假受到抑制，公共交通运输公司更为关注人的生命安全。政治老板的风光不再，各州和各城市都在致力于廉政建设。弱势群体得到保护。"历史学家把黑幕揭露时代称为一个打扫蜘蛛网和破旧家具上尘土的清扫门庭的时期。轰轰烈烈的黑幕揭露运动产生了深远的影响和积极的社会作用。它不仅促成了美国公民意识的觉醒，更把舆论监督的观念深入人心，提升了美国公民参与社会运动的积极性。

思考：影响美国"黑幕揭发运动"开展的因素有哪些？从上述案例中可以看出传统报刊业媒介对政治发挥了怎样的作用？

【案例解读】

这是一起典型的传统媒介运作成功的案例。解读其成功运作的关键是要看事件的时代背景与运作技巧。美国"黑幕揭发运动"有三个重要因素影响其发展：一是报刊业的发展。19世纪末美国的工业化与城市化，给传媒业带来了契机。造纸、印刷、运输等新技术的应用，城市人口膨胀对报刊的需求，使报刊的销量爆炸式增长。报刊从以前的少数人需求，一下变成了大众化需求。以报刊业为主体的传统媒介，在19世纪末20世纪初叶的这场美国"扒粪运动"中发挥了关键作用，体现了媒体的威力。二是美国立国思想——自由，特别是言论自由与新闻自由的保障。1791年，美国通过的宪法修正案即《权利法案》第一条里明确规定国会不得制定法律禁止言论自由。在这场运动中我们看到，"扒粪者"所写的揭丑文章，涉及各行各业，各个阶层，从普通百姓到豪商巨贾、从国会议员到美国总统，这些人面对舆论的谴责至多就是表达些不满和发发牢骚，这些文章与刊登文章的媒体几乎从没受到官员或权力部门限制和打压。美国宪法得到尊重。三是时机的把握。时值美国社会矛盾尖锐，问题突出之际，各类传媒及时调整策略，积极营销，善于制造各种"新闻"，吸引社会眼球，吸引社会各阶层的积极参与，形成了社会舆论的合力，推动了运动的开展。

当然，这场运动的作用也不能无限夸大，它的"揭丑"只限于具体的社会矛盾问题，没有触及美国社会的根本矛盾，特别是饱受诟病的金钱政治，美国人民还需要以媒介为武器继续"战斗"。

大众化的传播媒介具有政治社会化功能，是公民实现政治社会功能的主要渠道，是政治系统正常运转的润滑剂，更是政治系统高效运作的"催化剂"，在促进政治发展方面起着独特的作用。托马斯·杰弗逊有句名言："如果让我来决定我们是应该有政府、没报纸，还是应该没政府、有报纸，我会毫不犹豫地选择后者。"健康的民主政体需要有发达的传媒和较高媒介素养的公民，有了这一基础，社会会更公正、更开放、更理性。

二、"正龙拍虎"

2007 年 10 月 12 日，陕西省林业厅宣布陕西发现华南虎，并公布据称为陕西省镇坪县村民周正龙拍摄到的华南虎照片。但这一轰动性的消息却引来广大网友质疑。随即不久，中国科学院植物研究所首席研究员傅德志，称自己以一个从事植物研究二十余年的权威科学家的身份，"敢以脑袋担保"照片有假。10 月 22 日，面对外界对于华南虎照片质疑声，周正龙随身携带底片，和陕西省林业厅相关负责人一起，赴国家林业局汇报。随后国家林业局组织专家赴当地进行野生华南虎资源状况专项调查。期间，陕西省林业厅展示了周正龙拍摄的野生华南虎的胶卷（负片）、用胶卷冲洗放大的彩色照片，以及以假乱真的华南虎照用数码相机拍摄的部分照片。林业厅相关人士还表示，关于华南虎照片的质疑都是来自民间的，从来就没有官方提出质疑，即使中科院有关专家认为照片有假，林业厅目前也没有接到任何正式的对华南虎的质疑。林业厅的表态并没有平息公众的质疑，随着关注度的提高，社会各界质疑声却一浪高过一浪。10 月 29 日，国际野生动物保护组织首次就华南虎照片事件发表声明，称照片中华南虎的反应不合常情。11 月 8 日，曾打过多个公益官司的青年法律学者郝劲松向国家林业局发出行政复议申请，要求对陕西省林业厅的失职行为以及周正龙的造假欺骗行为进行查处，并要求国家林业局必须委托专业机构对照片一一鉴定。11 月 16 日，一网友称"华老虎"的原型实为自家墙上年画。同时，义乌年画厂证实确曾生产过老虎年画。12 月 3 日，来自多个方面的鉴定报告和专家意见汇总认为虎照为假，事情似乎应该水落石出了。然而到了12 月 29 日，"剧情"出现了反转，镇坪林业局动管站技术人员张斌报料，国家林业局的专家们在镇坪再次发现虎讯、虎踪数起，其中包括一百多个疑似华南虎脚印，以及一副完整的疑似华南虎幼崽骨架等。后来，周正龙还信誓旦旦地对记者说过，如果照片是假的，愿意把自己的脑袋砍下来！他说："我一直到死就是这个话。"

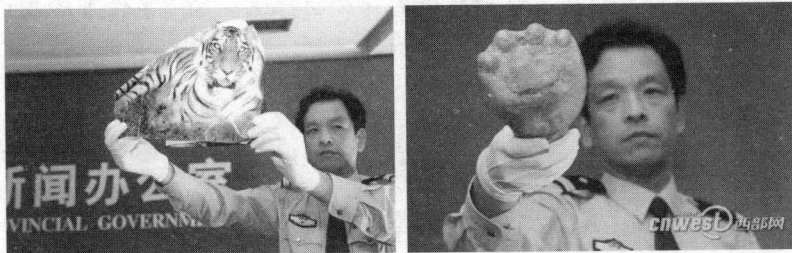

警方出示周正龙造假物证

　　华南虎的真伪再起波澜。"剧情"到了 2008 年 1 月 7 日，事件中被认为是华南虎原始图像来源的年画虎生产商骆光临向义乌市人民法院递交诉状，状告周正龙与关克侵犯名誉权，要求周正龙公开道歉并赔偿一万元，要求关克公开道歉并赔偿两万元。2 月 4 日，陕西省林业厅就"草率发布发现华南虎的重大信息"发出《向社会公众的致歉信》。致歉信说："在缺乏实体证据的情况下，就草率发布发现华南虎的重大信息，反映出我厅存在着工作作风漂浮、工作纪律涣散等问题。"4 月 10 日，媒体披露，矗立在陕西镇坪县街头的巨幅广告牌："游自然国心、闻华南虎啸、品镇坪腊肉"，已经被悄然撤换。5 月 8 日，美国著名华人刑侦专家李昌钰博士在福建一场专题演讲中，否认了"华南虎"照片的真实性，并说："照片后期处理得相当好，我只能说咱们中国农民很不错，PS 的水平太高了。"6 月 29 日，陕西省政府新闻发言人向公众通报"华南虎照片事件"调查处理情况。备受公众和媒体关注的"华南虎照片事件"，经过监察、公安机关艰苦细致的工作，已经有了明确结果。经查实，周正龙拍摄的"华南虎"照片是一个用老虎画拍摄的假虎照，系来自邻乡村民家年画，而雪地虎爪印是周正龙在本村村民易某的帮助下，用事先制作的木质虎爪模具，在镇坪县北草坡的雪地里，拓印假虎爪痕迹后拍照而成。目前，公安机关以涉嫌诈骗罪提请检察机关批准，已将犯罪嫌疑人周正龙依法逮捕。经陕西省人民政府批准，省监察厅决定撤销省林业厅做出的"经鉴定周正龙提供的华南虎照片是真实的"和"对周正龙奖励 2 万元"的行政决定，对省林业厅和镇坪县 13 名相关公务人员做出了严肃处理，该事件最终尘埃落定。轰动一时的"正龙拍虎"事件带给人们太多的谈资和笑料，也许最有趣的是一个用以贬斥和比喻造假行为新成语新鲜出炉——"正龙拍虎"，其影响力和知晓率并不比其他汉语成语典故逊色，相信这一成语将会被人们广泛运用。

思考：华南虎照的造假行为隐藏着什么动机呢？这一事件带给我们哪些启示呢？

【案例解读】

媒介的甄别与批判是媒介的重要素养之一，对华南虎照片的质疑与指证充分展现了民众的这一素养。而媒介制作动机的解读是弄清事实的关键。华南虎照的造假行为背后隐藏着什么动机呢？对国家级贫困县村民周正龙而言，当时两万块钱的奖励绝对不是一个小数，"华南虎第一发现者"的桂冠也可给自己带来实实在在的美誉。而陕西省林业厅、镇平县政府相关机构为什么在生物界长期关注，野生华南虎是否灭绝这一悬案问题上草率发布新闻，甚至配合造假？我们可以从陕西镇坪县街头的巨幅广告牌——"游自然国心、闻华南虎啸、品镇坪腊肉"上找到一些端倪，即"虎啸镇平"自然可以拉抬当地旅游经济，推动地方 GDP 再上台阶。而如果镇平县申请国家自然保护区成功，将会自然获得至少 1000 万元的保护区拨款。经济利益的驱使促使了这则"闹剧"的上演。

一个农民拙劣的造假行为，通过现代网络媒体的迅速传播，演变成一场全国所关注的打假风波。而一场闹剧的结局恐怕是造假者以及轻率发布消息的陕西省林业厅所始料不及的。最终有关部门通过细致的调查给了我们一个交代。这一事件带给大家的启发包括，一是不要无视受众媒介批判甄别的能力。在大众媒介资讯发达的时代，在公众面前，科学容不得半点含糊，造假也必将付出沉重的代价，华南虎照一经公布即受质疑，反映了大众媒介素养的提升，公众不会轻易接受愚弄的现实。二是关注政府的公信力、信誉度。公权力机构与大众一样也需提高网络媒介素养，积极应对互联网时代公民对信息透明度的诉求，积极回应网络舆论监督，积极参与社会主义政治文明建设。三是在"正龙拍虎"这件事上，无论你是普通网民、政府官员、主流媒体，知名学者，还是媒体网络，发声要靠事实说话，而混淆是非、敷衍塞责，甚至恶意为虎作伥，终将落人笑柄，被人唾弃。

知识链接：华南虎

亦称厦门虎、南中国虎、中国虎，是中国特有的虎种。生活在中国中南部，是自然界中所有老虎的始祖。老虎公认的 9 个亚种包括现存的 6 个亚种皆是自此衍生而来。主要生活在森林山地，于 1996 年被国际自然保护联盟列为极度濒危的十大物种之一，在中国目前几乎在野外灭绝，仅在各地动物园、繁殖基地里人工饲养着 100 余只。

三、中央电视台大型公益寻人节目《等着我》

2014 年 4 月 5 日，央视首档大型公益寻人节目《等着我》开播，立即引起了社会广泛关注。节目通过搭建媒体寻人平台，倡导公益行动，镜头对准民生热点，品味百姓感人故事，为求助者提供情感慰藉，帮助需要帮助的人实现"团圆梦"。据有关方面统计，迄至 2016 年 5 月，共播出 40 余期节目，线上线下的平台已经累计帮助 5600 位求助者，帮助 600 多个家庭实现了团圆，寻人成功率达 60%。栏目官方网站上已有会员 18373 名，发布了30964 条寻人信息，收集了 3594 条线索。官方贴吧里有近 4000 条求助信息。官方微博，微信，手机 app 更是每天接受数以千计的寻人信息。据统计，该节目开播以来多次位居微博电视指数前三位，收视率屡创新高，网络话题持续升温，节目关注度节节攀升。

在综艺节目娱乐化和同质化越来越严重的当下，能够道出群众心声的节目才是大众最需要的节目。综艺节目在满足观众精神需求的同时，更应该肩负起引导社会风气，构建正确社会价值观的责任。在这方面，《等着我》表现得尤为突出。作为一档公益寻人节目，《等着我》一直通过寻回亲情、友情等人与

节目播出现场

人之间最本真的情感来传递令人感动的正能量。栏目所讲述百姓寻亲故事，大多令人震撼、催人落泪。"94 岁老红军寻人七十九载只为祭奠英魂"、"80岁老人守墓 67 年，一生书写恩义力量"、"'拾荒少年'独自流浪十八载，《等着我》助力寻亲梦"、"新中国第一代空姐圆梦团聚，领略空乘事业'铺路石'的昔日风采"、"一个四岁小女孩的勇敢"……前后 40 余期节目，无不是在用公益力量讲述感人的中国故事。

《等着我》试图"唤醒人性"，尽管里面更多展现的是变故、失落、流浪、煎熬、不甘和拼争，但是随着一个个久别重逢、破镜重圆、梦想成真，最后所展现出的幸福和喜悦都是其他节目中无法找寻的。《等着我》以悲喜交加、情理交融的原生态形式，用泪水和欢笑，诠释了社会主义核心价值

观。打开那扇"希望之门",与其说是久违的亲人、朋友或恩人的重现,不如说是社会文明、精神价值的回归。

思考:《等着我》栏目为什么会取得巨大成功?媒介制作我们应特别关注哪些因素?

【案例解读】

媒介的制作与创造是媒介素养的重要表现。《等着我》媒介栏目的制作与创造无疑堪称央视的经典大手笔,一经推出,便火爆银屏,其亮点之处是许多娱乐综艺节目无法相提并论的。一是突出情感回归:在快节奏、商业化的社会,有许多物质上的东西容易转移我们的视线,吊住我们的胃口,也同时疏远情感交流。《等着我》则以一个个寻人故事为载体,希望唤起社会上每个人对情感的珍视,回归人性真挚情感的诉求。二是充分利用各种资源:以公益寻人为号召,由多家国家部委、数位一线明星、百家媒体、万名志愿者共同组成了全国性的公益力量寻人平台。三是体现原创和真诚——真正的真人秀:"遗失 20 年的父子一朝相见"、"跨越 60 年的爱情首次聚首"等等几乎每一个选题,都让最感人的瞬间,通过央视《等着我》栏目的播放,直接呈现在观众面前,观众能感受到的就是震撼、感动、真实!

媒介案例策划的巨大成功,背后其实还有更多因素。

(1)社会的需求:在百度上搜索"寻人"二字,相关搜索结果约40,200,000个,寻人类型几乎涵盖方方面面。在《等着我》节目组同网易新闻共同做的一份社会调查中显示,各个阶层有寻人愿望的达到了 90%,目的和对象包罗万象。曾有人在微博上发了一条找人的微博,引起了广大粉丝的极大兴趣,该条微博瞬间的转发量和评论达到了一万多条,高于博主其他微博平均回复转发量的好几倍。在高达数千条的回复中,统计有 95% 以上的人表示有人要找寻亲人。由此可见,寻人栏目社会关注强烈。

(2)技术条件的成熟:自 1994 年中国开通建设互联网以来,网络化、信息化连接南北,覆盖城乡,发展迅猛,为《寻亲》栏目发布收集信息提供了必要的技术条件和物质基础。

(3)社会的担当:从公权力机构、主流媒体到社会名流悉数参与。公安部、民政部、全国妇联等部委提供政策、公权、专家方面支持。国家级媒体、地方省级媒体参与节目录制,对节目中案例进行发布、推广报道。公益明星参与录制宣传片,利用自身影响转发扩散寻人信息、适时参与节目录制等。他们服务百姓、贴近民生，践行社会主义核心价值观，体现了忠实履行社会责任的决心和信心。

（4）媒体的专业策划：节目通过精心选题、寻访人讲述、特殊物品展示、实地走访播放，专业人士解读，现场久别重逢等环节，从倾诉到感动，从分离到相聚，从伤心落泪到喜极而泣，环环相扣，使节目具有强烈的感染力和现实意义。

（5）企业的赞助。商业化的时代，一项备受关注的活动往往少不了企业的身影。中国知名白酒品牌"今世缘"作为栏目冠名商，以实际行动助力公益行动，在向社会传播正能量的同时，也适时向观众传递品牌的内涵，展现品牌热心公益的社会责任感，提升了品牌效应。

此媒介案例，精心策划，准备充分，抓住时机，顺势推出，便一举成功。其关键之处在于契合社会主题，顺应时代潮流，体现民心民意，符合大众期待。

四、魏则西事件

魏则西是西安电子科技大学计算机系学生，于 2014 年体检得知罹患"滑膜肉瘤"晚期，辗转多家医院，病情不见好转。后通过百度搜索找到武警北京总队第二医院（以下简称武警二院），在花光东凑西借的 20 多万元后，治疗仍无济于事，不幸于 2016 年 4 月 12 日去世。魏则西生前曾在知乎撰文，详述此次治疗经过，并称这种生物免疫疗法，在国外早已因为"效率太低"而被淘汰了。而事实上，该院也并没有如宣传中那样，与斯坦福医学院有合作。在网友找出魏则西在 2016 年 2 月 26 日一则题为"你认为人性最大的恶是什么？"的网帖后，"魏则西事件"开始发酵，该帖将百度搜索和百度推广推上风口浪尖。在帖子中，魏则西写道："（在百度上搜索）上面第一条就是某武警医院的生物免疫疗法，我爸妈当时就和这家医院联系，见到了他们一个姓李的主任，他的原话是这么说的，这个技术是斯坦福研发出来的，有效率达到百分之八九十，还给我爸妈说保我二十年没问题。"2016 年 4 月 28 日，百度在其"百度推广"微博账号中对此事做出回应，称该医院是一家公立三甲医院，资质齐全。5 月 1 日，随着一篇关于"魏则西之死"的微信公众号文章传播，武警二院的"生物免疫疗法"、百度的广告竞价排名受到网友强烈质疑。下面网友的观点特别具有代表性：

四海网网友：整治所有医院及网络虚假推广！还原救死扶伤、网络清纯！

网友飞鱼：百度，"牛皮癣"的新"电线杆"。

署名"雷娟花"的网友：虽然习近平总书记提出过，做网站不能一味追求点击率，应有自己的道德准则，但在市场情况下，指望企业拥有强大的自我约束力是不现实的，只有强有力的监督问责制度才是最有效的。

署名"廖玲玲"网友：作为个体的我们，更应该擦亮双眼，正确的履行公民的义务和权利，及时上报检举不法单位和部门，同时对政府也应该加强监督，适时向政府提出意见或建议。最后，我想说，医院应该明白，资本与知识哪一个更重要。

与此同时，国内主流媒体《新华社》、《人民日报》、《南方都市报》等也竞相报道评论：

《新华社》谈魏则西事件："搜索工具是否向善要靠计算而非'算计'。"亚马逊CEO杰夫·贝佐斯信奉"善良比聪明更重要"，这个理念因张小龙的引用而在中国广受知晓："好产品就是积攒每一点小善，积累每一点正能量，才能获得成功。悖善而行者，也会在一次次自我放弃后，被用户放弃。"

《人民日报》发表署名"王石川"的文章《魏则西之死拷问企业责任伦理》：互联网企业更该思忖的是，如何更好地重塑价值观。如果仍然被动应对质疑，而不能理清责任链条，拧紧责任螺丝，彻底内部整饬，结果就可能如网友所称的，让人们对互联网世界失去信任、对技术失去尊重。

《南方都市报》发表题为《魏则西之死能否终结虚假医疗广告》社评：对于虚假医疗广告这一问题，光强调企业社会责任已无意义，事实上，对这一问题应有相应的法律支持。

媒体的跟进报道，网友的强烈关注，推动政府公权力机构积极介入调查处置。由国家网信办、卫生计生委、中央军委后勤保障部、武警部队后勤部等部门组成的联合调查组先后进驻百度、武警二院。通过调查并作出处理决定：对百度要求全面清理整顿商业推广服务、改变竞价排名机制、建立完善先行赔付等网民权益保障机制。对武警二院要求全面停业整顿、对10名负有责任的相关人员依纪依法给予行政撤职、行政记过处分等，对涉嫌违法犯罪人员移交司法机关处理，加强内部管理，改进行业作风。

就此，这则事件总算告一段落。

思考："魏则西事件"体现了"自媒体"时代的什么特点？中学生应怎样去适应这一时代要求？

【案例解读】

在现代社会，新闻舆论被当作是除了行政、立法、司法三大权力之外的"第四种权力"，其舆论监督是推动社会进步的重要力量。在自媒体时代，网络传播的双向互动性、传播的平等性、普及性，以及个性化，几乎全面包容甚至超越了传统大众媒体，这种优势在"魏则西事件"中展现无遗。无论是魏则西本人的发帖、网友的跟帖，还是百度的回帖，不论你是何种身份、地位、职业、家庭背景，都可以平等发声、合法自由交流，这种新的媒介与新的信息传播方式在很大程度上颠覆了精英主义和传统媒体的话语霸权，体现了自媒体的威力。与此同时，国内传统的主流媒体依然发挥了其重要作用，在该事件上，以其叙事清晰、分析透彻，说理性强，高屋建瓴，引领舆论潮流，弥补了自媒体的诸多不足。总之，在该事件上，整个社会形成舆论合力，推动人们不断去深入反思我们的医疗体制、政府监管、网络营销等诸方面存在的问题，提出社会大众诉求，积极监督公权力机构，这种过去不多见的举动无疑有利于社会的进步，有利于夯实我们民主政治的基础。

中学生应不断提高媒介素养，增强媒介辨析能力，知晓时代赋予的受众知情权、传播权、讨论时政权、保护个人隐私权、使用媒体权等，提升媒介批判意识，促进自身的健康成长。

知识链接：自媒体

自媒体又称公民媒体，是指为个体提供信息生产、积累、共享、传播内容兼具私密性和公开性的信息传播方式。美国新闻学会媒体中心于2003年7月出版了由谢因波曼与克里斯威理斯两位联合提出的"WeMedia（自媒体）"研究报告，里面对"WeMedia"下了一个十分严谨的定义："WeMedia是普通大众经由数字科技强化、与全球知识体系相连之后，一种开始理解普通大众如何提供与分享他们本身的事实、他们本身的新闻的途径。"简言之，即公民用以发布自己亲眼所见、亲耳所闻事件的载体，如博客、微博、微信、论坛/BBS等网络社区。自媒体包括但不限于个人微博、个人日志、个人主页等，其中最有代表性的托管平台是美国的Facebook和Twitter，中国的Qzone、新浪微博、腾讯微博和人人网、微信公众平台，皮皮精灵等。

后 记

　　基于对中学生媒介素养的教育必要性和紧迫性的认识，我们在前期媒介素养课题研究的经验积累基础上，历时两年有余，终将《中学生媒介素养读本》编写成册。在即将付梓出版之际，特别致谢为本书编印出版付出大量心血的专家同仁们。

　　感谢中国广播电影电视社会组织联合会媒介素养研究基地常务副主任、学术委员会委员、浙江传媒学院王天德教授，以及成都市金牛区教育研究培训中心丘小云副主任，他们为本书的出版提出了诸多宝贵的建议。

　　感谢成都市第二十中学校特级教师、特级校长胡铃冬同志，作为本书顾问，全程跟踪指导了本书的编写工作。

　　最后我要感谢写作本书时参阅引用的各类著作的作者，他们在著作中提供的翔实的资料和前沿鲜明的观点，为我们找到了思考的路径和灵感。

　　特别致意中国广播影视出版社及本书编辑，因为你们严谨细致专业的工作，使本书得以顺利出版。

　　本书出版时间紧，工作量大，虽经数番校订，仍不免有挂一漏万之处，尚祈读者与专家指正。

黄爱民

2017 年 2 月于蓉城